Selbsterfahrung in der Psychotherapie

AF287603

Psychotherapiewissenschaft in Forschung, Profession und Kultur

Schriftenreihe der
Sigmund-Freud-Privatuniversität Wien

Herausgegeben von Bernd Rieken

Band 17

Die Sigmund-Freud-Privatuniversität in Wien ist die erste akademische Lehrstätte, an der die Ausbildung zum Psychotherapeuten integraler Bestandteil eines eigenen wissenschaftlichen Studiums ist. Durch das Studium der Psychotherapiewissenschaft (PTW) wird dem Umstand Rechnung getragen, dass Psychotherapie eine hoch professionelle Tätigkeit ist, die – wie andere hoch professionelle Tätigkeiten auch – neben einer praktischen Ausbildung eines eigenen akademischen Studiums bedarf. Das hat zur Konsequenz, dass die wissenschaftliche Beschäftigung mit ihr nicht mehr ausschließlich den Nachbardisziplinen Psychiatrie und Klinische Psychologie mit ihrer nomologischen Orientierung obliegt, sodass die PTW als eigene Disziplin an Konturen gewinnen kann.

Vor diesem Hintergrund wird die Titelwahl der wissenschaftlichen Reihe transparent: Es soll nicht nur die Kluft, welche zwischen Psychotherapieforschung und Profession besteht, verringert, sondern auch berücksichtigt werden, dass man der Komplexität des Gegenstands am ehesten dann gerecht wird, wenn neben den üblichen Zugängen der Human- und Naturwissenschaften auch Methoden und/oder Fragestellungen aus dem Bereich der Kultur-, Sozial- und Geisteswissenschaften Berücksichtigung finden.

Maya Mäder

Selbsterfahrung in der Psychotherapie

Die Bedeutung für den Kompetenzerwerb
in der Aus- und Weiterbildung zum
transaktionsanalytischen Psychotherapeuten

Waxmann 2017
Münster • New York

Diese Arbeit wurde 2016 von der Sigmund-Freud-Privatuniversität Wien als Dissertation im Fach Psychotherapiewissenschaft angenommen.

Bibliografische Informationen der Deutschen Nationalbibliothek
Die Deutsche Nationalbibliothek verzeichnet diese Publikation in der Deutschen Nationalbibliografie; detaillierte bibliografische Daten sind im Internet über http://dnb.d-nb.de abrufbar.

Psychotherapiewissenschaft in Forschung, Profession und Kultur, Band 17

ISSN 2192–2233
Print-ISBN 978–3-8309-3475-2
E-Book-ISBN 978–8309-8475-7

© Waxmann Verlag GmbH, 2017
Steinfurter Straße 555, 48159 Münster

www.waxmann.com
info@waxmann.com

Umschlaggestaltung: Anne Breitenbach, Münster
Titelbild: © Maya Mäder
Satz: Sven Solterbeck, Münster

Gedruckt auf alterungsbeständigem Papier,
säurefrei gemäß ISO 9706

Printed in Germany

Vorwort

Die Autorin befasst sich mit der Selbsterfahrung als wesentlichem Bestandteil der Psychotherapieausbildung, und zwar schwerpunktmäßig im Rahmen der Transaktionsanalyse in der Deutschschweiz, doch ist vor allem der theoretische Teil von allgemeiner Natur, sodass der Ertrag der Arbeit auch für andere Therapieschulen und andere Länder von Bedeutung ist.

Überblickt man die Gliederung, wird rasch deutlich, dass die Arbeit in sich logisch und schlüssig aufgebaut ist und dass äußerst systematisch vorgegangen wurde, gewissermaßen mit „eidgenössischer Präzision", wozu auch passt, dass die einzelnen Teile jeweils mit einer Zusammenfassung enden, die gebündelt die wichtigsten Ergebnisse präsentiert. Auch wer sich bereits viel mit Schriften zur Selbsterfahrung im Rahmen der psychotherapeutischen Ausbildung beschäftigt hat, wird von dieser Dissertation profitieren, da sie auf einem hohen Reflexionsniveau systematisch alles Wichtige präsentiert und man vor allem anschaulich – wie in kaum einem anderen wissenschaftlichen Werk – vor Augen geführt bekommt, in welchem Ausmaß es sich beim Psychotherapeuten um einen Beruf mit einem besonders ausgeprägten Anspruchsniveau handelt.

Die Ausführungen sind allzumal sachlich, die Autorin ist um Objektivität bemüht, versäumt es aber gleichzeitig nicht, eigene begründete Akzentuierungen zu setzen, wenn sie etwa die Forderung nach einer Einheitspsychotherapie damit ablehnt, dass ein Therapeut von dem, was er tut, überzeugt sein müsse, dies aber voraussetze, dass er zuvor eine Wahlmöglichkeit gehabt haben müsse. Ferner weist die Autorin ausdrücklich auf die in der Wissenschaft – weniger in den Ausbildungsvereinen – thematisierte strukturelle Problematik hin, dass Selbsterfahrung mit Freiheit und Authentizität zu tun habe, eine Ausbildung indes intendiere, sich anzupassen. Daher ist es aufschlussreich, dass die befragten angehenden und „fertigen" Lehr-Transaktionsanalytiker dieses Thema mit keiner Silbe erwähnen.

Abgesehen von der gut vermittelten Selbsterfahrungs-Problematik mit all ihren Facetten besteht der Wert dieser Monographie auch darin, dass es sich zum einen um die erste diesbezügliche Arbeit zur Transaktionsanalyse handelt und dass die Autorin zum anderen ein Instrument zur Erhebung der Selbsterfahrung entwickelt hat.

Alles in allem handelt es sich daher um eine innovative wie überzeugende und dazu auch stilistisch stimmige Arbeit, die solide aufgebaut ist, ein besonders wichtiges Thema der Psychotherapiewissenschaft ins Auge fasst, die Problematik weitgehend objektiv und umfassend abhandelt und vor allem mithilfe des selbstständig entwickelten Fragenkataloges neue Impulse setzt, um das Thema einerseits in den Ausbildungsinstitutionen empirisch fassbarer zu machen und es andererseits weiterzuentwickeln.

Bernd Rieken

Inhalt

Einführung

Diese Arbeit ist angesiedelt in der Ausbildungsforschung und untersucht das Ausbildungselement „Selbsterfahrung" am Beispiel der Aus- und Weiterbildung in der transaktionsanalytischen Psychotherapie. Die Transaktionsanalyse vertritt eine integrative Sichtweise und ist ein schulenübergreifendes Verfahren. Hier findet auf ebenso kreative wie einfache Weise eine Verbindung von kognitiven und tiefenpsychologischen, analytischen oder psychodynamisch orientierten Psychotherapien statt. Überdies kommen kommunikationstherapeutische und gestalttherapeutische Elemente hinzu.

In der Psychotherapieweiterbildung kennen wir vier Ausbildungselemente: Theorie, Praxis, Supervision und Selbsterfahrung. Wie in den anderen Psychotherapieschulen gibt es auch in der Transaktionsanalyse klare Vorgaben zur Vermittlung von Theorie, konkrete Angaben zur praktischen Tätigkeit während der psychotherapeutischen Ausbildung, und die Studierenden wissen, wo und wie sie Supervision bekommen können. Für das Ausbildungselement der Selbsterfahrung kennen wir quantitative Angaben, das heißt, wie viele Stunden Einzel- und wie viele Stunden Gruppenselbsterfahrung nachzuweisen sind. Es gibt jedoch keine Angaben über die Inhalte, also über die qualitativen Merkmale der Selbsterfahrung.

Dies zeigt auch eine groß angelegte Studie in Deutschland (Kohl u. a. 2009): Über 5000 Lehrkräfte aus den Therapieschulen der Psychoanalyse, der tiefenpsychologisch fundierten Psychotherapie, der Verhaltenstherapie, der Gesprächspsychotherapie und sonstige wurden in einer Online-Erhebung gebeten, einzelne Ausbildungsmodule wie Theorie, Selbsterfahrung, Supervision und Prüfung hinsichtlich der Struktur und Zufriedenheit, des zeitlichen Aufbaus und des Umfangs zu bewerten. Die Resultate ergaben, dass alle Richtungen eine Erhöhung der Anzahl an Selbsterfahrungsstunden wünschen. Aussagekräftig für das Thema dieser Arbeit ist die Studie insofern, als die Stichprobe recht groß war und alle Therapieschulen betraf. Aber alle Richtungen sprechen ausschließlich über die Anzahl der Stunden von Selbsterfahrung und sagen leider nichts über den Inhalt aus.

In dieser Arbeit möchte ich mich mit den Inhalten, den qualitativen Merkmalen der Selbsterfahrung in der Psychotherapieausbildung befassen: Was ist eigentlich Selbsterfahrung? Was ist der Zweck, was das Ziel von Selbsterfahrung? Wann haben Studierende genug Selbsterfahrung? Wie kann das festgestellt werden – von den Studierenden selbst und/oder dem Ausbilder[1]? Welche Art der Selbsterfahrung brauchen Psychotherapeuten für ihre Arbeit?

Das Ausbildungselement „Selbsterfahrung" ist seit circa 20 Jahren gesetzlich verankert. Transaktionsanalytiker im Bereich Psychotherapie hielten sich in der

---

1 Für einen besseren Lesefluss wird in dieser Arbeit nur eine Form, meist die männliche verwendet.

Schweiz bis vor Kurzem an die Richtlinien der Schweizer Charta für Psychotherapie, den Dachverband der Weiterbildungsinstitute der Psychotherapie, deren Anforderungen den gesetzlichen Bestimmungen des Landes entsprachen. Nun ist seit dem 1. April 2013 ein Psychologiegesetz (PsyG) gültig, welches auch die Psychotherapie in der Schweiz regelt.

Die Charta verlangte früher mindestens 300 Stunden Selbsterfahrung, wovon 100 Sitzungen im Einzelsetting stattfinden mussten. Als übergeordnete Ziele der Selbsterfahrung nennt die Charta „umfassende Entwicklung der Persönlichkeit" und „Erfahren der Möglichkeiten und Grenzen der gewählten Methode". Sie sieht die Selbsterfahrung neben der fachlichen Qualifizierung als das zentrale Element in der Psychotherapieweiterbildung und betrachtet sie als ethische Voraussetzung für die psychotherapeutische Berufsausbildung (vgl. Charta-Text, S. 24). Im neuen PsyG werden andere Schwerpunkte gesetzt: Die Stunden des Ausbildungselementes „Selbsterfahrung" wurden zugunsten der Theorie herabgesetzt. So werden anstelle der 300 Stunden nun noch mindestens 150 Stunden Selbsterfahrung verlangt, und anstelle der 400 Stunden Theorie gelten neu 500 Stunden. Die Betonung der Wichtigkeit der Selbsterfahrung in der Psychotherapieweiterbildung durch die Charta und diese frappante Herabsetzung der Anzahl von Sitzungen durch das neue Gesetz weckt die Neugier, sich vertieft mit diesem Ausbildungselement und seiner Bedeutung auseinanderzusetzen.

Diese unterschiedliche Gewichtung bestätigt die Annahme, dass es qualitative Merkmale der Selbsterfahrung geben muss, sie jedoch noch nicht explizit ausformuliert sind. Der Sinn dieser Arbeit liegt darin, sich dieser Aufgabe zu widmen und sie mittels Literaturstudium und durch das Befragen lehrender Transaktionsanalytiker lösen zu können.

Um herauszufinden, was unter „Selbsterfahrung" verstanden wird und welche Ziele mit ihr verbunden sind, ist es notwendig, die generellen Ziele einer Psychotherapieausbildung zu definieren: Was sind also die Fähigkeiten, Fertigkeiten und Kompetenzen, über die ein Psychotherapeut verfügen muss?

In einem ersten Teil befasst sich diese Arbeit schulenübergreifend mit den Kompetenzen ausgebildeter Psychotherapeuten und richtet in einem weiteren Schritt den Fokus auf die Ziele angehender Transaktionsanalytiker.

In einem nächsten Schritt wird diskutiert, welche der beschriebenen Kompetenzen Resultate aus der eigenen Selbsterfahrung sind. Auch hier richtet sich der Blick zuerst auf die verschiedenen Schulrichtungen, um sich anschließend auf die Transaktionsanalyse zu konzentrieren.

Aber zunächst befasst sich die vorliegende Arbeit mit dem zusammengesetzten Begriff „Selbsterfahrung": Was heißt „Selbst", was bedeutet „Erfahrung", was bedeutet „Selbsterfahrung" und, im Speziellen, was bedeutet „Selbsterfahrung in der Psychotherapie"? Positive wie negative Aspekte der Selbsterfahrung werden aufgenommen und diskutiert. Wenn die Ziele der Selbsterfahrung definiert werden können, lassen sich einzelne qualitative Merkmale herauskristallisieren. Vielleicht lassen sich diese als Bausteine für ein mögliches Instrument darstellen. Die Idee dahinter ist, mit diesem Instrument mittels Fremd- und Selbstbeurteilung das Erreichen der Selbsterfahrungsziele zu evaluieren.

Im Rahmen der neuen Ausbildungsstandards haben wir uns in der Schweizer Charta für Psychotherapie mit Struktur-, Prozess- und Ergebnisqualität der Weiterbildungselemente der Theorie, der Praxis und der Supervision auseinandergesetzt. Mit der vorliegenden Studie hoffe ich, einen Beitrag zur Qualitätssicherung für die Selbsterfahrung zu leisten.

Durch das Herauskristallisieren, Definieren und Operationalisieren der inhaltlichen Merkmale können die Ziele des Ausbildungselements Selbsterfahrung in der Psychotherapie-Aus- und Weiterbildung, hier für die Heilmethode der Transaktionsanalyse, konkret und fassbar werden.

Die Idee ist, ein Instrument zur Standortbestimmung sowohl für die Lehrenden als auch für die Trainees betreffend der Persönlichkeitsentwicklung des Studierenden zu entwickeln; dabei sollen die Stärken der Person, die Ressourcen, die speziellen Fähigkeiten und Fertigkeiten wahrgenommen, festgehalten und gewürdigt werden. Transaktionsanalytisch gesprochen bekommen die Trainees Strokes, während Discounts vermieden werden. Es kann mehr Klarheit und Transparenz entstehen, weil das entwickelte Instrumentarium für Ausbilder und Studierende im gemeinsamen Gespräch wegweisend ist. Die Chance, vom Gleichen zu sprechen, wird größer, mögliche Überraschungsmomente werden seltener, was wiederum mehr Orientierung und Schutz verleiht. Beide Seiten können sicherer, offen und natürlicher mit diesem persönlichen und delikaten Thema umgehen. Unbewusste oder auch bewusste Machtspiele können auf diese Weise reduziert werden.

I   Selbsterfahrung

Um das Phänomen „Selbsterfahrung" bestimmen zu können, muss vorher geklärt werden, aus welchem Menschenbild heraus die Thematik behandelt werden soll.

Das Menschenbild, das dieser Arbeit zugrunde liegt, entspricht dem der humanistischen Psychologie. Das humanistische Menschenbild geht davon aus, dass jeder Mensch gleichberechtigt und potenziell mündig ist, Verantwortung für sich selbst übernehmen kann und ein Recht auf Selbstbestimmung hat. Es geht weiterhin davon aus, dass jeder Mensch einzigartig ist und von Geburt an über einen guten inneren Kern verfügt, der sich entfalten möchte und nach Verwirklichung seiner selbst drängt. Dieses Streben nach Selbstverwirklichung kennen wir auch in der Transaktionsanalyse. Wir nennen es das Streben, das Wachsen in Richtung Autonomie.

Dieses Menschenbild wird hier deshalb zugrunde gelegt, weil die Transaktionsanalyse auf seiner Basis arbeitet und weil das jeweilige Menschenbild das therapeutische Handeln bestimmt. Wenn man die Autonomie von Personen zum Ziel hat, muss man von diesem Menschenbild ausgehen und auf seiner Basis ein psychotherapeutisches Gesamtkonzept entwickeln.

In der Transaktionsanalyse gehen wir davon aus, dass der Mensch von Geburt an in Ordnung ist. Dies veranschaulicht das Konzept der Grundpositionen „Ich bin ok – du bist ok" (+/+-Haltung). Durch die Erfahrungen, die das Kind in seinem Umfeld macht, lernt es jedoch, eher so zu sein, wie man es von ihm erwartet, was häufig weniger seiner eigenen Natur entspricht. Die Transaktionsanalyse kennt dafür das Konzept des Skripts. Mit Skript meint Eric Berne, der Begründer der Transaktionsanalyse, eine Art Drehbuch, einen unbewussten Lebensplan, den wir Menschen uns anhand unserer Erfahrungen mit der Umwelt auferlegen. Dieses Drehbuch ist bis zum etwa siebten Lebensjahr fertig ausgestaltet, und von da an leben wir nach diesem uns nicht bewussten Lebensplan oder Skript. Wir nehmen die Dinge auf eine Weise wahr und deuten sie so, dass sie zu unserem Skript passen. Wir richten uns in unserem Leben so ein, dass unser Skript bestätigt wird. Unser Skript ist nicht wachstumsfördernd, sondern schränkt uns ein, macht uns unselbstständig und entfremdet uns – je länger, umso mehr – von uns selbst. So lernen wir auch andere Grundpositionen kennen wie „Ich bin nicht ok – du bist ok" (–/+-Haltung), „Ich bin ok – du bist nicht ok" (+/–-Haltung) und als schwerwiegendste Form: „Ich bin nicht ok – du bist nicht ok" (–/–-Haltung).

Das Ziel in der transaktionsanalytischen Psychotherapie bzw. in der Selbsterfahrung ist nun das Zurückfinden zur +/+-Grundeinstellung durch die Befreiung aus dem Skriptzwang und das Streben und Wachsen in Richtung autonomer Lebensgestaltung. Unter „Autonomie" verstehen wir das Wiederfinden der Fähigkeiten der Bewusstheit, der Spontaneität und der Intimität. Mit „Bewusstheit" meinen wir, die Dinge so wie sie sind und wie sie sich zeigen, mit all unseren Sinnen wahrzunehmen. Unter „Spontaneität" verstehen wir, wieder fähig zu werden, aus verschiedenen Alternativen auswählen zu können, wie wir handeln, fühlen und denken möchten und wie wir unser Leben gestalten wollen. Und mit „Intimität" meinen wir, offen, echt und authentisch, wohlwollend, wertschätzend und respektvoll mit uns selbst und mit anderen in Kontakt zu treten, zu kommunizieren und unsere Beziehungen zu leben.

Die Selbstwirksamkeit ist in der Transaktionsanalyse zentral. Wir gehen davon aus, dass der Mensch für sich selbst, für sein Tun, für sein Denken und für seine Gefühle Verantwortung übernehmen und seinen ihm eigenen inneren Kern bzw. sein „wahres" Selbst entfalten kann und sich nicht mehr seinem einschränkenden Skript unterwerfen bzw. gemäß seinem einengenden „falschen" Selbst, welches sich durch die Überanpassung entwickelt hat, leben muss.

Der Transaktionsanalytiker sieht die Psychotherapie als Co-Produktion zwischen ihm und dem Klienten und begegnet diesem auf Augenhöhe. Die Aufgabe des Transaktionsanalytikers besteht darin, dem Klienten zu helfen, die Hindernisse aus dem Weg zu räumen, damit sich dieser selbst emanzipieren und seine Persönlichkeit in Richtung Autonomie entwickeln kann. So ist bspw. die Stärkung des Erwachsenen-Ich-Zustandes (ER) eine zentrale Aufgabe in der transaktionsanalytischen Arbeit. Durch ein starkes ER kann sich der Klient ermächtigen, die verschiedenen Facetten seines Selbst wahrzunehmen, in Kontakt zu seinem inneren Kind zu kommen, unbekannte Seiten an sich kennenzulernen und zu erleben, wie sich all das anfühlt. Er beginnt zu begreifen und kann Änderungen, die er in Angriff nehmen will, anpacken und sich so in Richtung Autonomie entwickeln. Im Prozess dieser Selbsterfahrung kann er die Dinge auf vier verschiedene Arten deuten: Er kann Gegebenheiten durch Beobachten von außen wahrnehmen; er kann durch das Erleben zum Begreifen und zum Verstehen von Phänomenen gelangen; er kann selbstbestimmt Dinge anpacken, die er ändern möchte. Und im vierten Standpunkt befindet er sich schließlich in einem Flow, im „Prozess des Werdens", der ihn immer autonomer, selbstbestimmter und authentischer werden lässt (vgl. Kap. V 7). Auf die Selbsterfahrung bezogen heißt das, dass der Erfahrende mittels dieser verschiedenen Deutungsebenen des Bewusstseins die Dinge mit der Zeit anders interpretieren und den Phänomenen andere Bedeutungen geben wird.

Was ist also Selbsterfahrung? Es gibt verschiedene Herangehensweise, um sich an eine Thematik heranzutasten. Ich habe mich dafür entschieden, den Begriff des Phänomens „Selbsterfahrung" unter die Lupe zu nehmen und zunächst einmal seine Teilbegriffe näher zu bestimmen.

Der Begriff „Selbsterfahrung" ist zusammengesetzt aus „Selbst" und „Erfahrung". Um ihn zu verstehen, werden diese Begriffe einzeln diskutiert. In der Literatur gibt es verschiedene Ideen und Definitionen darüber, was das „Selbst" ist. Der Begriff wird so häufig wie ungenau verwendet. Es soll im Folgenden versucht werden, einen Überblick zu bekommen und folgende Fragen zu beantworten:

Woher stammt der Begriff, was bedeutet er und wie wird er in den verschiedenen Psychotherapieschulen definiert?

1 Selbst

Im Sinne des oben angezeigten Menschenbildes ist das Selbst das, was eine Person ausmacht, weder eine Rolle noch eine Funktion, sondern ihr Wesen. Das Selbst ist die innere Instanz, das Aktionszentrum ihres Denkens, Fühlens, Wollens und Handelns.

Das Selbst hat Facetten, die dem Einzelnen bekannt und bewusst sind, solche, die je nach Situation zu Bewusstsein gelangen, und Facetten, die unbewusst bleiben oder sich nur in speziellen Situationen zeigen. Das Selbst scheint etwas zu sein, das durch Erleben erfahrbar wird, schon immer da war und da ist. Schon Sokrates (vgl. Clarkson 1996, S. 261) sprach vom Streben nach Selbsterkenntnis, und Aristoteles (ebd.) prägte den Begriff der „Selbstverwirklichung" viele Jahrhunderte, bevor es die Psychologie und die Psychotherapie gab. Auch heute, im 21. Jahrhundert, ist man daran gewöhnt, dass Menschen sich „selbst" entdecken wollen. Die Alltagssprache und die psychotherapeutische Sprache kennen Begriffe wie „Selbstvertrauen", „Selbsteinschätzung", „sprich für dich selbst", „Selbstbestimmung", „heute ist sie nicht sie selbst", „zu sich finden" oder „Selbstwertgefühl", um nur einige zu nennen. Der Klient oder Patient kommt in die Psychotherapie, weil er in irgendeiner Form durch äußere und/oder innere Gegebenheiten nicht so leben kann oder darf, wie es seinem Selbst entspricht. Vielleicht versteht er sich selbst nicht mehr, sagt vielleicht, „das bin nicht ich", fühlt sich seit Längerem (in seinem Selbst) eingeengt und leidet oder engt andere ein. Der Psychotherapeut arbeitet mit seinem wichtigsten Arbeitsinstrument, mit seinem eigenen Selbst (vgl. auch Yalom 2002, S. 55). Im Verlauf seiner psychotherapeutischen Ausbildung hat er sein eigenes Selbst kennen- und verstehen gelernt und weiß, wie die Dinge innerlich in Schieflage geraten können. Mit seinem Selbst geht er mit dem Patienten auf eine Reise, um gemeinsam Facetten von dessen Selbst kennen zu lernen, hinzuschauen, was da vielleicht „verrückt" ist, was auf dem Nährboden eines falschen Selbst (vgl. Winnicott 1974, S. 193; s. auch Kap. I 2.1.3) entstanden ist und/oder was da im Wachstum oder im Autonomiebestreben des Klienten störend wirkt, was er benötigt, um „zu gesunden" oder (wieder) selbstbestimmter bzw. autonomer leben zu können.

2 Selbstbegriff in den verschiedenen psychotherapeutischen Schulen

Der Begriff des Selbst wird in der Reihenfolge, wie sich die psychologischen Schulen historisch gebildet haben, betrachtet. So wird der Selbst-Begriff aus der

Sichtweise der (1) Tiefenpsychologie: der Psychoanalyse von Sigmund Freud mit Berücksichtigung der Selbstpsychologie von Heinz Kohut und der Objektbeziehungstheorie von Otto Kernberg – und der Analytischen Psychologie von Carl Gustav Jung beleuchtet. Als Nächstes gilt das Interesse dem Selbst-Begriff aus der Sicht der (2) Verhaltenstherapie und zum Schluss aus der Perspektive der (3) Humanistischen Psychologie mit Fokus auf die Gesprächspsychotherapie von Carl Rogers und die Transaktionsanalyse von Eric Berne.

2.1 Psychoanalyse

In der Psychoanalyse ist der Begriff „Selbst" erst spät aufgekommen. Freud selbst hat ihn nicht benutzt. Im Registerband der Gesammelten Werke Sigmund Freuds (1999, Bd. 18, S. 557) wird beim Begriff „Selbst" auf den Begriff „Ich" verwiesen. Die maßgebenden psychoanalytischen Richtungen für den Begriff „Selbst" sind die Selbstpsychologie von Heinz Kohut und die Objektbeziehungstheorie, hier vertreten durch Otto Kernberg.

2.1.1 Selbstpsychologie

Die Selbstpsychologie von Heinz Kohut ist seit 1977 eine eigenständige Richtung innerhalb der Psychoanalyse. Kohut hat durch seine Bücher „Narzissmus" (1976) und „Die Heilung des Selbst" (1979) das Selbst als „Zentrum des seelischen Universums" in die Psychoanalyse eingeführt (vgl. Tiedemann 2006, S. 252 ff.). Er bezog sich auf den Ich-Psychologen Heinz Hartmann, auf den die genaueste Unterscheidung zwischen Ich und Selbst zurückgeht:

> „Er unterschied das Ich (ein strukturelles mentales System), das Selbst (die gesamte Person des Individuums, inklusive seines Körpers, seiner psychischen Organisation und ihrer Teile) und die Selbstrepräsentanz (die unbewussten, vorbewussten und bewussten innerpsychischen Repräsentanzen des körperlichen und mentalen Selbst im Ich-System)" (Hartmann 1972, S. 261 zitiert in a. a. O., S. 254).

Der Begriff „Selbstrepräsentanz" beschreibt, wie ich mich erlebe und welche Bilder ich bewusst oder unbewusst von mir habe. Kohut definiert, ebenso wie Hartmann, das Selbst als Selbst-Repräsentation, das heißt, die beiden Begriffe sind Synonyme. Weiter sagt er:

> „Das Selbst ist in seiner Essenz nicht erkennbar. Wir können mit Introspektion und Empathie nicht das Selbst per se erreichen; nur seine Introspektion oder empathisch wahrgenommenen psychologischen Manifestationen stehen uns offen" (Kohut 1976, S. 299).

Nach seiner Auffassung entsteht ein Selbst dadurch, dass die Aktivitäten des Säuglings bei der Mutter auf Freude stoßen. Diese Empathie der Mutter, „der Glanz im Auge der Mutter" (1971, S. 142), wie es Kohut anschaulich nennt, stellt eine Art „Spiegelung" für das Kind dar, die unerlässlich für seine seelische Entwicklung ist. Die optimale mütterliche Empathie bildet auch die Basis zur Entwicklung eines gesunden Selbstwertgefühls. Das Gegenüber des Kindes, also die spiegelnde Mutter, ist in der Terminologie Kohuts das Selbstobjekt. Eine Selbstobjekt-Beziehung ist somit eine Beziehung, in der ein relativ sicheres Gefühl der Verfügbarkeit des Objektes als Selbstobjekt vorherrscht. Die bereits beschriebene empathische Spiegelung ist für das Kind elementar wichtig, da es dadurch imstande ist, eine gesunde Selbstachtung und ein gutes Selbstwertgefühl aufzubauen.

2.1.2 Das Selbst in der Objektbeziehungstheorie

Gemäß dem Psychoanalytiker Otto Kernberg „besteht eine Objektbeziehung aus drei Teilen, nämlich aus der Selbst-Repräsentanz, der Objekt-Repräsentanz und aus einem Affekt, der beide verbindet. Dabei ist die Selbst- oder Objekt-Repräsentanz ein teilweises oder vollständiges Bild des Selbst oder des Objekts". (Tiedemann, 2006, S. 260) Die verschiedenen Objekt-Repräsentanzen wachsen zu einem Objekt-Bild heran, und aus den vielfältigen Selbst-Repräsentanzen entwickelt sich ein Selbst-Bild.

Selbst-Repräsentanzen sind frühe Selbst-Erfahrungen, die die erfahrende Person erfährt. Diese verschmelzen schließlich miteinander und bilden ein integriertes Selbst, das seit Anfang unseres Lebens eine Widerspiegelung der Integration unserer subjektiven Erfahrungen der Interaktionen mit anderen ist (vgl. Interview Kernberg 9.11.2011).

2.1.3 Wahres und falsches Selbst von Donald W. Winnicott

Donald Winnicott, ein englischer Psychoanalytiker und Kinderarzt, wies darauf hin, wie wichtig Objektbeziehungen sind, und zeigte deren Relevanz hinsichtlich der Selbstentwicklung. Er konzentrierte sich vor allem auf die Unterscheidung zwischen einem „falschen" und einem „wahren" Selbst (1974) und war der Ansicht, dass sich Letzteres in einer hinreichend empathischen und fürsorglichen mütterlichen Umwelt entwickelt. Die Versorgungsfunktionen der Mutter in Bezug auf die Bedürfnisse des Babys – so die Ansicht Winnicotts – sind die wichtigsten psychischen Determinanten hinsichtlich der psychischen Gesundheit. Als Ergebnis der Beziehung zu einer „hinreichend guten Mutter", welche die Triebbedürfnisse des Säuglings erkennt und dessen Kreativität anerkennt, dessen Grenzen respektiert und in der Lage ist, ein Gleichgewicht zwischen dessen Illusions- und Desillusionserfahrungen herzustellen, steht letztlich das wahre Selbst (vgl. Tiedemann 2006, S. 268 f.).

Das „wahre" Selbst kann sich also dann entwickeln, wenn das Kind auf bedingungslose Liebe stößt und durch diese positive Spiegelung der Mutter („der Glanz im Auge der Mutter") sich auf der Welt willkommen und wertgeschätzt und sicher fühlen kann. Es darf sich zeigen, wie es ist, es darf seine Gefühle zum Ausdruck bringen und sich entwickeln, wie es ihm entspricht, und erntet dafür Bestätigung, Zuneigung, Wohlwollen und Akzeptanz. So schreibt Winnicott: „Das wahre Selbst kommt von der Lebendigkeit des Zellgewebes und der Tätigkeit der Körperfunktionen, einschließlich Herz- und Atemtätigkeit" (zitiert nach Tiedemann 2006, S. 269). Das wahre Selbst ist kreativ und fühlt sich real an. Das wahre Selbst leben können ist für Winnicott mit Authentizität verbunden, die er auch für den Psychotherapeutenberuf fordert.

Ein „falsches" Selbst entwickelt sich, wenn diese empathische Versorgung fehlt oder mangelhaft ist. Das kann verschiedene Gründe haben: Vielleicht hat die Mutter in ihrer eigenen Kindheit auch keine oder zu wenig Anerkennung erfahren oder kann aus gesundheitlichen Gründen ihrem Kind nicht die Aufmerksamkeit geben, die es braucht, oder das Kind war unerwünscht etc., um nur einige Beispiele für ungenügende positive Spiegelung zu nennen.

Wenn das Kind die Erfahrung macht, dass es nicht oder nur bedingt geliebt wird, z. B. für seine Leistungen und nicht um seinetwillen, oder wenn es erfährt, dass es nur bestimmte Gefühle zeigen darf und andere verboten sind, oder wenn es die Erfahrung macht, dass es stört etc., so beginnt es – im Wunsch nach Bestätigung – sich so zu entwickeln, wie es von außen erwartet wird. Es verbirgt seine echten Gefühle und Empfindungen, um sein wahres Selbst zu schützen, und entwickelt ein falsches Selbst; „falsch" deshalb, weil es nicht seiner eigenen Natur, sondern den Erwartungen der anderen entspricht. Winnicott schreibt zum falschen Selbst: „… während ein wahres Selbst sich real fühlt, führt die Existenz eines falschen Selbst zu einem Gefühl des Unwirklichen oder einem Gefühl der Nichtigkeit" (ebd.).

2.1.4 Zusammenfassung des psychoanalytischen Verständnisses vom Selbst

Das Selbst ist das innere Zentrum. Es ist das Bild, das jemand bewusst und unbewusst von sich selbst hat. Dieses Selbst-Bild wie auch das Selbst-Gefühl wird in der Psychoanalyse verstanden als das Resultat einer Verschmelzung vieler subjektiver Erfahrungen aus der frühen Beziehung zur Mutter. Der Begriff „Selbst" gilt auch als Synonym der Selbstrepräsentanzen, die durch die Spiegelung der Mutter, also ihre Reaktionen auf das Kind, entstehen.

Ist diese Spiegelung empathisch, erfährt das Kind Freude bei seiner Mutter – bspw. durch den Glanz in ihrem Auge –, es fühlt sich geborgen und in seinen Bedürfnissen bestätigt. Umgeben von dieser Sicherheit darf es wachsen und sein wahres Selbst entwickeln.

Mangelt es jedoch an dieser empathischen Spiegelung, an dieser Atmosphäre, erlebt sich das Kind vielleicht als weniger willkommen. Um sein Grundbedürfnis nach Zuneigung dennoch stillen zu können, verhält es sich den Erwartungen von außen entsprechend und verbirgt seine echten Gefühle. Da diese nicht gelebt werden, können sie sich auch nicht entwickeln. Es entwickelt sich nicht das wahre Selbst, sondern ein „falsches" Selbst.

2.2   Analytische Psychologie

C.G. Jung hat sich intensiv mit dem Selbst auseinandergesetzt. In all seinen Werken lassen sich Aussagen zu diesem Thema finden. Sein Hauptwerk zum Selbst ist „Aion" (1976). Darin beschreibt er umfassend den Archetypus des Selbst. Für Jung ist das Selbst das innere Wesen, der geistige Kern des Menschen oder das Zentrum der Persönlichkeit, welches zu integrieren, zu realisieren und zu verwirklichen ist. Es ist Ausdruck sowohl der Ich-bewussten als auch der Ich-unbewussten Individualität und insofern eine Umfassung oder Vereinigung von Bewusstsein und Unbewusstem und, da Bewusstsein und Unbewusstes Gegensätze sind, die Vereinigung von Gegensätzen sowie die Verbindung von inneren und äußeren Anforderungen. Diese Erweiterung des Bewusstseins, diese Selbstverwirklichung, nennt Jung auch „Individuation". In diesem Individuationsprozess oder Prozess des Ganzwerdens erfährt das Individuum, gemäß Jung, ein Gefühl von Ewigkeit oder Unsterblichkeit. Deshalb nennt er es auch eine göttliche (numinöse) Erfahrung (vgl. Schlegel[2] 1973, S. 293 ff.; Stein 2011, S. 187 ff.).

2.3   Verhaltenstherapie

Im klassischen Behaviorismus[3], in dem die Verhaltenstherapie ihren Ursprung hat, wurde alles als unwissenschaftlich gesehen, was nicht durch äußere Beobachtung identifiziert werden konnte. Daher war auch der Begriff „Selbst" verpönt. Durch die kognitive Wende in den 1970er Jahren änderte sich diese Haltung. Die kognitive Psychologie suchte eine Erklärung für das Selbst, das sie für die Selbstkontrolle bzw. -reflexion verantwortlich macht. Diese Neuorientierung basiert auf einem Skandal in den 70er Jahren des letzten Jahrhunderts. Damals wurde

---

2   Leonhard Schlegel: Dr.med. Psychiater und Psychotherapeut, ist ursprünglich Psychoanalytiker und Verfasser verschiedener Bücher zur Tiefenpsychologie und zur Transaktionsanalyse. Er hat die Transaktionsanalyse in die Schweiz gebracht und viele Transaktionsanalytiker ausgebildet, so auch die Verfasserin dieser Arbeit.

3   Behaviorismus (von engl. behavior, dt.: Verhalten) ist ein wissenschaftstheoretische Konzept der Untersuchung und Erklärung des Verhaltens von Mensch und Tier mittels naturwissenschaftlicher Methoden, das heißt ohne Introspektion oder Einfühlung.

die Ethikkommission der amerikanischen psychologischen Gesellschaft (APA) aktiv, weil Therapien mit grenzüberschreitenden Eingriffen (z. B. Elektroschocks zur Behandlung aggressiven Verhaltens) stattfanden, die weder ethisch vertretbar noch vom Patienten eingewilligt waren. Dies führte zu einer erheblichen Krise innerhalb der Verhaltenstherapie und zu Diskussionen über die Kontrolle menschlichen Verhaltens. Hans Lieb[4] bringt es wie folgt auf den Punkt:

> „Die offensichtliche Verletzung allgemein anerkannter Grundwerte wie Freiwilligkeit und Autonomie von Personen … hatte in manchen Verhaltensmodifikationsprogrammen unter expliziter Berufung auf den behavioristischen Denkansatz stattgefunden. Denn dieser hatte doch gerade erst das Konzept des freien Willens wissenschaftlich eliminiert … Dass sie dabei die Vision einer beglückenden Botschaft der Psychologie an die Menschheit im Kopf hatten, ändert nichts daran, dass hier der Grundgedanke der Fremdkontrolle im Vordergrund gestanden hat. Dem wurde nun ein alternatives Konzept gegenübergestellt: das der Selbstkontrolle …" (zitiert nach Köllner 2004, S. 232).

Die kognitive Wende beinhaltete also neben der Einführung kognitiver Theorien auch die Entwicklung von Selbststeuerungs- oder Selbstregulations-Modellen. So entstand Banduras (1979) Konstrukt der Selbstwirksamkeit, welches besagt, dass jemand sein Verhalten nur dann ändert, wenn er überzeugt ist, das neue Verhalten ausüben zu können. Meichenbaums (1975) Selbstinstruktionstraining beschreibt die verhaltenssteuernde Wirkung von inneren Selbstgesprächen, Kanfer, Reinecker und Schmelzer (1991) entwickelten einen Selbstmanagementansatz. Kanfer u. a. (1991) beschreiben menschliches Verhalten auf drei Ebenen und sehen ein Selbstsystem auf der biologisch-physiologischen Ebene. Diese Ebene beinhaltet Prozesse, die von der Person selbst in Gang gesetzt und aufrechterhalten werden. Dabei bestehen enge Wechselwirkungen zu der beobachtbaren Ebene (externe Umgebung) sowie zur Ebene der kognitiven Prozesse und Inhalte (vgl. Köllner 2004, S. 232 f.). Dieses Selbstsystem macht laufend neue Erfahrungen im Austausch mit der Umwelt und wird dadurch weiter geprägt. Auch Peter Fiedler betont die Wichtigkeit des zwischenmenschlichen Austausches in der Therapie vor allem bei Persönlichkeitsstörungen. Die davon Betroffenen müssten sich zu Beginn der Therapie selbst neu bestimmen (vgl. Fiedler 1994, S. 421 a. a. O., S. 234).

Wie definiert nun die Verhaltenstherapie das Selbst? Sie hat kein einheitliches Bild dafür, weil die Verhaltenstherapie keinen Anspruch erhebt, „ein umfassendes Theoriesystem zu entwickeln, das eine vollständige Erklärung des Menschen bietet" (a. a. O., S. 232). Das Selbst wird eher als Regulationsstruktur beschrieben:

---

4 Hans Lieb ist Lerntherapeut und Vorstandsmitglied des Instituts für Fort- und Weiterbildung in Klinischer Verhaltenstherapie IFKV.

„Wir können diese höchste Regulationsebene auch als das Ich oder das Selbst des Individuums bezeichnen. … Auf höchster Ebene ist das psychische Funktionieren darauf ausgerichtet, Wahrnehmungen im Sinne eines bestimmten Selbst herbeizuführen und … Wahrnehmungen, die mit den Vorgaben des Selbst unvereinbar sind, zu vermeiden. Eine der wichtigsten Vorgaben des Selbst ist ein Mindestmaß an Übereinstimmung oder Konsistenz der jeweiligen Intentionen." (Klaus Grawe, zitiert nach a. a. O., S. 233)

2.4 Humanistisch orientierte Psychotherapie-Schulen

Die klientenzentrierte Psychologie von Carl Rogers und die Transaktionsanalyse von Eric Berne sind hier Vertreter der Humanistischen Psychologie.

2.4.1 Klientenzentrierte bzw. personenzentrierte Gesprächspsychotherapie

Die Persönlichkeitstheorie von Carl Rogers besagt, dass das Individuum über Möglichkeiten verfügt, um „sich selbst zu begreifen und seine Selbstkonzepte, seine Grundeinstellungen und sein selbstgesteuertes Verhalten zu verändern" (Rogers 1981, S. 66). Was er damit meint, wird nun erörtert. Im Laufe des Lebens entwickelt sich ein Selbstkonzept des Organismus, welches als „Kondensat oder Verdichtung" aller subjektiven Erfahrungen im Leben über die eigene Person gesehen werden kann. Dabei wird unterschieden zwischen einem „Selfas-object" und einem „Self-as-process". Das Erstere ist die Selbst-Wahrnehmung und Selbst-Einschätzung der eigenen Person, oder wie eine Person über sich als selbst denkendes, erinnerndes und wahrnehmendes Objekt denkt. Unter dem Begriff „Self-as-process" wird das Selbst als aktiv handelnde Person verstanden.

Rogers versteht das Selbst als das Zentrum psychischer Prozesse wie Empfinden, Denken, Bedeuten, Erinnern und Wahrnehmen. Der Ort dieser Prozesse ist die subjektive Welt des Individuums oder der „innere Bezugsrahmen", wie Rogers ihn 1959 nennt. Er sagt, dass diese innere Welt zu einem Teil durch empathisches Einfühlen, jedoch niemals vollständig erfahren werden kann. Nur das Individuum selbst kennt den Inhalt (vgl. Stumm, Pritz 2009, S. 312). Das Selbst ist bei Rogers die Prüfungsinstanz zwischen subjektiver und objektiver Wirklichkeit. Es vergleicht und unterscheidet zwischen dem Innen und dem Außen. Dabei ist es immer bestrebt, seine integrierte innere Struktur aufrechtzuerhalten. Diese wird soweit wie möglich aufrechterhalten, auch wenn eine Person sich in ihrer Persönlichkeit immer weiter von der Realität entfernt. Dieses Bestreben des Organismus bezeichnet man als „Selbst-Konsistenz". Hierbei bewertet sich das Individuum in seinem Verhalten und seinem Selbstkonzept schließlich unabhängig von der Außenwelt. Diese Selbst-Wertschätzung gilt als psychologische Grundlage seiner Existenz, und die Erfahrungen werden so organisiert, dass dieses bestehende Wertesystem nicht aus dem Gleichgewicht gebracht werden kann. Verhalten und

Selbstkonzept sind also konsistent und stimmen überein. Rogers unterscheidet zwischen drei Arten von Übereinstimmung und Nichtübereinstimmung:

(1) Zwischen dem Selbst, wie es vom Individuum wahrgenommen wird und dem konkreten organismischen Erleben (Konsistenz). Der Begriff „Organismisches Erleben" ist im personenzentrierten Ansatz ein zentraler Begriff. Aus diesem Grund wird er hier kurz dargestellt:
Rogers definiert Erlebnis als „… all das, was sich innerhalb des Organismus in einem bestimmten Augenblick abspielt und was potentiell der Gewahrwerdung zugänglich ist … Dabei ist wesentlich, dass Erlebnis sich auf den Augenblick, nicht auf die Ansammlung vergangener Erfahrungen bezieht" (Rogers 1987, S. 23). Am Erleben ist der ganze Organismus beteiligt und nicht nur der Intellekt. Erleben schließt auch Gefühle, sinnliche Wahrnehmung und Körperempfindungen ein und ist zusammen mehr als die Summe dieser Elemente. Rogers gibt dem eigenen organismischen Erleben eine wichtige, positive Bedeutung.
(2) Zwischen der subjektiven Wirklichkeit des phänomenalen Feldes und der „tatsächlichen" Realität der äußeren Welt.
(3) Zwischen dem tatsächlichen und dem gewünschten Selbst.

Bei einer Nichtübereinstimmung entsteht eine Inkongruenz, die eine Bedrohung für die Selbst-Konsistenz darstellt. Die Folge daraus sind Ängste, Schuldgefühle, Selbstabwertung und Abwehrhaltungen. Diese Folgen sind nach Rogers' Auffassung dem Organismus jedoch zuwider. Dem Organismus wohnt nämlich eine Tendenz inne, die danach strebt, sich zum Positiven hin zu entwickeln, also kongruent zu sein. Sie verfolgt die Befriedigung von Bedürfnissen wie Gesundheit, körperliches und seelisches Wachstum und Selbstverantwortlichkeit etc. Dieses Streben nach Selbstverwirklichung findet im Spannungsfeld zwischen Autonomie und Anpassung, Abhängigkeit und Unabhängigkeit und zwischen Integration und Differenzierung statt. Die menschliche Natur wird im humanistischen Sinne im Grunde ihres Strebens als zutiefst positiv betrachtet. Dies gilt sowohl für die individuelle Entwicklung als auch für die Auseinandersetzung in Beziehungen zu anderen Menschen. Nach Rogers' Theorie ist das Charakteristikum der menschlichen Existenz das Streben des Organismus nach Selbstverwirklichung, nach ganzheitlichem Wachstum. Er ist der festen Überzeugung, dass jeder Organismus mit einer Selbstverwirklichungstendenz ausgestattet ist.

2.4.2 Transaktionsanalyse

Eric Berne, der Begründer der Transaktionsanalyse, hat dem Thema des Selbst keinen Raum gegeben. Er definierte das Selbst eher unbefriedigend als den erlebenden Ich-Zustand, der die meiste freie Energie innehat. Ansonsten verwies er auf die Philosophie. In der Transaktionsanalyse wird das Selbst von Petruska Clarkson und von Eberhard Schneider detailliert beschrieben. Während Clarkson sechs verschiedene, aber aufeinander bezogene Konzepte des Selbst darstellt, konzentriert sich Schneider auf das transaktionsanalytische Konzept des Bezugsrahmens und stellt fest, dass damit wichtige Aussagen über das Selbst gemacht werden können.

2.4.2.1 Selbstkonzepte gemäß Clarkson

Die Autorin beschreibt das „ganzheitliche Selbst", das Selbst aus struktureller und funktionaler Sicht, also die „Vielfalt von Selbstheiten" und das „Selbst in Bewegung". Als nächstes Konzept nennt sie das „interpersonal entwickelte Selbst" – die Inkorporation von Objektbeziehungen in die innere Struktur. Dann das „wahre und falsche Selbst" und zum Schluss das „Selbst als Organisationsprinzip" der „Physis"[5]. In Folgendem wird auf einige dieser Konzepte näher eingegangen, sie alle darzustellen würde den Rahmen dieser Arbeit sprengen.

Ganzheit des Selbst

Das transaktionsanalytische Persönlichkeitsmodell wird durch drei übereinanderliegende, sich berührende geschlossene Kreise, von einer Haut umgeben, dargestellt. Diese Haut steht symbolisch für den Bezugsrahmen, für Abgrenzung und Ganzheit. Clarkson stellt das Selbst als Ganzheit anhand einer Erzählung einer Patientin am Ende der Therapie dar: Diese beschreibt

> „ein zunehmendes Gefühl von Ganzheit, von Vervollständigung und von Reichtum ihres gesamten Selbst. Die Patientin assoziierte das mit einem Daseinsgefühl, als ‚ganzes Wesen' in der Welt zu sein, als ‚in meinem Körper, aber zusammen mit meinem Geist abgegrenzt und aufgehoben zu sein' und mich nicht mehr zersplittert zu fühlen" (Clarkson 1996, S. 264).

Früher fühlte sie sich „als in tausend Stücke zerbrochen, die nie wieder zusammengefügt werden könnten. Sie erlebte sich als zersplittert, desintegriert bzw. als Nichts" (a. a. O., S. 266). Clarkson sieht in dieser letzteren Beschreibung eine Störung des Selbst in der Form einer Zersplitterung der Ganzheit und verweist auf Psychoanalytiker wie Kernberg[6] (1982), der in seinem Konzept das Selbst auch im Sinne der Ganzheit hervorhebt.

---

5   Die Physis ist „die Naturkraft, die beständig danach strebt, Dinge wachsen zu lassen und Vervollkommnung entgegen zu treiben" (Berne 1981/1969, S. 89).
6   Otto Friedmann Kernberg: US-amerikanischer Psychoanalytiker österreichischer Herkunft und Pionier der Objektbeziehungstheorie.

Vielfalt des Selbst

Das Konzept der drei Ich-Zustände bietet ein nützliches Modell für die Erforschung der vielfältigen Aspekte unserer Selbst-Erfahrung. Mit dem Strukturmodell[7] lassen sich unterdrückte Ich-Zustände, solche, die zeitweise außerhalb der bewussten Wahrnehmung liegen, und Ich-Zustände, die gegenwärtig aktiv und der bewussten Wahrnehmung zugänglich sind, voneinander unterscheiden. Mit dem Funktionsmodell[8] dagegen lassen sich die verschiedenen Rollen, die wir wählen, um uns und unsere Bedürfnisse auszudrücken, praktisch beschreiben. Mit anderen Worten: Die Transaktionsanalyse geht implizit davon aus, dass wir eine Vielfalt von „Selbst" und „Selbst-Erfahrungen" haben (mehr a. a. O., S. 267 ff.).

Das Selbst in Bewegung

Man kann zu jedem beliebigen Zeitpunkt von einem Ich-Zustand in einen anderen wechseln, und wenn ein Ich-Zustand aktiv ist, wird in diesem Augenblick dieser als das wahre Selbst erlebt. Clarkson nennt dies das Selbst in Bewegung.

> „Wenn jemand aus seinem zornigen Eltern-Ich heraus auftritt, erlebt er diesen Zustand als sein Selbst. Ein paar Minuten später, wenn er sich im Erwachsenen-Ich über sein Verhalten wundert, erlebt er das Erwachsenen-Ich als wahres Selbst. Wieder ein wenig später, wenn er sich im Kind-Ich schämt, weil er so gemein war, ist sein Kind-Ich sein wahres Selbst. All dies setzt natürlich voraus, dass der Vorfall Teil seines wirklichen Lebens war und dass er nicht nur die Rolle eines zornigen Vaters oder eines trotzigen Kindes gespielt hat" (a. a. O., S. 272 f.).

Wahres und falsches Selbst

In der Psychotherapie gibt es manchmal einen Wendepunkt, wenn ein Patient vermehrt in Kontakt zu den eigenen Bedürfnissen und Sehnsüchten (wahres Selbst) kommt, die er in der Kindheit unterdrückt hat, um eine Identität zu formen (falsches Selbst), die der damaligen Familiensituation besser entsprach. Die zunehmende Bewusstheit und Erfahrung dieser Bedürfnisse führt vorerst zu einem Konflikt zwischen dem wahren Selbst und dem falschen Selbst, oder, transaktionsanalytisch ausgedrückt, zu einem Engpass[9] bzw. zu einer Sackgasse. Wenn Menschen jedoch ihrem wahren Selbst näher kommen, kann eine tiefergehen-

---

7   Strukturmodell: Dreiteiliges Ich-Zustands-Modell: Eltern-Ich, Erwachsenen-Ich und Kind-Ich.

8   Funktionsmodell: Funktionelle Analyse der Ich-Zustände: kritisches Eltern-Ich/fürsorgliches Eltern-Ich; Erwachsenen-Ich; angepasstes Kind/freies Kind.

9   Engpass: Konflikt zwischen verschiedenen Ich-Zuständen. Je nach Ich-Zustandsbeteiligung wird unterschieden zwischen Engpass 1. Grades, 2. Grades oder 3. Grades.

de Verbindung zu einer inneren Heilungs- und Selbstverwirklichungskraft entstehen. Diese Kraft wird in der Transaktionsanalyse Physis genannt (vgl. a. a. O., S. 284).

Das Selbst als Organisationsprinzip der Physis

Berne (1981) schlägt vor, ein Selbst, das zum Zwecke des Überlebens oder der Akzeptanz ein falsches Selbst konstruieren kann, als Organisationsprinzip der Physis zu sehen, die danach trachtet, Dinge wachsen zu lassen und wachsende Dinge zu vervollkommnen (vgl. a. a. O., S. 292).

Diese Betrachtung beinhaltet die Vorstellung, dass ein gesunder innerer Kern für die Ich-Zustandsveränderungen verantwortlich ist. Die Transaktionsanalytiker James und Savary betonen die Bedeutung des inneren Kerns, weil er den Menschen aus tiefstem Grund dazu drängt, zu leben, zu lieben und frei zu sein. Sie sehen diesen inneren Kern als gleichbedeutend mit dem „universalen Selbst", das ständig auf der Suche nach einem Sinn ist, sodass die Belastungen, die entweder aus äußeren Quellen oder aus inneren Ich-Zuständen kommen, leichter gemeistert werden können (vgl. James/Savary 1977, S. 37 f.). Clarkson fasst zusammen:

> „Das Selbst kann als der einzige Teil in uns definiert werden, der immer gleich bleibt. Körperempfindungen wechseln, Gefühle verblassen, Gedanken ziehen vorüber, aber der Erfahrende dieses Flusses bleibt bestehen. Dieser Erfahrende ist das Kern-Selbst" (Clarkson 1996, S. 295).

2.4.2.2 Selbstkonzept gemäß Schneider

Wie bereits weiter oben erwähnt, können mit dem transaktionsanalytischen Konzept des Bezugsrahmens wichtige Aspekte des Selbst aufgezeigt werden. Unter „Bezugsrahmen" versteht man in der Transaktionsanalyse, die Art und Weise, wie jemand die Dinge, die ihm begegnen, wahrnimmt, betrachtet und bewertet. Es sind bewusste und unbewusste Bilder, Annahmen, Zuordnungen und Bewertungen, die jemand über sich selbst, die anderen Menschen und über die Welt im Allgemeinen anhand eigener Erfahrungen macht. Eberhard Schneider beschreibt den Bezugsrahmen als „eine fortlaufend veränderliche Struktur, ähnlich einem Fluss, der nie derselbe ist und doch derselbe Fluss bleibt" (Schneider, 1994, S. 16). Der Bezugsrahmen als Konzept wird als dünne Haut, die alle drei Ich-Zustände umgibt, dargestellt. Er findet also seinen Ursprung einerseits in dem Denken, Fühlen und Handeln der eigenen Kindheit, aber auch darin, wie das Kind das Denken, Fühlen und Verhalten der Erwachsenen und der Autoritätspersonen wahrgenommen und verstanden hat, und er kann sich anhand der aktuellen Erfahrungen des Erwachsenen weiter entwickeln und verändern.

Schneider ist wie Hartmann, Kohut und Winnicott der Meinung, dass Selbstrepräsentanzen (vgl. Kap. I 2.1) im Austausch und in der Abgrenzung mit anderen
entstehen. Den Begriff „Selbst" sieht er also als Abgrenzung zwischen der eigenen
(selbst) und einer anderen Person. Dabei geht es um das Verhältnis der Person zu
sich selbst und auch um das Verhältnis zum Gegenüber. Schneider beschreibt ein
subjektives, ein objektives, ein potenzielles und ein regulatives Selbst. Im „subjektiven Selbst" sieht er die Wahrnehmungen, die Gefühle, die Gedanken und
die Bilder, mit denen sich eine Person eine innere Auffassung von sich selbst bildet, oder, mit anderen Worten formuliert, „wie ich mit mir umgehe" (vgl. Schneider, 1994, S. 4). Als „objektives Selbst" sieht er die Person in ihrer Körperlichkeit,
mit ihren geistigen und seelischen Anlagen und Möglichkeiten. Zu diesem Selbst
zählt er auch die eigenen Muster und Gewohnheiten, was weniger verständlich
ist, denn diese sind wohl eher dem weiter unten beschriebenen, dem „potentiel-
len Selbst", zuzuordnen. Das „objektive Selbst" ist das, was gegeben ist, „wie ich
bin und funktioniere". Man könnte es vielleicht auch als die Hardware einer Person betrachten, während das „subjektive Selbst" das ist, was jemand aus dem Gegebenen macht, „wie ich mit mir umgehe", bzw. die Software einer Person.

Schneider meint: „Das subjektive Selbst mag zum objektiven Selbst passen wie
eine Haut oder es ist zu eng und drückt oder zu weit und damit hinderlich, im Ex-
tremfall aber fremd wie eine Maske oder Verkleidung" (a. a. O., S. 5–6).

Das „potentielle Selbst" beschreibt der Autor als Konzept der eigenen Person darüber, wie sie in der Gegenwart ist, wie sie in der Vergangenheit war und
wie sie in der Zukunft sein wird. Dieses Selbst verweist nicht nur auf den aktuellen Bezugsrahmen, sondern auch auf den unbewussten Lebensplan (ebd.) bzw.
das Skript, welches gemäß transaktionsanalytischem Verständnis eine Art Rol-
lenbuch darstellt, dessen Inhalt man übernimmt und danach lebt.

Als Letztes nennt Schneider das „regulative Selbst". Dieses hat die Aufgabe,
die eigene Wahrnehmung zu filtern und nur Reize der bewussten Wahrnehmung
zuzulassen, die, vereinfacht ausgedrückt, zum Bezugsrahmen und zum eigenen
Skript passen (a. a. O., S. 6).

Schneiders Überlegungen führen zur Schlussfolgerung, dass das Selbst nicht
identisch mit einem einzelnen Ich-Zustand ist, sondern das gemeinsam gebilde-
te Produkt aller Ich-Zustände darstellt im Sinne von: „Das bin immer ich, auch
wenn ich mich ganz anders zeige oder erlebe." Das zeigt auch, dass das Selbst
dauerhaft ist, schon immer da war und da sein wird. Das heißt, es ist sinnvoll, das
Selbst dem Bezugsrahmen zuzuordnen (vgl. a. a. O., S. 16).

2.5   Zusammenfassung

Das Selbst ist das, was eine Person schon immer war und ist, auch wenn sie sich
anders zeigt oder erlebt. Es ist das, was den Menschen ausmacht, sein inneres
Wesen, der Kern seiner Persönlichkeit, die Instanz, die zwischen innen und au-

ßen unterscheidet und unabhängig von der Außenwelt bewertet. Das Selbst will wachsen, sich ausbreiten, expandieren, und gleichzeitig sorgt es für eine innere Stabilität und Balance. Es verfügt über ein großes Potenzial an Kraft und Energie. Dieser „Selbst"-Erhaltungstrieb drängt nach „Selbst"-Verwirklichung. Es drängt danach, zu der Person zu werden, die man ist.

Auch wenn es das Selbst schon immer gibt, beginnt es einmal, zu werden. Es zeigt und entwickelt sich im Austausch und in Abgrenzung mit dem Gegenüber. Seinen Anfang nimmt es in der empathischen Spiegelung der Mutter. Diese empathische Spiegelung ist zentral für die Entwicklung eines „Selbst"-Bildes mit gesunder „Selbst"-Achtung und einem guten Gefühl des „Selbst"-Wertes. Wenn diese ursprüngliche Versorgung jedoch ungenügend ist, wenn das Kleinkind zu wenig oder eine falsche oder gar keine Spiegelung erfährt, nimmt es sich selbst ganz anders wahr und schätzt sich selbst anders ein als bei idealer bzw. gelungener Spiegelung. Es entwickelt dann nicht sein wahres, sondern ein „falsches Selbst", das zur Aufgabe hat, das eigentliche oder „wahre Selbst" vor diesen mangelnden bzw. negativen Einflüssen zu schützen. Ein falsches Selbst fühlt sich nicht stimmig an, es fühlt sich fremd, nicht zu einem selbst gehörend bzw. nichtig und nicht lebendig an. Das wahre Selbst hingegen fühlt sich real, stimmig, kongruent, zu einem selbst gehörend an. Bedürfnisse und Wünsche sind echt, können befriedigt werden, die Energie kann fließen und macht Wachstum möglich. Die Verwirklichung des wahren Selbst bedeutet, ganz zu werden. Es heißt, authentisch und echt zu sein. Verwirklichen, realisieren und integrieren lässt sich das Selbst, indem seine verschiedenen Facetten erlebt werden und die betreffende Person sich der damit gemachten Erfahrungen bewusst wird. Was unter dem Begriff „Erfahrung" zu verstehen ist, wird im nächsten Kapitel erläutert.

3.   Erfahrung

Ganz allgemein kann „Erfahrung" bedeuten, dass mir „etwas zu Ohren gekommen" ist. Ich habe etwas Neues über eine Person oder einen Sachverhalt gehört, das mich emotional anspricht oder mich betroffen macht. „Erfahrungen" können aber auch z. B. dadurch gesammelt werden, dass ich in meinem Berufsalltag Arbeitsabläufe so oft wiederhole, bis ich darin geübt und routiniert werde oder eben viel Erfahrung damit sammle.

Bei der „Selbst-Erfahrung" gewinne ich neue Erkenntnisse über mich, indem ich einzelne Aspekte meines Selbst in bestimmten Situationen erlebe. Die gemachten Erfahrungen können nur meine ganz persönlichen sein. Ich nehme Neues auf die mir eigene Art und Weise wahr und verarbeite es, indem ich es mit meinen bisher gemachten Erfahrungen verknüpfe und meine Schlussfolgerungen daraus ziehe. Wie diese Erfahrungen und die daraus gezogenen Erkenntnisse sind, hängt also von meiner Lebensgeschichte ab, die letztlich eine Ansammlung von und Verknüpfung mit anderen bereits gemachten Erfahrungen ist.

„Erfahrung" heißt ursprünglich Erforschen und Durchwandern (vgl. Duden). Mit dieser Definition wird deutlich, dass jeder Mensch sein eigenes Leben erforschen und durchwandern soll, darf und kann, also seine eigenen Erfahrungen machen muss, um wichtige Erkenntnisse für sich zu gewinnen und um zu reifen und zu wachsen und selbstständig zu werden. Mit anderen Worten ausgedrückt, „Erfahrung" ist der Erwerb von neuem Wissen mittels Wahrnehmen, Erleben und Empfinden. Erfahrung kann demnach auch nicht geplant werden, sie widerfährt einem, sie geschieht, begegnet oder passiert einfach.

Für eine Erfahrung reicht es nicht aus, nur Neues aufzunehmen. Damit etwas zur Erfahrung werden kann, braucht es ein Begreifen. Dieser Wissenserwerb durch Erfahrung wird in der Wissenschaft „empirische Erkenntnis" genannt (Gadamer zitiert nach Grünewald 1993/94, S. 153–170). Für eine neue Erfahrung braucht es eine Bereitschaft, die eigenen Ansichten infrage zu stellen bzw. zu negieren. Die Person muss offen sein können für eine Bezugsrahmenveränderung (vgl. Kap. I 2.4.2.2) bzw. für die Veränderung ihres Bewusstseinsfeldes. Erfahrung kann demnach nur durch eine Selbstveränderung des Betreffenden geschehen (ebd).

Wie einem eine (Selbst-)Erfahrung widerfahren und wie man sich eine solche vorstellen kann, wird nun an einem Beispiel dargestellt:

Ein Beispiel möglicher (Selbst-)Erfahrung

Jemand, der schon früh sein Elternhaus verlassen musste, hört beiläufig den folgenden Satz: „Jugendliche, die von ihren Eltern aus dem Haus verwiesen werden und später nicht wieder zurückkommen bzw. nicht wieder aufgenommen werden, entwickeln Bindungsprobleme im Sinn eines Mangels oder eines Lecks."[10]

Der Betreffende, der dieses Schicksal[11] teilt, kann (muss nicht) schlagartig erkennen, dass das auch auf ihn zutrifft. Er erinnert sich an verschiedene Situationen in der Vergangenheit und in der Gegenwart, in denen er verunsichert oder misstrauisch war oder ist oder sich verlassen, allein gelassen und/oder im Stich gelassen fühlte, ohne zu wissen, wieso. Es fällt ihm u. U. wie Schuppen von den

---

10 Es geht in diesem Beispiel nicht um die Richtigkeit des Inhaltes des Satzes, sondern darum, was er beim Rezipienten bewirkt.

11 Damit man sich als Kind sicher und aufgehoben fühlen kann, bedarf es einer guten elterlichen Präsenz. Die ist auch gerade dann von großer Bedeutung, wenn sich die Kinder als Jugendliche gegenüber ihren Eltern auflehnen (u. a. Arist von Schlippe, Systemiker). Wenn Jugendliche im Alter von 16 Jahren weggeschickt werden, nicht etwa um eine gewisse Zeit zur allgemeinen Beruhigung woanders zu verbringen, sondern von zu Hause fortgewiesen werden, so kann sich das sehr traumatisierend auf die Entwicklung des Jugendlichen auswirken.

Augen und er kann die Verbindung auch gefühlsmäßig, evtl. mit großer Trauer, Wut und/oder Angst, mit dem damaligen Fortschicken verknüpfen.

Im Volksmund nennen wir ein solches Erlebnis „Aha-Erlebnis".[12] Gadamer nennt es „hermeneutische Erfahrung", definiert als Verstehen eines Inhaltes bei gleichzeitigem Einsichtserwerb und Erkennen von Wahrheit. Erfahrung ist nicht, was wir tun, nicht, was wir tun sollten, sondern was über unser Wollen und Tun hinaus mit uns geschieht (vgl. a. a. O., S. 153).

Zurück zu unserem Beispiel: Vielleicht erlebt der Betreffende den Rauswurf emotional erneut, indem er sich in die damalige Situation hinein begibt und sich auf die damit verbundenen Gefühle einlässt, die er vielleicht in der Vergangenheit nicht zulassen konnte oder durfte. Nun spürt er sie und kann sich von ihnen berühren bzw. erschüttern lassen. Wenn er Glück hat, sitzt er in einer Therapie und hat ein Vis-à-vis, das in der Gegenwart quasi Zeuge wird von dem Elend der Angst, der Wut, der Scham und der Hilflosigkeit, welches der Betreffende damals in seiner Kindheit erlebte. Und wenn er noch mehr Glück hat, dann ist sein Vis-à-vis im übertragenen Sinn in diesem Moment „die genügend gute Mutter", die diese Erschütterung aushalten, sie verstehen und am Schicksal des Betreffenden Anteil nehmen und für ihn im „Hier und Jetzt" (vgl. Kap. V 4.5) da bzw. präsent sein kann, damit er seine damalige Erfahrung „revidieren" kann.

Wie bereits beschrieben, braucht es für eine Erfahrung eine Selbstveränderung. Diese passiert im eben dargestellten Beispiel, indem der Betreffende eine neue Situation kennenlernt und erlebt, nämlich dass er in seiner Not gesehen und wahrgenommen und damit nicht, wie damals, allein gelassen wird. Durch diese Erfahrung verändert sich sein Bezugsrahmen bzw. sein Bewusstseinsfeld.

4.   Selbsterfahrung

Seit den alten griechischen Philosophen kennt man das Streben nach Selbstverwirklichung und nach ganzheitlichem Wachstum. Diese Suche nach Selbsterkenntnis scheint ein Charakteristikum der menschlichen Existenz zu sein. Und dennoch bekommen wir quasi von Geburt an mehr Anweisungen von außen darüber, wie wir uns zu verhalten, zu denken und zu fühlen haben und erfahren wenig darüber, wie wir uns nach unserem Sinn entfalten können und wie wir mit uns und unserer Umwelt klarkommen. Mittels Selbsterfahrung haben wir die

---

12 „Aha-Erlebnis" bezeichnet das schlagartige Erkennen von Zusammenhängen, wie z. B. die plötzlich auftretende Einsicht in die Lösung eines Problems. Der „Namensgeber", der deutsche Psychologe Karl Bühler, definierte das Aha-Erlebnis folgendermaßen: „Ein eigenartiges im Denkverlauf auftretendes lustbetontes Erlebnis, das sich bei plötzlicher Einsicht in einen zuerst undurchsichtigen Zusammenhang einstellt." (Online-Enzyklopädie für Psychologie und Pädagogik, URL: http://lexikon.stangl. eu/2279/aha-erlebnis/)

Möglichkeit, den eigenen Weg, die eigenen Lösungen und die eigenen Optionen herauszufinden. „Selbsterfahrung" ist ein Begriff aus der Psychologie und meint, die eigene Persönlichkeit, das innere Wesen, das, was den Menschen mit seiner psychischen Organisation und seiner Körperlichkeit ausmacht, also die Geheimnisse seines Selbst, kennen und verstehen zu lernen, um es zu realisieren, zu integrieren und zu verwirklichen. Kennen und verstehen lernen meint hier, einzelne Facetten seiner selbst erleben und dabei etwas über sich begreifen. Dieses Begreifen, also dieses neue Wissen über sich, führt in irgendeiner Form zu einer Selbstveränderung, und diese Veränderung macht schlussendlich die Erfahrung aus. Eine Erfahrung ist also nicht etwas, das man planen kann, es ist etwas, was einem geschieht, begegnet oder passiert.

II   Die verschiedenen Psychotherapieschulen und ihr Verständnis und Umgang mit Selbsterfahrung

Die Psychotherapie hat ihren Ursprung im Altertum. Zur zeitgenössischen Psychotherapie entwickelte sie sich, als man begann, die Psyche als etwas zu begreifen, das Bewusstes und Unbewusstes enthält, und als detailliert beschrieben wurde, wie das Unbewusste funktioniert. Umfassend beschrieben hat diese Entwicklung Henry F. Ellenberger 1970 in seinem monumentalen Werk „Die Entdeckung des Unbewussten". Zu den Vätern dieser Entwicklung gehören Sigmund Freud, Carl Gustav Jung und Alfred Adler (Pritz 2008, S. 54 f.).

Freud hat als Erster ein Modell zur Erhellung des Unbewussten entwickelt. Die ursprüngliche Idee der von ihm entwickelten Psychoanalyse beruht u. a. auf Theorien über Triebe aus der Kindheit, deren Dynamik den Menschen während seines weiteren Lebens maßgebend bestimmt. Die Triebe werden als Bedürfnisse wahrgenommen und ihre Befriedigung erzeugt Lustgefühle. Unlustgefühle entstehen, wenn die Befriedigung nicht erfolgt. Psychoanalytiker gehen den unbewussten Ursachen von Phänomenen auf den Grund. Carl Gustav Jung, ursprünglich ein Schüler Freuds, entwickelte eine eigene Schule, die Analytische Psychologie. Ein anderer Schüler Freuds, Alfred Adler, gründete die Individualpsychologie. Wenn von der tiefenpsychologischen Richtung die Rede ist, sind diese Schulen gemeint. Die Tiefenpsychologie wird in dieser Arbeit vorwiegend durch die psychoanalytische Sichtweise vertreten. Historisch gesehen liegt also der Ursprung des Ausbildungselementes der Selbsterfahrung in der Freudschen Psychoanalyse. Die Tiefenpsychologie kennt den Begriff allerdings nicht. Dort heißt es „Analyse" oder „Lehranalyse" oder eben „Psychoanalyse".

Als zweite große Strömung der Psychotherapie entwickelte sich die Verhaltenstherapie. Diese Schule ging in ihren Ursprüngen von einem Reiz-Reaktions-Modell aus. Die Verhaltenstherapie vertrat die Ansicht, dass der Mensch Verhalten als Reaktionen auf Reize entwickelt. Was zwischen dem Reiz und der Reaktion passiert, findet in einer sogenannten „Blackbox" statt. Die Art und Weise, wie jemand einen Reiz wahrnimmt und ihn verarbeitet, interessiert den Verhaltenstherapeuten nicht. Sein Interesse gilt dem sichtbaren Verhalten. Die Selbsterfahrung, also das Kennenlernen und Reflektieren seiner Selbst bzw. des Inhalts der Blackbox, spielt in der Verhaltenstherapie ursprünglich keine und aktuell eine zweitrangige Rolle. Erst seit den 1980er Jahren setzt sich die Verhaltenstherapie mit der Selbsterfahrung auseinander (s. auch Kap. I. 2.3). Bei der Verhaltenstherapie ist es notwendig, zwischen der „klassischen" Verhaltenstherapie (B. F. Skinner, I. P. Pawlow), der kognitiven Psychotherapie von Albert Ellis und Aaron Beck und der Schematherapie von Jeffrey E. Young zu unterscheiden.

Als dritte Strömung in der Psychotherapie entstand die Humanistische Psychologie, die durch verschiedene Schulen wie die Gesprächspsychotherapie von Carl Rogers, die Gestaltpsychologie von Fritz Perls und die Transaktionsanalyse von Eric Berne vertreten wird. In dieser Arbeit wird die zuletzt genannte Therapieform untersucht. Diese dritte Strömung entwickelte sich aus der Ansicht heraus, dass der Mensch über einen guten inneren Kern verfügt und nach Verwirklichung seines Selbst strebt. Der Humanistischen Psychologie ist Selbsterfahrung wichtig und von Beginn an bekannt.

Zusammenfassend lässt sich sagen, dass es drei große Strömungen in der Psychotherapie gibt: die Tiefenpsychologie, die Verhaltenstherapie und die Humanistische Psychologie.

1 Tiefenpsychologie – Psychoanalyse

Freud entwickelte anhand seiner Untersuchungen ein Strukturmodell der Psyche mit drei Instanzen: Es, Ich, Über-Ich. Das „Es" funktioniert nach dem Lustprinzip, die Bedürfnisse wollen sofort befriedigt werden. Das „Über-Ich" repräsentiert die verinnerlichten Eltern, die Dinge zwecks Sozialisierung des Kindes untersagen. Das „Ich" ist die Instanz, die sich an die innere Realität (Es, Über-Ich) sowie an die äußere Realität anpasst. Das „Ich" funktioniert nach dem Realitätsprinzip. Zwischen den Instanzen entstehen Konflikte. Die Psychoanalyse geht davon aus, dass diese verdrängten, nicht erinnerbaren Konflikte aus der Kindheit spätere neurotische Erlebens- und Verhaltensweisen zur Folge haben können. In der Psychoanalyse können diese Kindheitserlebnisse aufgedeckt werden. Die bewusste Auseinandersetzung mit den erinnerten Erlebnissen leitet die Heilung ein.

Die Psychoanalyse ist ein Langzeitverfahren, das über mehrere hundert Stunden dauert und auch Psychoanalytiker in Weiterbildung durchlaufen müssen. Den Begriff der Selbsterfahrung gibt es in der Psychoanalyse nicht. Hier spricht man von „Analyse" oder „Lehranalyse" (vgl. Schlegel 2007, S. 5 f.).

Der Klient, der in der Psychoanalyse „Analysand" genannt wird, ist aufgefordert, alles ungehemmt und unzensiert zu sagen, was ihm in den Sinn kommt. Diese freien Einfälle oder dieses freie Assoziieren wird vom Analytiker gedeutet. Die Idee dabei ist, dass der Analysand sich in die Kindheit zurückversetzt erlebt. In dieser Regression erlebt er den Analytiker als wichtige Person aus seiner Kindheit oder auch als mehrere Personen nacheinander und überträgt seine zu dieser Person gehörenden Gefühle und Gedanken auf den Analytiker. Durch diese Übertragung werden die konflikthaften Beziehungen aus der Kindheit des Analysanden und die damit verbundenen Wünsche und Ängste des Kleinkindes vergegenwärtigt. Um den Analysanden zu Autonomie und Selbstverantwortung zu führen, muss diese Übertragung erkannt und aufgelöst werden. Dies geschieht mittels psychoanalytischer Deutung. Die Deutung ist die wichtigste Intervention in der Psychoanalyse. Sie ist das Mittel, um Unbewusstes bewusst zu machen. Die Deutung bzw. die Auslegung von Träumen spielt dabei eine wichtige Rolle in der Psychoanalyse.

Hilfreich kann auch die sog. „Gegenübertragung" sein, so wird die Reaktion des Analytikers auf den Analysanden genannt. Der Analytiker muss dabei unterscheiden können, ob seine Gegenübertragung eine Reaktion auf die Übertragung des Analysanden ist und nicht etwa eine eigene Übertragung im Sinne einer Zuschreibung eigener unbewusster Gegebenheiten auf den Analysanden. Dies bedingt, dass er über die Eigenschaft verfügen muss, seine Reaktionen kritisch zu beleuchten und/oder mittels Supervision zu reflektieren. Das wiederum verlangt vom Analytiker die Bereitschaft, sich eigene Fehler einzugestehen und den Mut zu haben, dazu zu stehen (vgl. a. a. O., S. 21 f.; vgl. auch Kriz, 2007, S. 33–36).

Zusammenfassend lässt sich sagen, dass die „Selbsterfahrung" in der Psychoanalyse eine immens wichtige und zentrale Rolle spielt. Wie schon der Name der Schulrichtung sagt, wird die eigene Psyche, das eigene Unbewusste, ausgekundschaftet. Von einem Experten psychoanalytisch analysiert zu werden, ist die Bedingung für jeden zukünftigen Psychoanalytiker.

So schreibt Freud (1912) in „Ratschläge für den Arzt bei der psychoanalytischen Behandlung":

> „Wenn der Arzt imstande sein soll, sich seines Unbewussten in solcher Weise als Instrument bei der Analyse zu bedienen, so muss er selbst eine psychologische Bedingung in weitem Ausmaße erfüllen. Er darf in sich selbst keine Widerstände dulden, welche das von seinem Unbewussten Erkannte von seinem Bewusstsein abhalten, sonst würde er eine neue Auswahl und Entstellung in die Analyse einführen … Jede ungelöste Verdrängung beim Arzte entspricht … einem ‚blinden Fleck' in seiner analytischen Wahrnehmung. … Es soll sich jeder, der Analysen an anderen ausführen will, vorher selbst einer Analyse bei einem Sachkundigen unterziehen." (Freud, 1999, Bd. 8, S. 382)

Auch nach Beendigung der eigenen Analyse arbeitet der Analytiker permanent motiviert und interessiert mittels Selbstanalyse mit dem eigenen Unbewussten weiter.

2   Verhaltenstherapie

Wie bereits erwähnt, muss in der Verhaltenstherapie unterschieden werden zwischen der „klassischen" Verhaltenstherapie, der kognitiven Psychotherapie und der neueren Ausrichtung der Schematherapie, weil das ganz unterschiedliche Arbeitsweisen sind, die außer dem Namen nicht mehr viel Gemeinsames haben.

2.1   „Klassische" Verhaltenstherapie oder Behaviorismus

Die klassische Verhaltenstherapie entwickelte sich Mitte des letzten Jahrhunderts. Sie vertritt die Haltung, dass der Mensch als Reiz-Reaktions-System funktioniert. Menschliches Verhalten ist erlernt, und störendes Verhalten kann verlernt werden. Kindheitserlebnisse der Patienten interessieren die Verhaltenstherapeuten nicht. Vertreter der „klassischen" Verhaltenstherapie sind Pawlow und Skinner. Um Verhalten zu verlernen, kennt die „klassische" Verhaltenstherapie verschiedene Verfahren wie bspw. systematische Desensibilisierung. Dieses Verfahren gilt bis heute als erfolgversprechend bei Phobien. Operantes Konditionieren wird bspw. in der Pädagogik angewendet, indem gewünschtes Verhalten sehr gelobt, während unerwünschtes Verhalten soweit wie möglich ignoriert wird. Dahinter steckt die Idee, dass ein bestimmtes Verhalten, das auf Aufmerksamkeit stößt, tendenziell immer wieder gezeigt wird, während ein Verhalten, auf das niemand reagiert, nicht mehr gezeigt wird. Typisch für die Verhaltenstherapie ist, dass sie sich nicht für die Ursachen von unerwünschtem Verhalten interessiert. Es ist primär nicht wichtig, wo etwas gelernt wurde, sondern nur, wie es wieder verlernt werden kann. Wenn man sich der Ursache widmen würde, würde dem unerwünschten Verhalten Aufmerksamkeit geschenkt werden, was eben kontraproduktiv bei einem Verhalten ist, das man nicht mehr sehen möchte.

Ein weiteres Konzept ist das Lernen am Modell, das heißt, dass man Dinge durch Nachahmung erlernt.

Da sich die Verhaltenstherapie nicht für die Entwicklung der Störung interessiert, kennt sie auch keine Selbsterfahrung (vgl. Schlegel 2007, S. 107 f.; vgl. Kriz 2007, S. 106, 112 und S. 121 f.).

2.2   Kognitive Verhaltenstherapie

Wie im Kap. I 2.3 besprochen, bekamen die Verhaltenstherapeuten ethische Probleme durch die Anwendung bestimmter Behandlungsverfahren und mussten ihre Therapiemethoden anpassen. Aus dieser sogenannten „kognitiven Wende" heraus entwickelte sich die kognitive Verhaltenstherapie.

Begründer dieser neuen Ausrichtung sind Albert Ellis, Aaron T. Beck und Donald W. Meichenbaum sowie Becks Tochter Judith S. Beck (vgl. Schlegel 2007, S. 136–145; Kriz 2007, S. 130–151).

Wie in allen Therapierichtungen geht es auch in der Verhaltenstherapie um das Denken, Fühlen und Handeln, die drei psychischen Funktionen des Menschen, die sich gegenseitig beeinflussen. Die Verhaltenstherapie legt jedoch den Fokus auf das Denken, die sogenannten „Kognitionen". Sie geht davon aus, dass Leiden durch irrationale Überzeugungen (Ellis) bzw. durch automatische Gedanken (Beck), basierend auf Denkfehlern, entsteht. Das Therapieziel ist die kognitive Umstrukturierung. Das heißt, unrealistische Gedanken, Überzeugungen bzw. Schlussfolgerungen werden aufgedeckt und durch realitätsgerechtes Denken ersetzt.

Ellis kennt elf verschiedene „irrationale Überzeugungen", wie bspw.: „Ich bin nicht liebenswert, wenn ich nicht von allen geliebt werde", „Es ist schlimm, wenn die Dinge nicht so sind, wie ich es richtig finde" und „Für jedes Problem gibt es eine richtige und perfekte Lösung und es ist eine Katastrophe, wenn ich diese nicht finde" (vgl. Schlegel 2007, S. 145).

Beck hat an Patienten mit Depressionen festgestellt, dass verschiedene Denkfehler zu sogenannten „automatischen Gedanken" führen. Ein Beispiel dazu ist das Schwarz-Weiß- oder das Entweder-Oder-Denken: „Ich bin gut oder schlecht", „Ich werde geliebt oder gehasst", „Ich bin intelligent oder dumm". Ein anderes Beispiel sind willkürliche Schlussfolgerungen wie das klassische karikierte Beispiel von Paul Watzlawick: „Wenn du mich wirklich liebtest, würdest du gern Knoblauch essen" (vgl. Paul Watzlawick 2015, S. 75 f.).

Wie geht nun die kognitive Verhaltenstherapie mit der Selbsterfahrung um? Wie bereits erwähnt, interessiert sich der Verhaltenstherapeut nicht dafür, wie unrealistisches Denken im Verlauf der Geschichte beim Patienten entstanden ist, sondern lediglich dafür, wie es korrigiert (umstrukturiert) werden kann. Kindheitserinnerungen spielen also keine Rolle. Wichtig ist Selbstkontrolle durch Selbstreflexion (Kap. III 1). Die Selbstreflexion wird in dieser Schule der Selbsterfahrung vorgezogen (vgl. Lieb 1998, S. 2). Die Verhaltenstherapie verändert sich jedoch laufend. In der neuesten Entwicklung der kognitiven Verhaltenstherapie und spätestens bei der Schematherapie (s. nächstes Kapitel) werden auch Schlüsselerlebnisse aus der Kindheit als relevant für den Therapieerfolg gesehen und an ihnen gearbeitet. Das, was im Menschen passiert und in den anderen Schulen „Erleben" genannt wird, nennen die Verhaltenstherapeuten „inneres Verhalten". Das ergibt den Vorteil, den Namen der Schulrichtung nicht ändern zu müssen. Die Auseinandersetzung der Verhaltenstherapeuten mit dem inneren Verhalten bedeutet, dass sie sich immer mehr den tiefenpsychologischen bzw. den psychodynamischen Verfahren anpassen, mit dem Unterschied, dass sie die Dinge anders nennen. Je ähnlicher sie diesen Verfahren werden, desto wichtiger wird die Selbsterfahrung in der Weiterbildung zum Verhaltenstherapeuten werden. Bereits bei der kognitiven Umstrukturierung muss der Therapeut sich kennen und seiner eigenen Kognitionen bewusst sein, damit es kein Durcheinander zwischen seinen eigenen irrationalen Überzeugungen und denjenigen des Patienten gibt, und auch, damit gewährleistet ist, dass das unrealistische Gedankengut beim Patienten durch ungetrübtes realitätsgerechtes Denken ersetzt werden kann (vgl. Schlegel 2007, S. 135 f. und S. 144 f.).

2.3 Schematherapie

Der Begründer der Schematherapie ist Jeffrey E. Young, ein Schüler und enger Mitarbeiter Aaron Becks. Young war mit den Behandlungsmöglichkeiten der kognitiven Verhaltenstherapie unzufrieden und suchte neue Behandlungsformen. Diese fand er u. a. in der Objektbeziehungstheorie, der Transaktionsanalyse und der Gestalttherapie und entwickelte ein schulenübergreifendes Psychotherapieverfahren, das verhaltenstherapeutische und tiefenpsychologische Ansätze vereint. Im Unterschied zur kognitiven Verhaltenstherapie betont Young die Wichtigkeit der therapeutischen Beziehungsgestaltung und die Bedeutung der frühen Kindheitserfahrungen (vgl. Roediger 2011, S. 2).

Ein Schema ist eine neuronal verankerte Reaktionsbereitschaft im Sinne einer Handlungstendenz, aber nicht die Handlung selbst. Negativ emotionale, also dysfunktionale Schemata führen zu falschen Annahmen über sich selbst und zu inadäquaten Verarbeitungs- und Verhaltensmustern. So entstehen psychopathologische Auffälligkeiten. Young kennt 18 verschiedene dysfunktionale Schemata. Beispiele sind Verletzbarkeit, Aufopferung, Isolation oder unerbittliche Ansprüche. Die Schemata aktivieren zuerst die Kind-Modi, definiert als erlebte primäre Emotionen, und die Eltern-Modi, definiert als kognitive Bewertungen. Mit „Modus" meint Young das innere Erleben des Aktivierungszustandes. Das dabei gezeigte Verhalten nennt Young „schema-driven".[13] Behandlungsziel der Schematherapie ist, dysfunktionale Schemata beim Patienten zu identifizieren und zu verändern. Damit das möglich wird, ist es laut Young notwendig, dass die Patienten das Entstehen ihrer spezifischen Schemata nachvollziehen können. Diese Haltung, die Entstehungsgeschichte verstehen zu wollen bzw. zu müssen, ist der neue Aspekt im Vergleich zur kognitiven Verhaltenstherapie.

Young erwartet von Schematherapeuten minimale schematherapeutische Selbsterfahrung während ihrer Ausbildung, um die eigenen Schemata kennen zu lernen. In der Einzelsupervision wird intensiv an den Schemaaktivierungen (Gegenübertragungen) bei den zukünftigen Therapeuten gearbeitet, was ebenfalls einen Selbsterfahrungs-Charakter annimmt. Nach Young ist es notwendig, dass die Therapeuten einen ähnlichen Prozess wie die Patienten durchlaufen, denn es braucht nicht nur kompetente, sondern auch konfliktfähige Therapeuten. Durch die Arbeit an den eigenen Schemata werden die Therapeuten authentisch und somit zu wirklichen und verlässlichen Bezugspersonen (vgl. a. a. O., S. 169 f.).

3. Humanistische Psychologie

Die dritte Strömung wird hier durch die Transaktionsanalyse vertreten.

3.1 Transaktionsanalyse (Eric Berne)

Die Transaktionsanalyse ist als eigenständige integrative Psychotherapie in den 1950er Jahren entstanden. Ihr Begründer, der kanadisch-amerikanische Psychi-

---

13 Aus transaktionsanalytischer Sicht (s. nächstes Kapitel) sind das eben Dargestellte transaktionsanalytische Konzepte in die Verhaltenstherapie übersetzt. Die Transaktionsanalyse kennt einen „Kind-Ich-Zustand", einen „Eltern-Ich-Zustand", weiter kennt sie „Antreiber", nach denen jemand lebt, um seinem Skript (unbewusster Lebensplan) gerecht zu werden.

ater und Psychoanalytiker Eric Berne, war unzufrieden mit der Dauer der klassischen Psychoanalyse, er störte sich aber auch an der Zurückhaltung des Analytikers. Die komplizierte Fachsprache fand er bei der Behandlung von Patienten wenig hilfreich und er war der Meinung, dass die Sprache in der Therapie einfach und für jeden verständlich sein muss, wenn man Menschen therapieren will.

So entwickelte er die Transaktionsanalyse, ein schulenübergreifendes Verfahren, das eine Brücke zwischen der Psychoanalyse und der Verhaltenstherapie schlägt und analytische, kognitive und psychodynamische sowie gestalt- und kommunikationstherapeutische Elemente erfolgreich in sich vereint.

Als Theorie der menschlichen Persönlichkeit kennt die Transaktionsanalyse einen „Kind-Ich-Zustand", einen „Erwachsenen-Ich-Zustand" und einen „Eltern-Ich-Zustand". Die Vertreter dieser Schule gehen davon aus, dass menschliches Handeln, Fühlen, Denken, Erleben und Streben von diesen drei Ich-Zuständen beeinflusst werden. Wünsche, Träume und Hoffnungen aus der Kindheit sind in der Kind-Ebene gespeichert. Im Kind-Ich handeln, denken und fühlen wir so, wie wir es in unserer gesamten Kindheit getan haben. Im Kind-Ich-Zustand (K) spielen, lachen, tanzen wir, empfinden wir aber auch Schmerzen, Angst, Sehnsucht, Begeisterung und Liebe. Gebote, Weisungen, Ratschläge und Verbote, die wir als Kind von unseren Bezugspersonen und Erziehern, hauptsächlich den Eltern, bekommen haben, sind im Eltern-Ich (EL) integriert. Neben Belohnung und Bestrafung ist das Eltern-Ich auch verantwortlich für Tradition, Werte, Gewissen, für Kultur und Zivilisation. Im Erwachsenen-Ich (ER) werden sachliche, logische und vernünftige Überlegungen und Entscheide gefällt. Das Analysieren dieser Ich-Zustände wird „Strukturanalyse" genannt.

Wenn zwei oder mehrere Personen miteinander kommunizieren, werden Transaktionen ausgetauscht. Darunter versteht man eine Frage, eine Mitteilung oder Botschaft einer Person und die darauf folgende Antwort oder Reaktion der angesprochenen Person. Eine „Transaktion" ist somit die verbale oder nonverbale Grundeinheit einer Kommunikation. Eine Unterhaltung oder eine Auseinandersetzung besteht aus einer Reihenfolge von Transaktionen. Dabei wird zwischen „paralleler Transaktion", „gekreuzter Transaktion", „doppelbödiger" und „verdeckter Transaktion" unterschieden. Die „Transaktionsanalyse im engeren Sinn" befasst sich mit den verschiedenen Ich-Zuständen, die an einer Transaktion beteiligt sind.

Kommunikationssequenzen – mit verdeckten Transaktionen – können beziehungsstörend oder, wenn sie sich wiederholen, sogar destruktiv sein. Solche meist unbewussten Kommunikationsmuster werden „psychologische" bzw. „manipulative Spiele" genannt. Die „Spielanalyse" befasst sich mit der Aufdeckung der geheimen Motive und Ziele solcher Spiele und kann zu befriedigenderen und offeneren Beziehungsformen führen.

Transaktionsanalytiker gehen davon aus, dass sich die Menschen in ihrer Kindheit bis etwa zum siebten Lebensjahr anhand ihrer Erfahrungen und den daraus resultierenden Interpretationen einen Lebensplan – „Skript" – vorschreiben, der ihnen jedoch unbewusst ist. Hat sich das Kind einmal für eine Haltung entschieden, so wird es sich sein Leben so einrichten, dass es, auch als Erwachsener, seine Lebenshaltung immer wieder bestätigt findet. Neue Erfahrungen werden so ausgelegt, dass sie den ersten Ansätzen des Lebensplanes entsprechen, obgleich der Betreffende meint, dass er seine Erfahrungen und Meinungen frei und unabhängig bildet. Aus dieser Haltung heraus spielt jeder seine typischen Spiele und gründet daraus seinen unbewussten Lebensplan. Die von dem Kind gefällten Skriptentscheide und -überzeugungen mögen bezogen auf die Kindheit Überlebensstrategien darstellen, erweisen sich jedoch im Erwachsenenalter als Hindernis in Bezug auf ein adäquates und, soweit möglich, autonomes Fühlen, Handeln und Denken. Die transaktionsanalytische Psychotherapie befasst sich mit der Analyse dieser Skripts.

So können die Skriptentscheidungen mittels Erlaubnissen entschärft werden. „Erlaubnisse" sind entscheidende Interventionen des transaktionsanalytischen Therapeuten. Die Wahl und Formulierung einer Erlaubnis benötigt Empathie, Intuition und eine gute Beziehung zum Patienten.

Für die Befreiung aus dem Skriptzwang braucht es eine Neuentscheidung. Dazu ist es notwendig, den Patienten in die Zeit zurückzuversetzen, in der er seine Grund-entscheidung getroffen hat. Für den Patienten bedeutet das, die damalige Auseinandersetzung mit seinen Eltern oder anderen Autoritätspersonen aus seiner Kindheit zu wiederholen. Er regrediert zum Kleinkind und kann mithilfe des Therapeuten auf die damalige einschränkende Botschaft verzichten und sich stattdessen für etwas anderes entscheiden.

So unterschiedlich sind die zwei beschriebenen Zugänge nicht. Auch eine Erlaubnis wirkt nur dann, wenn sie auf das innere Kind trifft, da findet also auch eine Regression statt. Und wenn es die richtige Erlaubnis ist, führt dies auch zu einer Neuentscheidung. Ähnliches gilt für die Skriptbefreiung durch Neuentscheidung. Diese wird nur in einer erlaubenden Atmosphäre möglich.

Allgemeine übergeordnete Leitziele in der Transaktionsanalyse sind Autonomie im Sinne von Skriptfreiheit, Spontaneität im Sinne von angemessenen, auf das Hier und Jetzt bezogenen Erlebens-, Ausdrucks- und Verhaltensweisen, Beziehungsfähigkeit im Sinne der Spielfreiheit und der Fähigkeit zur gelebten Intimität und die Übernahme von Eigenverantwortung sowie sozialer Verantwortung (siehe u. a. Schlegel 1988/2007; Hennig, Pelz 1997; Berne 2012; Joines, Stewart 1990).

3.2   Umgang der Transaktionsanalyse mit Selbsterfahrung

Für die Transaktionsanalyse gilt wie für alle Schulen – basierend auf einem Menschenbild der Humanistischen Psychologie – die Selbsterfahrung als wichtiges Weiterbildungselement. Durch die eigene Selbsterfahrung erlebt der zukünftige

Therapeut am eigenen Leib, wie sich die auserwählte Methode anfühlt, wo und wie sie wirkt und wo sie ihre Grenzen hat. In seiner Selbsterfahrung lernt der zukünftige Transaktionsanalytiker seine eigenen Skriptanteile kennen und, soweit möglich, zu eliminieren, damit er fähig wird, psychotherapeutisch zu arbeiten. Er entwickelt eine Bewusstheit über seine bevorzugten Ich-Zustände und weiß um seine Spielanfälligkeit. Aus eigener Erfahrung ist ihm bewusst, wie schwierig, aber auch wie befreiend es ist, keine manipulativen Spiele mehr spielen zu müssen und aus einem Spiel aussteigen zu können. Er hat die erlösende Wirkung einer Erlaubnis erleben können und es gelingt ihm immer häufiger, sich in verschiedenen Situationen selbst aus seinem einengenden Skript herauszuholen. Er verfügt über ein gestärktes Erwachsenen-Ich, sodass er genügend selbstkritisch und wohlwollend mit sich umgehen und sich eigenes Unvermögen oder eigene Fehler eingestehen und, wo nötig, auch dem Patienten gegenüber vertreten kann. Er weiß, dass ein solches Verhalten für den Heilungsprozess fördernd ist. Wenn er in einem Prozess steckenbleibt, holt er sich Supervision oder evtl. auch eine weitere Tranche Therapie. Er kennt seine Kompetenzen und seine Fähigkeiten, und er kennt seine Grenzen.

4. Zusammenfassung

Die Geschichte der modernen Psychotherapie und somit der Selbsterfahrung beginnt mit der Entdeckung des „Unbewussten", bzw. mit der Einführung des Modells, die menschliche Psyche als zweiteilig zu sehen, bestehend aus einem Unbewussten und einem Bewussten. So beginnt die zeitgenössische Psychotherapie mit der Psychoanalyse Sigmund Freuds zu Beginn des 20. Jahrhunderts (Kap. II). Die verschiedenen Schulen, die seitdem entstanden sind, lassen sich in drei Strömungen einteilen. Es sind dies die Tiefenpsychologie, die Verhaltenstherapie und die Humanistische Psychologie. Letztere wird in dieser Arbeit durch die Transaktionsanalyse vertreten. Von ihrer Genese her gehen die Schulen unterschiedlich mit der Selbsterfahrung und mit dem Begriff „Selbsterfahrung" um. In der Tiefenpsychologie besteht die Selbsterfahrung aus der Aufarbeitung von Kindheitserlebnissen und dauert Hunderte von Stunden. Selbsterfahrung heißt in der Tiefenpsychologie „Psychoanalyse" oder „Analyse" bzw. „Lehranalyse" bei der Ausbildung zum Psychoanalytiker. Die Psychoanalyse – die Selbsterfahrung – ist immens wichtig. Auch nach Beendigung der eigenen Analyse arbeitet der Analytiker mittels der „Selbstanalyse" mit dem eigenen Unbewussten (Kap. II 1).

Für die Arbeitsweise der klassischen Verhaltenstherapie war keine Selbsterfahrung notwendig. Erst seit der kognitiven Wende befasst sich die Verhaltenstherapie, nun „kognitive Verhaltenstherapie" genannt, mit der Selbsterfahrung. In dieser Schulrichtung geht es um Denkfehler (Beck) und um irrationale Überzeugungen (Ellis), die korrigiert werden müssen. Der Fokus liegt auf der Selbstkontrolle durch Selbstreflexion. Die Verhaltenstherapeuten ziehen den Ausdruck „Selbstreflexion" der „Selbsterfahrung" vor. Die Verhaltenstherapie verändert sich jedoch laufend. In der neuesten Entwicklung der kognitiven Verhaltenstherapie und spätestens bei der Schematherapie (Young) werden auch Schlüsselerlebnisse aus der Kindheit als relevant für den Therapieerfolg gesehen und an ihnen gearbeitet. Das, was im Menschen passiert – was in den anderen Schulen „Erleben" heißt –, nennen die Verhaltenstherapeuten „inneres Verhalten". Im Unterschied zur kognitiven Verhaltenstherapie betont die Schematherapie die Wichtigkeit der therapeutischen Beziehungsgestaltung und die Bedeutung der frühen Kindheitserfahrungen. Damit u. a. diese therapeutische Beziehung gelingen kann, fordert Young schematherapeutische Selbsterfahrung für zukünftige Therapeuten. So können sie ihre eigenen Schemata kennen lernen und bearbeiten. Einen zweiten Teil an Selbsterfahrung sieht Young in der Supervision, in der intensiv an der Schemaaktivierung beim Therapeuten gearbeitet wird.

Außer dem Namen haben die verschiedenen Verhaltenstherapieformen nicht mehr viel gemeinsam (Kap. II 2).

Für die Humanistische Psychologie steht in dieser Arbeit die Transaktionsanalyse. In dieser dritten Strömung wird der Mensch als jemand gesehen, der einen guten inneren Kern hat, der sich von Natur aus selbst verwirklichen will. So ist es für jede Schule der humanistischen Richtung klar, Selbsterfahrung zu machen, um überhaupt therapeutisch arbeiten zu können. Nur wenn der Therapeut die verschiedenen Aspekte seiner selbst kennt und versteht, kann er auch zukünftige Patienten verstehen und ihnen helfen. Für Transaktionsanalytiker heißt das, eine Bewusstheit über die eigenen einschränkenden Skriptanteile zu bekommen, diese wo möglich zu eliminieren, um autonomer, klarer und somit authentischer zu werden (Kap. II 3).

III Selbsterfahrung in der Psychotherapieausbildung

Selbsterfahrung ist neben dem Erwerb von theoretischem Wissen und Können, eigener psychotherapeutischer Tätigkeit und Supervision das vierte Ausbildungselement in der Psychotherapieweiterbildung. Der Dachverband der Weiterbildungsinstitute für Psychotherapie, die Schweizer Charta für Psychotherapie, schreibt im Charta-Text:

> „Die Selbsterfahrung ist das zentrale Element in der Psychotherapieweiterbildung. In ihr geht es um das Erleben der gewählten Methode an der eigenen Person. Dabei sollen folgende Ziele erreicht werden: Zum ersten wird von der angehenden Psychotherapeutin oder dem Psychotherapeuten eine umfassende Entwicklung der eigenen Persönlichkeit erwartet, die es ermöglicht, auch menschlich dem vielfältigen seelischen Leiden und den Anforderungen durch die unterschiedlichsten psychotherapeutischen Beziehungen gerecht zu werden. Zudem sollen die Möglichkeiten und Grenzen, insbesondere aber die spezifischen Gefahren und Belastungen der gewählten Methode persönlich erfahren werden, um so einen verantwortungsvollen und ethisch vertretbaren Umgang mit den anvertrauten Patient/innen zu gewährleisten. Die Selbsterfahrung ist somit, neben der fachlichen Qualifizierung, eine ethische Voraussetzung für die psychotherapeutische Berufsausbildung, auf die nicht verzichtet werden kann." (Charta-Text, Kap. 4.2)

Ob 300 Stunden Selbsterfahrung, wie es die Charta früher von angehenden Psychotherapeuten verlangte, oder 100 bis 150 Sitzungen, wie es das neue Psychologieberufegesetz (PsyG), das seit April 2013 in Kraft ist und auch die Psychotherapie regelt, erwartet, spielt eine weniger wichtige Rolle. Viel interessanter als die zu absolvierende Anzahl von Stunden ist doch, was inhaltlich in diesem Weiterbildungselement gelernt werden soll.

So werden in diesem Kapitel nach einer kurzen Erläuterung der verschiedenen Begriffe, die für die Selbsterfahrung gebraucht werden, ihr Zweck und ihre Ziele aus der Sicht der einzelnen Schulen betrachtet und verglichen. Es werden die positiven wie die negativen Aspekte der Selbsterfahrung untersucht und diskutiert, und es werden dabei jene Kriterien überlegt, die eine Entscheidung ermöglichen, wann für den angehenden Psychotherapeuten die Selbsterfahrung ausreicht.

1 Begriffsklärung

Für das Ausbildungselement der Selbsterfahrung werden verschiedene Begriffe verwendet, wie „Selbsterfahrung", „Selbstreflexion", „Eigentherapie", „persönliche Therapie", „Lehrtherapie", „Lehranalyse", „Eigenanalyse" und „Selbstanalyse" (vgl. auch Laireiter 1998, S. 25 f.).

Der Begriff „Selbsterfahrung" stammt ursprünglich aus der humanistischen Psychologie, genauer aus den Encountergruppen, den Selbsterfahrungsgruppen u. a. von Carl Rogers. Die Idee dieser Gruppen ist es, die Selbstverwirklichungstendenz freizusetzen, die jeder Mensch innehat. Möglich wird das durch eine offene und ehrliche im Sinne fassadenfreier Kommunikation und durch das Üben von „awareness", das heißt von achtsamer, ganzheitlicher Kontaktaufnahme mit sich selbst innerhalb der Gruppe. Dabei liegt der Fokus auf dem unmittelbaren Erleben im Hier und Jetzt.

Selbsterfahrung nicht in der Gruppe, sondern im Einzelsetting kann auch „Selbsterfahrung" oder „Eigentherapie" genannt werden. Der Begriff „Lehrtherapie" wird dann verwendet, wenn die Selbsterfahrung im Rahmen einer Psychotherapieausbildung stattfindet.

In der Tiefenpsychologie heißt Selbsterfahrung „Psychoanalyse" oder „Analyse". Im Rahmen der Psychotherapieweiterbildung zum Analytiker wird der Begriff „Lehranalyse" verwendet. Nach Abschluss der Lehranalyse folgt die „Selbstanalyse", die fortführende Analyse an der eigenen Person, die gemäß Erich Fromm (1989/2011) nie abgeschlossen ist.

In der Verhaltenstherapie gibt es den Ausdruck „Selbstreflexion", den Begriff „Selbstmodifikation", und was mit Selbstanalyse in der Psychoanalyse gemeint ist, heißt in der Verhaltenstherapie „Eigenanalyse", also das Fortsetzen der Analyse des eigenen Erlebens und Verhaltens nach bestimmten verhaltenstherapeutischen Modellen. In dieser „Selbstreflexion" – in der Verhaltenstherapie spricht man vorzugsweise von „Selbstreflexion" und weniger von „Selbsterfahrung" – setzt sich der Betreffende mit den eigenen Motiven, Bedürfnissen und der eigenen Befindlichkeit auseinander. Unter „zielorientierter Selbstreflexion" versteht man in der Verhaltenstherapie eine Selbstreflexion, die ausschließlich auf die berufliche Tätigkeit bezogen ist, also auf das eigene Erleben und Verhalten des Therapeuten während seiner therapeutischen Tätigkeit. Mit dem Terminus „Selbstmodifikation" ist eine Selbstanwendung eines spezifischen Programms gemeint, welches in der Selbsterfahrung der Verhaltenstherapie einen hohen Stellenwert innehat (vgl. Laireiter 1998, S. 27).

2   Ziel und Zweck

Die psychotherapeutischen Schulen sind sich inzwischen im Großen und Ganzen über die Notwendigkeit und über die zu erreichenden Ziele der Selbsterfahrung angehender Psychotherapeuten einig (Lieb 1998; Laireiter 2000; Kahl-Popp 2004; Beland 2004). Der Weg ist in den Schulen verschieden. Es gibt ein breites Spektrum zwischen dem freien Assoziieren der Psychoanalyse auf der einen Seite und durchstrukturierten Selbsterfahrungsprogrammen auf der anderen Seite. Die Verhaltenstherapie vermittelt die Selbsterfahrung durch Selbsterfahrungs-

programme mit operationalisierten Themen und den aus ihrer Sicht dazugehörenden Übungen. Da diese Programme schriftlich festgehalten werden, macht es
den Anschein, dass sich diese Schule intensiver als andere mit der Thematik beschäftigt.

In der Literatur lassen sich verschiedene Funktionen und Ziele der Selbsterfahrung finden. Freud betrachtete das Erfahren des eigenen Unbewussten und
das Lösen unbewusster Konflikte als „therapeutische Funktion". In der Lehranalyse erlebt der zukünftige Therapeut seinen Lehranalytiker quasi als Vorbild. In
diesem Modelllernen sah Freud eine „didaktische Funktion".

Zu diesen beiden Funktionen ist aus den Schulen keine Kritik zu erwarten.
Anders verhält es sich bei der nächsten – der „Bewertungsfunktion". Freud mein-
te, dass auf diese Weise, also in der Lehranalyse bzw. in der Selbsterfahrung, die
Eignung des Ausbildungskandidaten geprüft werden könne. So schreibt er in
„Die endliche und die unendliche Analyse" über die Eigenanalyse: „… ihr Haupt-
zweck ist, dem Lehrer ein Urteil zu ermöglichen, ob der Kandidat zur weiteren
Ausbildung zugelassen werden kann" (Freud, GW 1999, Bd. 16, S. 94). Freuds
Tochter Anna Freud kritisiert diese Aussage ein Jahr später und folgert, dass daraus nur schlechte Ergebnisse entstehen können und die Übertragungsbeziehung
unaufgelöst bleiben werde (vgl. Cremerius 1989, S. 197 f.).

Die heutigen Schulen sehen es zum Glück als unethisch, wenn ein Lehrtherapeut einen angehenden Therapeuten anhand dessen Selbsterfahrung offiziell
bewertet und beurteilt, ob er für den Beruf geeignet ist oder nicht. Wenn dem
so wäre, würde sich der Ausbildungskandidat in seiner Selbsterfahrung in einer
ständigen Prüfungssituation befinden. Die Eigentherapie würde dadurch behin-
dert, denn der Kandidat wäre sehr darauf bedacht, sich so zu verhalten und zu
zeigen, wie er meint, dass der Lehrtherapeut bzw. der Prüfer ihn sehen möchte. Es
wäre für ihn erschwert, seine eigene Selbsterfahrung zu machen (vgl. auch Kahl-
Popp 2004, S. 412; Cremerius 1989, S. 190–208).

Die vierte von Freud erwähnte Funktion ist die „Initiationsfunktion". Darin
sah Freud den Vorgang, dass der angehende Therapeut durch die Beziehung zu
seinem Lehrtherapeuten in die therapeutische Gemeinschaft aufgenommen wird.

Ähnliche Funktionen werden auch in der Verhaltenstherapie beschrieben: Zu
den Aspekten der therapeutischen Funktion gehört es, eigene Problem- und Be-
lastungsbereiche kennen zu lernen und zu verändern, um einen wohlwollenden
und förderlichen Umgang mit sich selbst und mit anderen Menschen aufbauen
zu können.

Die didaktische Funktion sehen Verhaltenstherapeuten bspw. im Kennenlernen der Patientenseite, auch das Kennenlernen von Widerständen gegenüber
Veränderungen zählen sie dazu. Weitere Aspekte dieser Funktion sind, zu lernen,
sich in andere einzufühlen und Verständnis für menschliche Probleme zu entwickeln sowie die gewählte Methode am eigenen Leib zu erfahren (vgl. Seipel & Dö-
rig-Seipel 1998, S. 45 f.).

Eine „selbstreflexive Funktion" sehen die Autoren im Kennenlernen und Analysieren der eigenen Position und Rolle in sozialen Beziehungen und in der eigenen Familie. Sie weisen darauf hin, dass diese Funktion sich stärker in einer Gruppenselbsterfahrung als im Einzelsetting zeigt (ebd.).

Unter „präventiver Funktion" verstehen sie, ein Gespür für realistisches Engagement zu entwickeln, um therapeutisches Überengagement zu vermeiden und weder sich selbst noch den Patienten in der Therapie zu überfordern und um kein Burn-out zu provozieren (ebd.).

Zur „edukativen Funktion" zählt das Bewusstwerden der eigenen Emotionen, des Denkens und des Verhaltens in der Therapie und die Entwicklung der Fähigkeit, diese als Signale im therapeutischen Prozess einsetzen zu können (ebd.). Bereits jetzt zeigt sich, dass der Selbsterfahrung so vielseitige wie komplexe und differenzierte Aufgaben zugesprochen werden.

Das oberste Ziel in der Psychotherapie heißt „Nihil nocere", dem Patienten keinen Schaden zufügen. Und so dient auch die Selbsterfahrung des angehenden Psychotherapeuten als Voraussetzung zur Minimierung schädigenden Arbeitens, denn sein wichtigstes Arbeitsinstrument ist neben dem Wissen über das Erleben und das Verhalten des Menschen – also die Psychologie und die Psychopathologie – die eigene Person, das eigene Selbst, die eigene Persönlichkeit und die eigene Art und Weise, Beziehungen zu gestalten. Damit der Psychotherapeut dieses Instrument bedienen kann, muss er es kennen (vgl. Yalom 2002, S. 55). Je besser sich der Therapeut selbst kennt, je mehr Bewusstheit er über sich selbst hat, desto besser weiß er, was er tut. Er kann unterscheiden zwischen dem, was ihn betrifft und dem, was den Patienten anbelangt. Er kann Sachen, die der Patient ihm zuschreibt, als Übertragungen erkennen, wenn es denn welche sind. So kann er auch seine eigene Reaktion darauf, die Gegenübertragung, als Instrument für die Therapie nutzen. Durch die eigene Selbsterfahrung lernt er, die eigenen Grenzen wahrzunehmen, eigenes Unvermögen, mögliches ungeschicktes Handeln, auch eigene Fehler zu sehen, sich selbst gegenüber einzugestehen und wenn nötig, wenn es für den therapeutischen Verlauf sinnvoll ist, auch dem Patienten gegenüber zu kommunizieren.

In der Therapie geschehen auch Dinge zwischen den Beteiligten bzw. entwickeln sich Situationen auf einer nicht bewussten zwischenmenschlichen und nonverbalen Ebene mittels Mimik und Gestik, Tonart und Körperhaltung, die weder planbar sind noch nach einer bestimmten Abfolge eines Manuals ablaufen. Sich dessen gewahr werden und das Wahrgenommene nutzen können, bedeutet therapeutisch arbeiten. Dabei ist der Therapeut gleichzeitig auf verschiedenen Ebenen aktiv: Er steht neben der Situation, ist Teil der Situation, steht in der Situation und muss gleichzeitig über der Situation stehen. Dieser Prozess ist nicht planbar. Je besser sich der Therapeut kennt, je integrierter seine Persönlichkeit ist, desto besser und näher, klarer und ruhiger und authentischer kann er sich in das therapeutische Geschehen einbringen. Um das erreichen zu können, benötigt er eine eigene gelungene Selbsterfahrung.

In der Psychotherapie geht man davon aus, dass dem Menschen von Geburt an gesagt wird, was er zu fühlen und zu denken hat und wie er sich verhalten soll (siehe u. a. Skript-Konzept der Transaktionsanalyse). Je nach Lebensgeschichte machen die einen mehr, die anderen weniger das, was von ihnen erwartet oder vermeintlich erwartet wird. In der Folge werden feine Antennen entwickelt, um die von außen gestellten Erwartungen wahrzunehmen und zu erfüllen (s. a. wahres und falsches Selbst, Kap. I 2.1.3/Kap. I 2.4.2.1). Nicht oder nur gering entwickelt ist das Gespür für sich selbst, das eigene Denken, Fühlen und in welche Richtung sich das eigene Leben entwickeln soll.

Der Psychoanalytiker Hermann Beland (2004) beschreibt, dass man in der Therapie bzw. der Selbsterfahrung dann die irritierende Erfahrung macht, dass der Therapeut keine Lösungen anbietet, sondern „es auch nicht weiß". Der Therapeut bietet eine Atmosphäre, in der der Patient – hier der zukünftige Therapeut – sein Gespür für sich selbst entwickeln und sich in diesem geschützten Setting in seinem eigenen Tempo kennen lernen kann und nicht mehr Erwartungen von außen erfüllen muss. Der Therapeut ist bemüht, die dargestellten Probleme zu verstehen und gibt dem Patienten Rückmeldungen darüber, was er verstanden hat. So kann der Betreffende seinen eigenen Weg, seine Möglichkeiten, die eigenen Bedürfnisse, Erwartungen und Ansprüche und seine eigenen Lösungen und den Lebensweg finden. „Dieses Verstehen, das aus dem Nichtwissen des Therapeuten geboren wird, bringt Linderung und Heilung" (Beland 2004, S. 398) und eine „gelungene Lehranalyse" beinhaltet ein „bewusstes Verstehen der unbewussten Beziehungsweisen und ermöglicht zugleich, dass dieselbe Erfahrung in der Ausübung des Berufs weitergegeben werden kann" (a. a. O., S. 402).

Verstehen bedeutet hier nicht nur, die Worte und die Sätze, also den sogenannten Satzsinn zu verstehen, sondern es bedeutet viel mehr. Zum therapeutischen Verstehen gehört Begreifen im Sinne von Einsicht gewinnen und Wahrheiten erkennen (vgl. Kap. I 3).

Um zu verstehen, muss sich ein Psychotherapeut in die Menschen und ihre aktuellen Situationen einfühlen können. Einfühlen heißt hier, in die Welt des Betroffenen eintauchen und vorübergehend die Dinge durch seine Augen zu betrachten. Damit das möglich wird, muss der Psychotherapeut einerseits akzeptieren, dass es so viele verschiedene Wahrheiten wie Blickwinkel gibt und sein Blickwinkel auch nur einer von vielen möglichen ist. Die Sichtweisen der Menschen sind so unterschiedlich wie ihre individuelle Geschichte: Jeder hat eine eigene Herkunft, eine eigene Geschichte, eine ganz persönliche Art, wie er die Dinge wahrnimmt, sieht, daraus Schlussfolgerungen zieht und sie verarbeitet. Die Transaktionsanalyse kennt dafür das Konzept des Bezugsrahmens. Verstehen in diesem Zusammenhang heißt, eine Ahnung bekommen, also gefühlsmäßig dem nahe zu sein, was ein Mensch über sich, andere und die Welt im Allgemeinen fühlt, denkt und seine Reaktionen wie auch sein Handeln nachvollziehen zu können oder, mit anderen Worten, den Bezugsrahmen des anderen kennen zu lernen.

Ein Therapeut muss bspw. realisieren, dass jemand in seiner Kindheit gelernt hat, dass man einen bestimmten Gefühlszustand als „müde" bezeichnete, obwohl es vielleicht eigentlich Wut war. Er muss seine Stärken und Schwächen kennen sowie über eine gute emotionale Abgrenzung verfügen. Er muss seine Gefühle kennen, seine Reaktionen abschätzen können, er muss wissen, was und wie viel er verträgt, also wo seine Grenzen liegen, damit er sich auf die Situation des Patienten einlassen und ihm im therapeutischen Sinn nahe sein kann. Er sollte sich soweit kennen, dass er Ruhe bewahren kann, wenn es stürmisch wird, und sich mit einer gewissen Gelassenheit den Dramen des therapeutischen Alltags widmen kann. Als psychotherapeutisch arbeitender Mensch braucht er eine gute Fähigkeit zur Selbstreflexion und eine gute Bewusstheit über sein Dasein und sein Sosein. Dies ist die Grundlage, um überhaupt die Fähigkeit des Verstehens entwickeln zu können. In der eigenen Selbsterfahrung lernt der zukünftige Therapeut die Patientenseite kennen. Anton Laireiter u. a. (2005) haben festgestellt, dass ein Therapeut mit Selbsterfahrung realistischere Erwartungen an die Veränderung des Patienten durch die Psychotherapie hat und den Therapieerfolg in der therapeutischen Beziehung und nicht in der therapeutischen Methodik und Technik sieht. Er verhält sich in der Therapie, unabhängig von der gewählten Methode, weniger direktiv und orientiert sich stärker am Patienten. Er konzentriert sich eher auf die therapeutische Beziehung, berücksichtigt das eigene Erleben und wird als offener und authentischer beschrieben, weil er am eigenen Leib erfahren hat, wie sich das anfühlt (vgl. Stippler 2011, S. 110 f.).

In der Rolle des Patienten erfährt der zukünftige Therapeut, welche Themen wichtig werden, bei welchem Thema sich etwas verändern lässt und wo sich nichts verändern lässt. Er erlebt, welche Interventionen des Lehrtherapeuten förderlich sind und welche weniger bringen oder hinderlich oder gar schädigend sind. Er lernt, sich mit den eigenen Ecken und Kanten zu arrangieren und entwickelt eine Bewusstheit über eigene Schwächen und Stärken. So können auch blinde Flecken aufgespürt werden. Er erlebt, welchen Einfluss oder gar welche Macht der Lehrtherapeut hat und wo seine Grenzen sind. Er lernt Seiten an sich kennen, die ihm weniger gefallen. Er versteht, dass die Veränderung darin liegt, nicht anders zu werden, sondern sich so anzunehmen, wie er ist. Er kann realisieren, dass er genügt, dass er in Ordnung ist, wie er ist. Transaktionsanalytisch gesprochen findet er zurück zur +/+-Grundeinstellung (Kap. I). Er kann erfahren, dass er seine Haltung sich selbst gegenüber ändern kann: sich als liebenswerten und wertvollen Menschen annehmen lernen kann. Dazu stehen kann, auch mal fordernd und unangenehm zu sein und sein zu dürfen. Er akzeptiert, dass die eigene Meinung nicht die einzige Wahrheit, sondern eine mögliche Sichtweise der Dinge ist. Er kann sich Klarheit verschaffen, wie er auf bestimmte Gegebenheiten reagiert, welche Dinge ihn eher verunsichern, welche Dinge ihm Angst machen, womit er nicht viel anfangen kann. Er hat erfahren, dass da jemand ist, der verlässlich ist, nicht verurteilt, der versteht, der aushalten kann, der einem wahrnimmt, der sorgsam mit Informationen umgeht, die er vielleicht sogar zum ersten Mal jemandem erzählt, und der eine sichere, geborgene Atmosphäre bietet, die das Erzählen schwieriger Dinge möglich macht. Durch diese Vertrautheit kann er in tiefere Schichten der Persönlichkeit vorstoßen und heftige Gefühle wie Schmerz, Wut, Trauer, Demütigungen durch alte Wunden oder Traumatisierungen zulassen und dabei erfahren, wie wertvoll, lindernd und heilend es ist, wenn man den Mut aufbringt, diese Seiten wahrzunehmen, zu spüren, zu zeigen und vor allem damit von jemandem wahrgenommen wird und sich verstanden und getragen fühlt.

Zusammenfassung

Die Ziele der Selbsterfahrung kann man allgemein als Förderung der Ressourcenkompetenz, der Beziehungskompetenz und der Methodenkompetenz definieren. Unter Ressourcenkompetenz versteht man, eine Bewusstheit über die eigenen Stärken und Schwächen zu haben. Beziehungskompetenz bedeutet, die Fähigkeit zu entwickeln, eine therapeutische Beziehung zu gestalten und halten zu können. Und mit Methodenkompetenz ist der sattelfeste Umgang mit der gewählten Heilungsmethode gemeint (vgl. Stippler 2011, S. 110). Kompetenz im Umgang mit sich selbst und anderen zu entwickeln, bedeutet, sich von alten, nicht mehr adäquaten (Selbst-)Ansprüchen und Rollenerwartungen zu lösen, eigene Werte zu definieren, um autonomer zu werden. Je klarer sich jemand von anderen Menschen abgrenzen kann und sein eigenes Leben lebt, desto authentischer ist er und desto stabiler sind auch seine Ich-Grenzen (vgl. Kast 2009, S. 17). Je echter und stimmiger sich jemand erlebt (s. wahres Selbst, Kap. I 2.1.3), desto sicherer und wertfreier kann er sich auch auf sehr unangenehme Gefühlsäußerungen des Patienten einlassen und gemeinsam mit dem Patienten herausfinden, warum sich der Patient so verhält und auf welche Weise er evtl. eher zu dem kommt, was er möchte (vgl. Kast 2009, S. 79 f.).

3.   Wem dient Selbsterfahrung?

Die Selbsterfahrung in der Aus- und Weiterbildung verhilft dem angehenden Psychotherapeuten zur Professionalität und der Psychotherapie im Allgemeinen dient sie der Qualitätssicherung. Der Therapeut soll mittels seiner Selbsterfahrung befähigt werden, dem zukünftigen Patienten den nötigen Schutz und eine erlaubende Atmosphäre zu bieten, damit sich dieser vertrauensvoll ins therapeutische Setting einlassen kann. Der volkswirtschaftliche Nutzen wäre idealerweise eine Kostenreduktion im Gesundheitswesen.

3.1 Patient: Schutz

Der Patient genießt einen Nutzen aus der Selbsterfahrung des Therapeuten, wenn dieser seine Selbsterfahrung auch wirklich „gemacht" hat. Damit ist nicht gemeint, eine gewisse Anzahl Stunden Therapie absolviert zu haben, sondern die verschiedenen Facetten seiner selbst und die neurotischen und narzisstischen Anteile kennen zu lernen, blinde Flecken zu eruieren und sich so anzunehmen, wie man ist, das heißt, nicht besser, aber auch nicht schlechter sein zu wollen, als man ist. Durch die Selbsterfahrung weiß der Therapeut, wie er mit den eigenen Verletzungen umgegangen hat, er hat seine persönlichen Grenzen und die Begrenztheit der Therapiemöglichkeiten am eigenen Leib erfahren (s. auch Kap. III 2). Wenn der Therapeut also seine Selbsterfahrung gemacht hat, kann der Patient (und das ist ihm natürlich nicht unbedingt bewusst) davon ausgehen, dass er vom Therapeuten das bekommt, was er braucht. In der Transaktionsanalyse sind das die „3Ps": „Protection", „Potency" und „Permission", also Schutz, Kraft, bzw. Kompetenz und Erlaubnis.

Der Therapeut mit gelungener Selbsterfahrung wird dem Patienten gegenüber wohlwollend und wertschätzend begegnen und ihn situationsbezogen adäquat und professionell wahrnehmen (vgl. Schmidt-Lellek, 2002). Mit professionell ist durchaus auch gemeint, sich neben der Therapeutenrolle auch als Mensch zu zeigen und trotzdem den Überblick über das Geschehen zu behalten. Der Patient darf den Therapeuten auch bewundern und idealisieren, nicht weil der Therapeut das braucht, sondern weil viele Patienten zu Beginn der Therapie sich oft sicherer fühlen, wenn sie den Therapeuten als Instanz, als „jemanden, der weiß, wie es geht", betrachten dürfen. Der Therapeut nimmt diese Idealisierung achtsam zur Kenntnis und bedankt sich für echt gemeinte Komplimente. Er konfrontiert den Patienten dann, wenn dieser soweit ist, mit dem Platz, den dieser ihm auf dem hohen Podest zugedacht hat. So kann anschließend gemeinsam herausgefunden werden, welchen Nutzen der Patient davon hat, andere zu idealisieren bzw. sich selbst „klein zu machen". Da sich der Alltag des Patienten in der Therapie früher oder später so zeigt, wie der Patient ihn erlebt, besteht somit eine Möglichkeit sogenannte „Hier und Jetzt-Entsprechungen" (siehe dazu Kap. V 4.5; Yalom 2002, S. 68 f.; 2004, S. 64 ff.; 2005, S. 215 ff.) in der Therapie zu eruieren und therapeutisch zu nutzen. Falls der Patient den Therapeuten abwertet, nimmt der Therapeut das nicht persönlich, sondern sieht die dahinter liegende Not. Er bleibt auch innerlich ruhig und weiß die Situation therapeutisch zu nutzen.

Die Selbsterfahrung des Therapeuten nützt dem Patienten insofern, als sich dieser auf sich selbst konzentrieren kann und sich nicht um den Therapeuten sorgen und Schuld- und/oder Schamgefühle entwickeln muss, weil er emotional zu heftig reagiert hat. Dies ebnet ihm seinen Weg zur Selbstfindung. Der Patient kann die Erfahrung machen, dass er seinem Therapeuten wichtig ist, dass dieser seine Bemühungen wertschätzt und ihn in seinem eigenen Tempo ohne Druck gewähren lässt, ihn, wo nötig, auffängt, stützt und ermutigt, sich soviel Zeit und Raum zu nehmen, wie dieser benötigt. Der Therapeut setzt sich auch selbst nicht unter Druck, um sich etwas beweisen zu müssen. Der Patient kann Vertrauen aufbauen, weil er die Erfahrung macht, dass er sich mit all seinen Unsicherheiten, Schwächen und Scham- sowie Schuldgefühlen zeigen kann, ohne dafür ausgelacht, abgewertet oder auf eine andere Weise missbraucht zu werden. Er fühlt sich ernst genommen und verstanden und weiß es auch zu schätzen, wenn der Therapeut zu seinen eigenen Fehlern steht und Nichtwissen auch als solches offenbart. Trotz der asymmetrischen Rollenverteilung (der Therapeut ist der Helfende und der Patient der Hilfesuchende) anerkennt ihn der Therapeut als ebenbürtigen und kritischen Partner.

Bei einem Therapeuten ohne oder mit nur mangelnder Selbsterfahrung besteht die Gefahr, dass er den Patienten (miss-)braucht und benutzt, um sich selbst gut und als okay fühlen zu können. Er braucht die Idealisierung und die Bewunderung und er nimmt sie persönlich und realisiert nicht, dass es Übertragungen seitens des Patienten sein könnten. Der Patient hat vielleicht als Kind gelernt, dass er sich den Erwartungen seiner Mutter entsprechend verhalten muss, damit sein Grundbedürfnis nach Zuwendung gestillt wird (s. Kap. I 2.1.3). Nun wiederholt sich diese Erfahrung von damals mit der Mutter, dieses Mal macht er sie mit dem Therapeuten. Der Patient erlebt erneut, dass es nicht um ihn, sondern um sein Gegenüber geht, was für seine Entwicklung nicht förderlich, sondern vielleicht schädigend ist oder gar eine Retraumatisierung bewirken kann. Weil es in dieser Situation nicht um die Not des Patienten, sondern um das Wohlergehen des Therapeuten geht – auch wenn es dem Therapeuten nicht bewusst ist –, kommt dies einem Missbrauch gleich. Aus transaktionsanalytischer Sicht ist das Verhalten des Therapeuten für den Patienten skriptverstärkend, weil er die Erfahrung macht, seinem Antreiber – „Mach's mir recht!" – weiterhin zu gehorchen.

Bei einem Therapeuten ohne eigene Selbsterfahrung besteht das Risiko, dass er aus Effizienzgründen und eigenen Unsicherheiten, aus seinem Antreiber – „Sei perfekt!" oder „Beeil dich!" – heraus, den Patienten forciert, sich mehr zu bemühen, um Erfolge zu erreichen. Therapeuten haben dafür verschiedene Möglichkeiten und realisieren nicht, dass sie auf diese Weise ihre Macht missbrauchen und dem Patienten Schaden zufügen können: Sie können Reaktionen des Patienten, die sie nicht erwarten, als Widerstand deuten oder sich auf ihr intrinsisches fachliches Wissen berufen und vom Patienten verlangen, eine bestimmte Gegebenheit einfach als solche anzunehmen, weil sie – die Therapeuten – intuitiv wissen, dass es so ist. Wenn der Patient einem „Streng dich an!"-Antreiber folgt, bemüht er sich, effizienter an sich zu arbeiten, um die Gunst des Therapeuten nicht zu gefährden oder zu verlieren. Mit sehr großer Wahrscheinlichkeit wird ihm diese Therapie nicht viel nützen, weil er sich (schon wieder) für jemand anderen ändern möchte (muss) und in seiner Überzeugung bestätigt wird, nicht gut genug oder nicht wichtig zu sein. Hoffentlich wechselt er den Therapeuten, denn zu befürchten ist, dass er sich innerlich verschließt und sich nach außen hin „als ob" zeigt.

3.2 Psychotherapeut in Ausbildung: Professionalität

Selbsterfahrung ist eine notwendige und sinnvolle Maßnahme zur Erreichung professioneller Kompetenz und zur Entwicklung einer beruflichen Identität als zukünftiger Psychotherapeut. In der Selbsterfahrung nimmt der angehende Psychotherapeut die Rolle des Patienten ein und lernt die Patientenseite kennen. Dabei erlebt er die gewählte Methode am eigenen Leibe und kann „am Modell" – seinem Lehrtherapeuten bzw. Selbsterfahrungsleiter – lernen, wie „es" geht. Ein anderer wichtiger Nutzen der Eigentherapie ist die Weiterentwicklung der Persönlichkeit. Aus berufsethischer Sicht ist das eine Notwendigkeit, um überhaupt professionell arbeiten zu können. Während im Einzelsetting eher personenspezifische Themen erarbeitet werden, geht es im Gruppensetting um beziehungsspezifische Themen.

In der Rolle des Therapeuten bietet man eine große Projektionsfläche an. Neben viel Gutem muss einiges an Negativem und Frustrierendem ausgehalten werden können. Patienten projizieren unbewusst Gedanken, Meinungen, Haltungen und Werte auf den Therapeuten, die nichts mit ihm zu tun haben. Mit dieser Idealisierung, diesen Projektionen und Zuschreibungen, also den Übertragungs- und Gegenübertragungsphänomenen, muss der Therapeut umgehen können, wenn er ein wirksamer Therapeut sein will, d. h., wenn er nicht skriptverstärkend arbeiten, sondern seinem Patienten helfen will, sich aus dem Skriptzwang zu befreien. Das lernt er in der Selbsterfahrung. Da kann er die Erfahrung machen, wie sich Therapie anfühlt und welche Wirkung der Therapeut auf ihn hat. Wo es Grenzen gibt, was realistisch und was nicht möglich ist. Er lernt seine unbewussten Seiten kennen und kann sich seiner narzisstischen Bedürfnisse bewusst werden. Im Hinblick auf seinen künftigen Beruf kann er quasi zuschauen, wie sein Therapeut arbeitet und dabei erfahren, wo dieser als Vorbild wirkt, wo weniger und wie er mit Kritik oder Fehlern umgeht.

Davon ausgehend, dass Psychotherapie eine Co-Produktion zwischen Therapeut und Patient ist, begegnen sich im therapeutischen Setting Therapeut und Patient in einer asymmetrischen Rollenaufteilung. Der Therapeut ist der Helfende und der Patient der Hilfesuchende. Gleichzeitig begegnen sich zwei Menschen – symmetrisch –, mit allem, was sie ausmacht, mit ihren beiden Lebensgeschichten, mit ihrem Bewussten und beide auch mit ihrem Unbewussten, mit ihren Wunden, ihren Narben und, transaktionsanalytisch formuliert, mit ihren Skripts, Mustern, Maschen und Spielgewohnheiten (vgl. Schnorrenberg 2007, S. 118).

Das heißt demnach, dass Übertragungsgeschehen nicht nur vom Patienten ausgehen, sondern sie können genauso gut vom Therapeuten ausgehen. Solche Verzerrungen der Wahrnehmung gilt es, so gut wie möglich, zu minimieren. Deshalb befasst sich der Therapeut in der Selbsterfahrung mit der Schattenseite seiner Seele, dem „unterdrückten Unbewussten". „Schattenseite" deshalb, weil diese Anteile nicht bewusst sind und „unterdrückt", weil es sich um Aspekte handelt,
die abgespalten, zurückgewiesen, verleugnet, vor ihm verborgen, auf andere pro-
jiziert, aus seiner Wahrnehmung weggeschoben, „verdrängt" sind. Diese Schattenseite bzw. „blinden Flecken" gilt es, kennen zu lernen, um sie integrieren und
ganz werden zu können. Ein seelisch reifer und als Person integrierter Therapeut
kann in der Beziehung eine Atmosphäre schaffen, in der Veränderung möglich
wird (vgl. a. a. O., S. 120; siehe auch Wilber 2011, S. 66 f.).

Man muss für die Ausübung dieses Berufes nicht durchtherapiert sein. Man
ist als Mensch – auch als Therapeut – nie fertig in seiner Entwicklung. Ziel ist lediglich, dem Patienten einen Schritt voraus zu sein und Antennen für mögliche
eigene blinde Flecken zu entwickeln und zu verfeinern.

Ein depressiver Therapeut muss also nicht seine Depression für alle Zeiten
aufgeben. Er beginnt lediglich, für seine eigene Traurigkeit Verantwortung zu
übernehmen und hört auf, Spiele zu spielen und Fantasien nachzuhängen, um
sich depressiv zu fühlen. So kommt er mit seiner eigenen Kraft in Kontakt und
nimmt sie in Besitz (s. a. Goulding 1979, S. 127). Dann ist er fähig, dem Patienten
offen, neugierig, wohlwollend und wertschätzend zu begegnen und ihn adäquat
und professionell in der aktuellen Situation wahrzunehmen.

3.3 Psychotherapie: Qualität

Ob eine Psychotherapie effektiv und erfolgreich ist, hängt von der Kompetenz
ihrer Anbieter – also der Psychotherapeuten – ab (siehe dazu nächstes Kapitel).
Eine Psychotherapie ist nicht dank bestimmter Schulen wirksamer oder weniger wirksam. Obwohl dies immer wieder so angepriesen wird, sind es nicht die
Schulen, die die Patienten heilen oder nicht heilen. Das ist allen Therapierichtungen bekannt. Ob eine Psychotherapie gelingt oder nicht, hängt zu einem großen
Teil vom Psychotherapeuten ab. Wie auch schon weiter oben beschrieben, muss
er über bestimmte persönliche Fähigkeiten verfügen. Er muss kompetent darin
sein, eine therapeutische Beziehung aufzunehmen, zu gestalten, zu halten und zu
einem Abschluss zu bringen. Er muss überzeugt von und sattelfest in seiner gewählten Methode sein. Die Wirkfaktoren in der Psychotherapie ergeben sich also
aus persönlichen wie aus Beziehungskompetenzen und aus einem verinnerlichten Behandlungsmodell, welches eine schlüssige Erklärung für die Problematik
des Patienten und deren Lösung geben kann (siehe Kap. IV).

Die Person des Psychotherapeuten ist also das wichtigste Instrument in der
therapeutischen Arbeit. Für die Qualität der Psychotherapie ist es somit von im-

mensem Nutzen, wenn Psychotherapeuten ihre Selbsterfahrung in der Weiterbildung beginnen und sie während der ganzen Berufstätigkeit immer wieder in Anspruch nehmen.

3.4 Volkswirtschaft, Gesundheitswesen

Es lässt sich zur Zeit keine qualitative Untersuchung finden, die die Auswirkung bzw. den Nutzen der Selbsterfahrung in der Weiterbildung angehender Psychotherapeuten auf die Gesellschaft, die Volkswirtschaft bzw. das Gesundheitswesen analysiert oder analysieren will.

Wegen des kürzlich in Kraft gesetzten neuen Psychologiegesetzes (PsyG) in der Schweiz, in dem auch die Psychotherapie geregelt wird, gab es im Vorfeld zwei Studien, die die Kosten bzw. den Nutzen der psychologischen Psychotherapeuten untersuchten. Das Bundesamt für Sozialversicherung (BSV) ließ vom Institut für Sozial- und Präventivmedizin der Uni Zürich im Jahr 2001 die Auswirkungen der Kosten untersuchen, die von der Versicherung zu übernehmen sind, wenn die psychologischen Psychotherapeuten über die Grundversicherung der Krankenkassen abrechnen können. Die Föderation der Schweizer Psychologinnen und Psychologen (FSP) ließ 2001/2002 die Kosteneinsparung ‚adäquat eingesetzter Psychotherapien' untersuchen. Das Bundesamt für Gesundheit (BAG) und das Schweizerische Gesundheitsobservatorium (Obsan) vergab wenige Jahre später den Auftrag, diese zwei Untersuchungen zu vergleichen und zu beurteilen (Obsan, 2007). Die Resultate sind wie folgt:

„Beide Arbeiten wurden – trotz Vorbehalten in einzelnen Punkten – seriös erarbeitet. Ihre Ergebnisse sind interessant, wenn auch von unterschiedlicher praktischer Relevanz für die anstehenden Fragen. Die Arbeiten von Beeler, Szucs und Lorenz (BSV; Anm. d. A.) bilden die Versorgungssituation des Jahres 2000 ab und bieten daher eine empirische Grundlage, um mögliche Auswirkungen einer Zulassung von nichtärztlichen Psychotherapeut/innen zu prüfen. Allerdings weist die Erhebung einige Nachteile auf, die je nach Szenario der Zulassung eine wichtige Rolle spielen kann (bspw. die mangelnde Datenqualität im Bereich der ärztlichen Grundversorger/innen bzw. im Bereich der delegierten Psychotherapien). Weiter hat sich seit dem Erhebungsjahr 2000 vor allem im Bereich der delegierten Psychotherapie einiges verändert. Es drängt sich daher auf, eine erneute, verbesserte und inhaltlich ergänzte Erhebung zur Versorgungslage mit Psychotherapien durchzuführen.
Die Arbeiten von Frei und Greiner (FSP, Anm. d. A.) sind in verschiedener Hinsicht sehr hypothetisch. Ihr Wert liegt darin, dass sie eindrücklich dokumentieren können, dass der «richtige» Einsatz von Psychotherapien eine positive Kosten-Nutzen-Bilanz aufweist: Die mit dem Einsatz verbundenen Einsparungen in der somatischen Versorgung sind größer als die durch die Therapien verursachten Kosten. Damit weisen sie nachhaltig darauf hin, dass erstens in der Krankenversicherung Rahmenbedingungen so zu schaffen sind, damit diese Einsparungspotenziale tatsächlich realisiert werden

können. Zweitens müsste sich die Praxis der Psychotherapie den Erkenntnissen der wissenschaftlichen Wirksamkeitsstudien annähern." (a. a. O., S. 6)

Aktuell – im Sommer des Jahres 2015 – können psychologische Psychotherapeuten nach wie vor nicht über die Grundversicherung abrechnen und es sieht so aus, dass dies auch noch einige Zeit so bleiben wird.

Bei weiterer Literaturrecherche lassen sich zusammenfassend folgende Aussagen finden:

- Psychische Störungen verursachen hohe volkswirtschaftliche Kosten, insbesondere durch indirekte Kosten wie bspw. Arbeitsabsenzen oder Frühpensionierungen. Schätzungen für die Schweiz liegen bei über elf Milliarden Franken pro Jahr. Eine adäquate Grundversorgung im Bereich der psychischen Gesundheit ist dringend nötig (FSP-Studie – unterstützt durch den SBAP[14] und die ASP, 3. Sept. 2013).
- Psychotherapie ist sehr wirksam und nachhaltig in der Behandlung seelischer Störungen unterschiedlichen Schweregrads! (PUK Zürich Psychiatrische Universitätsklinik Zürich, 5.7.2012, S. 86) Weiter schreibt die PUK, dass volkswirtschaftlich gesehen aus der Psychotherapie Kosteneinsparungen erfolgen durch weniger bzw. kürzere stationäre Aufenthalte, weniger Arztbesuche und Untersuchungen, weniger krankheitsbedingte Arbeitsausfälle und weniger krankheitsbedingte Berentungen (vgl. a. a. O., S. 75).
- Die schweizerische Ärztezeitung schreibt 2002 zum Thema „Gesellschaftlicher und ökonomischer Profit", dass Psychotherapie eine wichtige und vor allem nachhaltige Investition zur Schaffung und Erhaltung der wirtschaftlichen Produktivität ist und, noch wichtiger, dass sie soziale und menschliche Kompetenz, psychische Gesundheit und Beziehungsfähigkeit fördert (vgl. Lachenmeier 2002).

Das sind zwar interessante Feststellungen, aber weder die erstgenannten Untersuchungen noch die weiteren Resultate aus der Literatursichtung lassen einen positiven Schluss auf den Nutzen der Selbsterfahrung der Psychotherapeuten auf die Gesellschaft zu. Obwohl man folgern könnte, dass eine gelungene Selbsterfahrung der zukünftigen Psychotherapeuten die Anzahl adäquater Psychotherapien erhöhen und somit zur Kostensenkung führen könnte. Es wäre interessant zu erfahren, ob diese Aussage mittels wissenschaftlicher Untersuchungen bestätigt werden könnte.

---

14 SBAP: Schweizerischer Berufsverband Angewandter Psychologinnen und Psychologen.

4.   Positive und negative Aspekte der Selbsterfahrung

Bisher haben wir den Begriff „Selbst" aus verschiedenen Perspektiven kennen gelernt und wissen, dass das Selbst sich verwirklichen will und nach Bewusstwerdung, Wachstum und Ganzheit strebt. Es ist das Zentrum der Persönlichkeit und nimmt seinen Anfang bereits im Säuglingsalter durch die „empathische Spiegelung der Mutter". Bei mangelhafter Spiegelung kann sich ein „falsches" anstelle des „wahren" Selbst entwickeln. Das Selbst ist auch die Instanz, die zwischen innerer und äußerer Wirklichkeit unterscheidet und somit eine Prüf- und Regulationsfunktion innehat. Diese ist zuständig für eine gute Selbst-Konsistenz, für Selbst-Wahrnehmung und Selbst-Einschätzung sowie auch für Selbst-Kontrolle und Selbst-Reflexion.

Wir haben die Kenntnis, dass „Erfahrung" ein Wissen ist, das mittels Erleben und Empfinden angeeignet wird und ein Begreifen beinhaltet. Eine Erfahrung kann nicht geplant werden, sie passiert einem. Um neue Erfahrungen zulassen zu können, braucht es eine Bereitschaft, die eigene Sichtweise infrage zu stellen und eine Bereitschaft, das Bewusstseinsfeld zu verändern bzw. den Bezugsrahmen zu erweitern.

In einem nächsten Schritt haben wir verschiedene Schulen und ihren Umgang mit der Selbsterfahrung kennen gelernt. Mittlerweile betrachten alle Therapieschulen die Selbsterfahrung zukünftiger Therapeuten als ein wichtiges, wenn nicht gar als das zentrale Element in der Psychotherapeutenausbildung. Die Selbsterfahrung wird je nach Schule anders benannt. Nach der Begriffsklärung haben wir uns den Funktionen, Zielen und dem Zweck dieses Elements gewidmet, um dann zu schauen, wer einen Nutzen aus der Selbsterfahrung angehender Psychotherapeuten ziehen kann. Wir haben gesehen, dass eine gelungene Selbsterfahrung des Therapeuten dem Patienten einen schützenden Raum bietet, mit einer Atmosphäre, die Entwicklung und Veränderung möglich macht. Auch dem Therapeuten selbst nützt seine Selbsterfahrung. Sie ermöglicht ihm, persönliche Fähigkeiten zu erweitern, die gewählte Methode zu verinnerlichen und die Kompetenz, Beziehungen zu entwickeln und aufrecht zu erhalten, zu verbessern.

Da es auch aus allen Schulen Berichte über negative (Laireiter 2003; Märtens, Petzold 2002) bis sehr schädigende Erfahrungen gibt (Drigalski 1980/2003; Kaiser 1996; Schumann 2003), stellt sich die Frage, welche Aspekte beim Lehrtherapeuten und welche Aspekte beim Weiterbildungskandidaten für den Selbsterfahrungsprozess des zukünftigen Psychotherapeuten förderlich sind und welche eher hinderlich bis schädigend wirken.

Ein erster wichtiger, wenn nicht gar der zentralste Punkt ist der, dass die Selbsterfahrung einerseits eine normale Psychotherapie, andererseits aber eine Lehrtherapie ist, also eine Therapie in einem Weiterbildungszusammenhang darstellt, bei der Lehrtherapeut und Kandidat eine Doppelfunktion haben: Der Lehrtherapeut verfolgt einerseits ein therapeutisches, andererseits ein didaktisch-pädagogisches Ziel. Ebenso verfolgt der Klient/Kandidat Selbsterfahrungsziele, aber auch berufliche Lernziele. Die Beziehung zwischen dem Lehrtherapeuten und dem Kandidaten gestaltet sich deshalb anders als die Beziehung in einer „normalen" Therapie und es besteht das Risiko, dass der therapeutische Prozess nicht richtig in Gang kommen kann, eben weil er im Zusammenhang einer Weiterbildung steht. Aus Qualitätssicherungsgründen werden während der ganzen Weiterbildungszeit Kandidaten und Selbsterfahrungsleiter, Supervisoren und Dozenten permanent beurteilt. Diese Selbst- und Fremdbeurteilungsprozesse können die Arbeit des Verstehens für den Lehrtherapeuten schwieriger machen und das vertrauensvolle Sich-Öffnen des Kandidaten hemmen (vgl. Kahl-Popp 2004, S. 412 f.; Cremerius 1989, S. 190 ff.; Beland 2004, S. 397 f.; Laireiter 1998, S. 276 f.).

Neben diesem problematischen strukturellen Bereich gibt es fördernde und hemmende Seiten bei der Person des Lehrtherapeuten wie auch bei der Person des Kandidaten. Es werden zuerst die positiven und danach die negativen persönlichen Merkmale aufgegriffen. Dabei gibt es auch Aussagen, die an dieser Stelle eigentlich verfrüht getroffen werden und eher einer Behauptung gleichkommen bzw. Prämissen, also Annahmen sind, die dann im weiteren Verlauf der Arbeit näher untersucht werden. Die Auflistung ist eine Auswahl der mir wichtig erscheinenden Aspekte, sie erhebt absolut keinen Anspruch auf Vollständigkeit.

4.1 Entwicklungsfördernde Aspekte

Förderlich ist ein (Lehr-)Therapeut, ...

- wenn er Psychotherapie als eine Koproduktion zwischen Therapeut und Klient versteht, wo ein Helfer auf einen Hilfesuchenden trifft und sich gleichzeitig zwei Mitmenschen begegnen mit allem, was sie ausmacht.
- wenn er fähig, offen und bereit ist, individuelle, vielleicht auch unkonventionelle Werdegänge zu verstehen.
- wenn er psychisch abstinent bleibt und sich gleichzeitig persönlich einlässt.
- wenn er absolut verschwiegen bleibt und sich gleichzeitig kollegial austauscht.
- wenn er dem Klienten/Kandidaten als Menschen volle Wertschätzung entgegenbringt und gleichzeitig die Störung versteht und ablehnt.
- wenn er sattelfest in seiner Therapiemethode ist und sich eigene Fehler eingesteht.
- wenn er gegenüber dem Klienten/Kandidaten mehr weiß, aber nicht belehrend ist (vgl. Keil 2012, S. 17).
- wenn seine Interventionen auf das Therapieziel ausgerichtet und nicht von (unerkannten) eigenen Bedürfnisse geleitet sind (vgl. a. a. O., S. 22).
- wenn er intuitiv handelt, seine Interventionen aber trotzdem theoriegeleitet sind, d. h. im Nachhinein vom Therapiekonzept abgeleitet werden können (ebd.).

- wenn die therapeutische Beziehung einen therapeutischen Prozess im Klienten/Kandidaten ermöglicht.

Eine für den therapeutischen Prozess hilfreiche Beziehung wird möglich, wenn dem Therapeuten klar ist, dass Menschen verschieden sind und unterschiedliche Bedürfnisse haben. Da gibt es solche, die sich nach Nähe, zwischenmenschlichem Kontakt, Harmonie und Geborgenheit sehnen. Andere wollen genau das Gegenteil, nämlich Distanz, Unabhängigkeit, Ruhe und Individualität. Wieder andere haben ein ausgeprägtes Bedürfnis nach Ordnung und lieben Regelmäßigkeiten und Kontrolle. Und das Gegenteil davon, nämlich die Menschen, denen Veränderungen wichtig sind, die keine Routine mögen, sondern Abwechslung und Spontaneität brauchen, um sich lebendig zu fühlen (vgl. a. a. O., S. 4).

Damit sich die Selbsterfahrung positiv entwickeln kann, braucht es natürlich auch die Bereitschaft seitens des Kandidaten. Entwicklungsfördernde Aspekte beim Kandidaten sind:

- Seine Neugierde, sich auf das Abenteuer des sich Kennenlernens einzulassen.
- Die Einsicht, dass Selbsterfahrung ein zentraler Aspekt für den zukünftigen Beruf ist.
- Den Willen haben, eigene blinde Flecken kennen zu lernen.
- Eine Bereitschaft, verschiedene Aspekte der eigenen Persönlichkeit kennen zu lernen.
- Bereitwilligkeit, konstruktives Feedback anzunehmen.
- Den Mut, Vertrauen zu entwickeln.
- Herauszufinden, welche Motive hinter der Berufswahl stehen (um die Gefahr zu minimieren, sein Episkript[15] später einem Patienten aufzubürden).
- Die Übernahme von Eigenverantwortung inkl. des Einstehens für die eigenen Grundrechte, die wie folgt in der Literatur über Psychotherapieethik festgehaltenen sind:
  - „Ich habe das Recht, meine eigenen Bedürfnisse auszusprechen und meine eigenen Prioritäten als Mensch zu setzen, unabhängig von irgendwelchen Rollen, die ich in meinem Leben übernommen habe.

---

15 Nach der Transaktionsanalytikerin Fanita Englisch kann jemand sein eigenes Skript einem Menschen, der ihm nahesteht, überstülpen, um es nicht selbst erfüllen zu müssen. Diese „heiße Kartoffel" – wie English es nennt – die von Hand zu Hand weitergereicht wird, verläuft natürlich nicht bewusst. English erzählt von einem Therapeuten, dessen Skript ungefähr hieß: „Lass dich in ein Irrenhaus einsperren!" Eine Skriptbotschaft, die bereits seine Mutter von ihren Eltern übernommen hatte und diese nun ihrem Sohn weiterreichte. Dieser Therapeut könnte nun unbewusst Patienten dazu benützen, sich von diesem Skriptzwang seinerseits zu befreien, indem er Gelegenheit hat, sie in eine psychiatrische Klinik einzuweisen (English zitiert nach Schlegel 1984, S. 202).

- Ich habe das Recht, mit Achtung als intelligenter, fähiger und gleichberechtigter Mensch behandelt zu werden.
- Ich habe das Recht, meine Gefühle zu äußern.
- Ich habe das Recht, meine Meinungen und Wertbegriffe zu äußern.
- Ich habe das Recht, für mich selbst ja oder nein zu sagen.
- Ich habe das Recht, Fehler zu machen.
- Ich habe das Recht, meine Meinung zu ändern.
- Ich habe das Recht, zu sagen, etwas nicht zu verstehen.
- Ich habe das Recht, zu verlangen, was ich möchte.
- Ich habe das Recht, Verantwortung für Probleme anderer Menschen abzulehnen.
- Ich habe das Recht, Umgang mit anderen zu pflegen, ohne von ihrer Anerkennung abhängig zu sein" (a. a. O., S. 24).

4.2 Entwicklungshemmende bzw. schädigende Aspekte

Mangelnde oder fehlende Selbstreflexion gilt als Hauptursache von Fehlern in der psychotherapeutischen Arbeit, die unbewusst und unbeabsichtigt unterlaufen. Das Risiko ist groß, dass eigene Übertragungen und Gegenübertragungen als solche nicht erkannt werden, was eine Hauptfehlerquelle im therapeutischen Handeln ist. Fehler, die nicht erkannt werden, können auch nicht „zugegeben" werden, was seinerseits eine neue Ursache für eine therapeutische Schädigung werden kann (vgl. Brühlmann-Jecklin 2002, S. 333 f.).

Eine Studie (2009) über eingegangene Beschwerden über Therapien zeigt, dass bei knapp der Hälfte ein Mangel an Empathie auf der Seite der Therapeuten beklagt wird. Dies wird als Hauptursache angegeben, warum Klienten kein Vertrauen zu ihren Therapeuten entwickeln können. Ein weiterer Beschwerdepunkt besagt, dass die Therapeuten zu wenig auf die Probleme der Patienten eingehen (vgl. Sonnenmoser 2009, S. 450).

In der Selbsterfahrung lernt man die Seite des Patienten kennen, erfährt, wie sich Therapie anfühlt und kann dabei ein empathisches Gespür für sich selbst und für die zukünftigen Patienten und ihre Probleme entwickeln. Selbsterfahrung hat also auch eine empathische Funktion. Wenn man selbst keine Therapie macht, kann dieses Gespür u. U. fehlen, was dann zu den oben genannten Beschwerden führen kann. Bei mangelhafter Selbsterfahrung ist dieses empathische Gespür beispielsweise nur teilweise entwickelt, indem entweder nur ein Gespür für den anderen vorhanden ist und man sich selbst in den Hintergrund stellt, oder man konzentriert sich so intensiv auf die eigene Person, dass das Gespür für den anderen in der Entwicklung leidet. Im ersten Fall handelt es sich um Menschen, die sich ausschließlich äußeren Beziehungen hingeben und sich nur dadurch eine Identität geben. Sie leben vor allem den Beziehungsaspekt. Im zweiten Fall handelt es sich um Menschen, die den Beziehungsaspekt vernachlässigen und ihren Blick vor allem nach innen richten. Verena Kast nennt dieses Phänomen „Individuation im Elfenbeinturm“, weil der Individuationsprozess zu etwas rein Innerlichem wird. Dabei wird alles mit sich selbst ausgemacht. Anregungen von außen werden zwar aufgenommen, aber nicht zurückgemeldet. Beziehungen werden nur gebraucht, um das innere Leben zu aktivieren. Es gibt keinen Austausch zwischen Innen und Außen, was aber für den Individuationsprozess nötig wäre.

Bei beiden Varianten fehlt eine Seite. „Ideal wäre, wenn die Spannung zwischen dem internen Integrationsvorgang und den Beziehungsvorgängen erhalten bliebe, wenn eine wechselseitige Belebung von innen nach außen und von außen nach innen möglich sein könnte“ (Kast 2009, S. 28).

Psychotherapeuten, die nur einen Teil des beschriebenen Individuationsprozesses in ihrer Entwicklung vollzogen haben, benötigen ihre Patienten für ihr eigenes Wohlbefinden, quasi zur Ganzwerdung. Da es dabei nicht um die Patienten geht, sondern um die Therapeuten selbst, sind solche Therapeuten schädigend für ihre Patienten, sie missbrauchen sie. Sie benötigen sie zur eigenen Stabilisierung und lassen weder bei sich noch beim Patienten Veränderung und Wachstum zu – was Ziel einer Therapie ist –, sondern verharren in der Stagnation.

Andere entwicklungshemmende Aspekte der Selbsterfahrung auf der Therapeutenseite können – ohne Anspruch auf Vollständigkeit – folgende sein:

- Wenn sie streng sind und Unterwerfung und Konformität vom Klienten erwarten, kann kein Selbstvertrauen beim Klienten entstehen (vgl. Lambert/Hawkins/Hatfield 2002, S. 49).
- Wenn sie den Klienten/Kandidaten übermäßig drängen, sich zu verändern.
- Wenn sie zu wenig Interesse haben und keine Zuwendung zeigen.
- Wenn sie verführen, ist das nicht nur hemmend, sondern schädigend für den Klienten.
- Wenn sie selbst bedürftig sind.
- Wenn sie mangelnde Selbstkritik ausüben.
- Wenn sie unterschwellig eine feindselige Haltung zeigen (Drigalski 2002, S. 67).
- Wenn sie die Kompetenz der Klienten fehleinschätzen oder abwerten (a. a. O., S. 11).
- Wenn sie Diagnose oder Ressourcen fehleinschätzen und/oder eine falsche Behandlung wählen, wie folgendes Beispiel zeigt: In „Blumen auf Granit“ beschreibt Dörte von Drigalski ihre Irr- und Lehrfahrt durch die deutsche Psychoanalyse. Sie lag bei drei verschiedenen Analytikern auf der Couch und galt als untherapierbar und wurde pathologisiert. Ihre Analyse wurde und wird wiederholt beschrieben als: „Seltener Einzelfall/ausnehmend schlechte Analytiker/Borderline, inanalysabel“ (a. a. O., S. 64). Bernd Rieken ist der Meinung,

dass Drigalski falsch behandelt wurde. Sie wurde mit Deutungen überhäuft, und

> „diese Standardtechnik ist geeignet für Probleme auf der ödipalen Ebene, doch Drigalski leidet, wie sie mehrmals betont, unter einem ‚Defekt‘, also an einer Grundstörung im Sinne Michael Balints (Balint: Therapeutische Aspekte der Regression), und auf dieser Ebene ist es völlig verfehlt, die Patientin mit Deutungen zu überfordern; vielmehr hat der Analytiker elementare tragende Funktionen zu übernehmen. Auf eine frühe Phase regrediert möchte Drigalski angenommen, aufgehoben, verstanden und dann auch ermutigt werden“ (Rieken 2008, S. 53).

- Eigene „blinde Flecken“ können zu Stagnation anstelle von Entwicklung und Veränderung führen.
- Fehlende Introspektionsfähigkeit: Ein solcher Lehrtherapeut ist ganz für den anderen da und stellt sich selbst in den Hintergrund.

Entwicklungshemmende Aspekte beim Kandidaten:

- Ein hemmender Aspekt der Selbsterfahrung besteht, wenn der Kandidat seine Selbsterfahrung absitzt, weil er sie aus Ausbildungsgründen machen muss und sie auch im fortgeschrittenen Stadium ausschließlich aus diesem Grund und nicht aus Einsicht macht. Diese Person erkennt die Bedeutung der Selbsterfahrung nicht wirklich und wird nötige Kompetenzen für das Ausüben seines zukünftigen Berufes nicht entwickeln.
- Wenn der Kandidat sein Ich zurückstellt und sich ausschließlich über Beziehungen definiert, kann er Gefahr laufen, sich von zukünftigen Patienten ausnützen zu lassen und/oder sich selbst zu überfordern und keine Balance zu finden und früher oder später in einem Burnout zu landen. Menschen, die ganz für andere da sind, können auch dazu neigen, andere zu belagern, auszuhorchen oder gar auszusaugen. Sie sind auch langweilig, weil sie nichts von sich selbst preisgeben.
- Menschen, die ausschließlich mit Introspektion beschäftigt sind (Kast: Individuation im Elfenbeinturm) nehmen Äußeres nicht wirklich wahr, sprechen ununterbrochen von sich, stellen sich gern in den Mittelpunkt und gehen nicht auf andere ein. Diese Personen verstehen Autonomie als: Ich mache, was ich will und mich interessiert nur, was mit mir zu tun hat. Sie können auch privat dazu neigen, über ihr innerstes Innenleben zu berichten, unabhängig davon, ob es jemanden interessiert oder nicht. Sie maßen sich u. U. auch an, andere ungefragt zu analysieren.

5. Wann reicht die Selbsterfahrung?

Selbsterfahrung nimmt ihren Anfang zu Beginn der Weiterbildung und begleitet den zukünftigen Therapeuten eine längere Zeit in seinem beruflichen Werdegang. Sie ist auch nicht mit dem Erhalt des Zertifikates abgeschlossen. Es gibt während all der Jahre der Berufstätigkeit immer wieder Situationen oder Themen in verschiedenen Lebensabschnitten, in denen es sinnvoll ist, sich in einer Tranche Therapie damit intensiver auseinanderzusetzen. In späteren Berufsjahren nehmen solche Sequenzen ab und Therapeuten werden nur noch punktuell durch therapeutisch Tätige zu Selbsterfahrungszwecken aufgesucht (siehe dazu auch Orlinsky u. a. 2005; Yalom 2002; Schmelzer 1998; Schnorrenberg 2007; Fromm 2011).

Sich Selbsterfahrung während der ganzen Berufstätigkeit zu holen, heißt nicht, dass das Ziel angestrebt wird, ein perfekter, fehlerfreier „Übermensch" zu werden. Das Ziel ist, sich weiterhin zu professionalisieren und die Fähigkeit zur therapeutischen Arbeit zu steigern und zu erhalten. Therapeuten befassen sich tagtäglich intensiv mit Menschen, denen es schlecht geht und die psychische Probleme haben. Sie dienen ihnen als Projektionsfläche für Meinungen, Annahmen und Konflikte und sind zum Teil mit intensiven, häufig negativen bis aggressiven Gefühlen konfrontiert, die nichts mit ihnen als Person zu tun haben. Diese Projektionen sind aber nötig für den therapeutischen Prozess, denn sie betreffen Konfliktsituationen mit wichtigen Bezugspersonen aus der Ursprungsfamilie der Patienten.

Therapeutisch arbeiten bedeutet in diesem Sinn, Blockaden der Patienten, die sie im Hier und Jetzt quälen und daran hindern, ihre Probleme lösen zu können, aufzuspüren und aufzulösen. Dazu sind die Phänomene der Übertragung und Gegenübertragung notwendig. Therapeuten müssen also viel aushalten können, eigene Übertragungen und solche der Patienten wahrnehmen und verstehen und die darauffolgende Gegenübertragung realisieren, um sie therapeutisch nutzen zu können.

Um nicht Gefahr zu laufen, gefühlsmäßig abzustumpfen und sich nicht mehr berühren zu lassen, ist es für den Therapeuten wichtig, immer wieder zu klären und zu reflektieren, was beim Patienten passiert und was in ihm selbst vorgeht, damit er den Überblick über die Therapie und den Prozess beibehalten kann. Dies macht er in und nach der Therapiesitzung. Wenn er merkt, dass er etwas übersieht und nicht erkennt, holt er sich Supervision, und je nachdem, wenn er merkt, dass es sich hier wahrscheinlich um einen „blinden Fleck" handelt, entscheidet er sich für ein Stück Selbsterfahrung. Das Ziel dabei ist, mit der Hilfe eines Therapeuten eigene Blockaden aufzulösen, um die Fähigkeit wiederzuerlangen, bei den Patienten wie bei sich selbst Wünsche, Gedanken und Überzeugungen wahrzunehmen, die dem Handeln zugrunde liegen könnten. Mit anderen Worten formuliert: Es geht um die Selbstwirksamkeit des Psychotherapeuten.

Von Orlinsky & Ronnestad gibt es eine Studie über den Stand der professionellen Entwicklung von Psychotherapeuten. Mittels selbst entwickeltem Fragebogen (Self-Monitoring Scales) für Psychotherapeuten können diese selbst überprüfen, wo sie sich in der therapeutischen Arbeit bezüglich der Spannungsfelder „Berufliches Wachstum versus Erschöpfung" und „Berufliche Entwicklung versus Stagnation" bewegen. Inhaltlich geht es um zwei Arten von Arbeitserfahrungen: Die „Erfahrung von heilendem Engagement" und die „Erfahrung von aufreibendem Engagement". Untersucht wurden 7000 Therapeuten aus zwei Dutzend Ländern, bestehend aus Anfängern in Ausbildung mit wenig Berufserfahrung über alle Ebenen hinweg bis zu den etablierten Therapeuten bzw. den Senioren mit jahrzehntelanger Berufspraxis. Daraus ergab sich, dass berufliches Wachstum aus persönlicher Therapie sowie aus Supervision heraus entsteht. Beide Bereiche unterstützen den Prozess der kontinuierlichen beruflichen Reflexion, die gemäß den Autoren einen nicht zu unterschätzenden Faktor in der beruflichen Entwicklung darstellt (vgl. Orlinsky & Ronnestad u. a. 2005).

Die Frage: „Wann reicht die Selbsterfahrung?" kann also beantwortet werden mit: „Solange man therapeutisch tätig ist, nie." Was heißt das nun bezüglich der Therapeuten in Ausbildung? Was müssen sie bis zum Ende der Ausbildung mittels Selbsterfahrung erreicht haben?

Im Prinzip müssen sie bis dahin zumindest damit beginnen, Antennen für das eben Beschriebene zu entwickeln und sich in wohlwollend kritischer Selbstreflexion üben. Je besser sie sich selbst kennen gelernt haben, desto besser kennen sie ihre Ressourcen und ihre Grenzen, ihre wunden Stellen, ihre Stärken und ihre Schwächen. Transaktionsanalytisch gesprochen verfügt der Kandidat über ein gestärktes Erwachsenen-Ich und kennt seine Skriptanteile so differenziert, dass sie so wenig wie möglich in seine therapeutische Arbeit einfließen. Er hat verschiedene transaktionsanalytische Konzepte an sich selbst erfahren können und eine Ahnung davon bekommen, wie komplex, vielfältig und vielschichtig sich Phänomene – die theoretisch einen einfachen und verständlichen Namen haben – zeigen können und wie es sich anfühlt, wenn es die eigene Person betrifft. Er hat die Erfahrung gemacht, wie peinlich berührt und beschämend es sich anfühlen kann, wenn man mit Seiten von sich konfrontiert wird, die einem gar nicht behagen und dabei noch einen Zeugen dafür vis-à-vis hat. Der Kandidat hat erfahren, was eine therapeutische Beziehung ist und verschiedene Interventionen am eigenen Leibe erlebt und ein Gespür dafür entwickeln können, welche hilfreich und welche weniger hilfreich waren. Er hat einen wohlwollenden Umgang mit sich gefunden und überhöhte (Selbst-)Ansprüche abbauen können, bzw. es ist ihm bewusst, dass er solche im Auge behalten muss. Der Ausbildungskandidat ist am Schluss seiner Selbsterfahrung offener, echter, authentischer und kann sich gut abgrenzen. Am Ende der Selbsterfahrung verfügt er über eine besser integrierte Persönlichkeit[16], kann sich mit der gewählten Therapierichtung identifi-zieren und hat diese teilweise verinnerlicht. Er weiß um die Wichtigkeit der the-rapeutischen Beziehung und ihren Unterschied zu einer „normalen" Beziehung.

Er wird auch nach seinem Examen in die Supervision gehen und da wohlwol-lend konfrontiert werden, falls sich Skriptanteile in die Arbeit einschleichen. Her-mann Beland betont, für die Abschlussphase genügend Zeit einzurechnen, weil erfahrungsgemäß in dieser Phase alte Beziehungsmuster und Gefühlsmaschen und alles, was in der Selbsterfahrung bearbeitet wurde, sich noch einmal zeigt (vgl. Beland 2004, S. 397).

---

16 Siehe dazu auch die Studie des tschechischen Transaktionsanalytikers Pavel Hartl, 2010: Personality changes of psychotherapists in training – 5 year study

IV   Psychotherapeutische Kompetenzen

Um herauszufinden, welche Kompetenzen in der Selbsterfahrung entstehen sollen, muss klar sein, was Kompetenz ist, wie man Kompetenzen erwirbt und welche Fähigkeiten zu den psychotherapeutischen Kompetenzen gehören. Psychotherapeutische Kompetenzen sind Fertigkeiten, über die ein ausgebildeter Psychotherapeut in ausreichendem Maße verfügen muss, um als solcher zu gelten bzw. therapeutisch arbeiten zu können. Er muss über Fähigkeiten verfügen, die das Leiden der Patienten mildern und sie befähigen, mit zukünftigen Problemen selbst zurechtzukommen. Idealerweise sind die Patienten zum Schluss der Therapie geheilt. Welche sind also diese Fähigkeiten, wie werden sie definiert und wie kann man sie sich aneignen? Mit diesen Fragen befasst sich das folgende Kapitel.

1.   Kompetenz

Als kompetent gilt jemand, der sich Wissen über Sachverhalte aneignet, dieses Wissen anwendet und damit sein Handeln planen und steuern kann. Dazu gehört auch die Fähigkeit, das eigene Handeln reflektieren zu können und sich der eigenen Handlungsmuster bewusst zu sein. Diese Handlungskompetenz lässt sich in eine Fach-, eine Methoden- und eine Sozialkompetenz und vermehrt auch in eine emotionale Kompetenz unterteilen (vgl. Franke 2008, S. 60 f.).

Wenn wir etwas lernen, also Wissen erwerben, lernen wir viel mehr, als wir meinen. Zum einen lernen wir das, was in einem Text geschrieben steht, und gleichzeitig eignen wir uns auch Wissen an, von dem wir nichts wissen, weil wir unbewusst das Gelesene, das Gelernte mit bereits vorhandenem Wissen verknüpfen. Beim Wissenserwerb werden also zwei verschiedene Arten von Wissen erworben, das bewusste, abrufbare und explizite Wissen und das unbewusste implizite bzw. Erfahrungswissen. Das Erfahrungswissen ist nicht bewusst abrufbar, weil der Betreffende gar nicht weiß, dass er es hat. Aber genau dieses Wissen ist ein zentraler Aspekt für das Anwachsen von Kompetenzen. Und weil jede Person eine ganz persönliche Art hat, Neues zu lernen und innerlich zu verknüpfen, also seinen eigenen (Arbeits-)Stil entwickelt, gibt es nur individuelle und keine gleiche Kompetenz. Aus diesem Grund kann Kompetenz auch als „Verlaufsqualität der psychischen Tätigkeiten und als solche als ein wesentliches Merkmal der Persönlichkeit gesehen werden" (Baitsch zitiert nach Franke 2008, S. 66).

1.1   Durch Erfahrung zur Kompetenz

Kompetenzforscher betrachten erworbene Kompetenzen als Erfahrungsprozess (vgl. Gruber 2008, S. 309–321). Angehäuftes Wissen alleine macht eine Person noch nicht zum Experten. Es ist jedoch eine Bedingung für die Entwicklung zur

Fachperson mit hoher Kompetenz. Kompetenz entsteht, wenn erworbenes theoretisches Wissen in die Praxis transferiert und in unterschiedlichen Situationen im Praxisalltag angewendet wird und durch die damit gemachten Erfahrungen in der Praxis ähnliche Situationen erkannt werden, in denen durch dieses Wissen sinnvoll gehandelt werden kann (vgl. auch Mäder 1991). Gruber schreibt dazu, dass Experten sehr rasch Informationen aus ihrem Wissensgebiet aufnehmen und später auch wieder erinnern können. Er erklärt diese Gedächtnisfähigkeit mit dem Konzept einer Mustererkennung:

„Experten können aus Information, die aus ihrer Domäne entstammt, offenbar sehr rasch ‚Sinn machen', also einzelne Teilinformationen integrieren und zu semantisch bedeutsamen Mustern bündeln. Dies ist nur durch Rückgriff auf bereits vorhandenes Wissen möglich, so dass es bereits bei der Mustererkennung zu einem Zusammenspiel von Gedächtnis, Wissen und Erfahrung kommt" (Gruber 2008, S. 310).

Wie man Experte wird und wie man zu diesem Erfahrungswissen kommt, zeigt das nächste Kapitel.

1.2 Wie der Novize zum Meister wird – oder der Weg vom Laien zum Experten

Zu diesem Thema wird in der Literatur auf den Chemiker und Philosophen Mihaly Polanyi aufmerksam gemacht. Er kam nach jahrelangem naturwissenschaftlichen Forschen zum Schluss, dass das Schöpferische in der Wissenschaft vor allem durch implizites Wissen und nicht durch explizit planbare Forschung gesteuert wird (vgl. Buchholz 2007, S. 374; Revenstorf 2008, S. 12). Das Sammeln von Daten bringt nur etwas, wenn es auch jemanden gibt, der fähig ist, aus den vorhandenen Daten etwas Sinnvolles, etwas Zusammenhängendes zu machen, bzw. eine Gestalt zu erkennen und zu begreifen. Und diese Fähigkeit beruht auf Erfahrung, auf implizitem Wissen. Polanyi definiert implizites Wissen als: „Eine Ahnung, etwas Verborgenes zu sehen, einen Zusammenhang von bislang nicht begriffenen Einzelheiten zu erkennen" (zitiert nach Buchholz 2007, S. 374).

Implizites Wissen ist zu verstehen als Können bzw. als Kompetenz. Um diese Kompetenz zu erreichen, müssen fünf Stufen durchlaufen werden, die von Dreyfus & Dreyfus (1986) in einem Kompetenzentwicklungsmodell dargestellt wurden. Die niedrigste Stufe ist die Stufe des Wissenserwerbs durch Manuale, in denen Schritt für Schritt vorgegeben wird, was zu tun ist. Diese erste Stufe besteht aus Vorgaben und Begriffen und wird dem Novizen zugesprochen. Die höchste zu erreichende Stufe ist die Stufe des Könnens, des Expertentums. Auf dieser Stufe kann auf Regeln und somit auch auf Begriffe verzichtet werden, weil das Wissen bereits aus Erfahrungswissen besteht und quasi inkorporiert ist. Es ist die Stufe des impliziten Wissens, die Stufe, auf der intuitiv gearbeitet wird, also die

Stufe der Unbegrifflichkeit. Der Weg vom Novizen zum Könner führt quasi von der Begrifflichkeit zur Unbegrifflichkeit und mündet schlussendlich im Begreifen (Blumenberg zitiert nach Buchholz 2007, S. 374). Der Weg durch diese fünf Phasen besteht darin, Regeln zu lernen, um sie schlussendlich wieder hinter sich zu lassen (vgl. a. a. O., S. 378).

Die Stufen dazwischen sind diejenige des Lehrlings, also des fortgeschrittenen Anfängers, dann die des Gesellen oder des Kompetenten. Und vor dem Meister, dem Experten, folgt die Stufe des Könners oder des Erfahrenen.

1. Der Novize lernt Merkmale, Fakten und Regeln kennen und verarbeitet diese Informationen erstmals als voneinander unabhängige Aspekte. Er hat noch keinerlei Praxiserfahrung.
2. Der fortgeschrittene Anfänger erkennt bereits Wiederkehrendes. Er hat bereits erste Erfahrungen in der Praxis gemacht, verfügt also bereits über erstes Erfahrungswissen und erkennt, dass Fakten und Muster zusammenhängen. Dabei kann er jedoch noch keine Prioritäten setzen.
3. Zur Stufe des Kompetenten ist es bereits ein qualitativer Sprung. Der Betreffende hat seit zwei bis drei Jahren Berufserfahrung. In dieser Phase hat er bereits begriffen, dass er mit einer bestimmten Perspektive an eine Situation herangehen muss, damit sich langsam eine Gestalt zeigt. Dazu muss er die einzelnen wahrgenommenen Aspekte abwägen und verschieden gewichten. Er kann routiniert arbeiten und fühlt sich sicher und effizient.
4. In der Phase des Erfahrenen werden ganzheitlich Situationen wahrgenommen, dabei ist das Ganze mehr als die Summe seiner Teile. Ähnliche Situationen werden wiedererkannt und auch in anderen Kontexten wahrgenommen. Der Betreffende hat bereits eine gewisse Erwartung, wie die Dinge laufen werden, überlegt aber noch, wie er handeln soll. Er hat ein ausgeprägtes Erfahrungswissen.
5. Auf der Stufe des Experten handelt der Betreffende, ohne bewusst zu überlegen, intuitiv richtig. In dieser Phase haben sich die einzelnen Merkmale zu komplexen Situationen gruppiert und sind nicht mehr begrifflich, sondern bildhaft im Gedächtnis gespeichert. Die Situation wird auf Anhieb als Ganzes erkannt (Buchholz 2007; Revenstorf 2008; Domma 2007).

1.3   Die Entwicklung therapeutischer Kompetenz

Analog entsteht therapeutische Kompetenz, indem der zukünftige Psychotherapeut während seiner Ausbildung Begriffe, Regeln und Abläufe mittels Manualen lernt und sich so ein explizites Wissen aneignet. Dieses begriffliche Wissen wandelt sich in der Folge durch verschiedene Phasen hindurch zu einem impliziten Wissen um, einem Wissen, das auf Erfahrung beruht, sich eher bildhaft zeigt und auf Regeln und Begriffe verzichten kann.

	INNEN	AUSSEN	
individuell	Bewusstsein Unbewusstes	Diagnostik Technik	individuell
kollektiv	Beziehung	Berichte Protokolle	kollektiv
	INNEN	AUSSEN	

Abb. 1: Psychotherapeutische Wissenswelten (nach Ken Wilber), eigene Bearbeitung nach Revenstorf 2008

Neben dieser Unterscheidung zwischen explizitem und implizitem Wissen gibt es eine weitere wesentliche Differenzierung. Ken Wilber (1995 engl./1996) spricht dabei von vier nicht reduzierbaren Wissensarten, die, wie in Abbildung 1 gezeigt, mittels Quadranten dargestellt werden (vgl. Revenstorf 2008, S. 12). Im oberen Teil ist die „Individuelle Welt" und unten die „Kollektive Welt". Links sind die „Subjektiven Innenwelten" und rechts die „Objektiven Außenwelten".

Die Innenwelten enthalten vorerst implizites Wissen, während die Außenwelten eher auf explizitem Wissen basieren. Therapeutische Kompetenz entsteht in allen vier Wissensarten. In Form von Manualen und Lehrbüchern ist sie zum Teil explizit. Psychotherapeutische Kompetenz betrifft aber vor allem den Umgang mit Innenwelten, nämlich dem Bewusstsein bzw. dem Unbewussten des Patienten und der Beziehung zwischen Therapeut und Patient. Dieses Betreten und Gestalten der gemeinsamen Innenwelten von Therapeut und Patient bleibt der implizite Teil therapeutischer Kompetenz.

Für das Vermitteln und Lehren von psychotherapeutischen Kompetenzen in Aus- und Weiterbildungen muss das implizite Wissen, soweit es geht, explizit gemacht werden. Dass bei dieser Rückbuchstabierung von Ganzheiten auf ihre Einzelteile eine große Gefahr besteht, qualitativ Wichtiges zu verlieren, versteht sich von selbst, weil ja das Ganze nie nur die Summe seiner Teile ist.

Auch das Vermitteln von Kompetenzen findet in allen vier Bereichen statt (Abb. 2). Dabei findet in der individuellen, subjektiven Innenwelt die Selbsterfahrung statt. Im intersubjektiven Raum findet die Supervision statt. In der objektiven Außenwelt sind auf der individuellen Ebene die expliziten Beschreibungen von Techniken und Manuale zu finden. Forschungsprojekte und wissenschaftliche Schriften, die Diskurs, Rechenschaft und Akkreditierung möglich machen, sind explizit formuliert und in der äußeren kollektiven Welt zu finden (vgl. a. a. O., S. 11).

	INNEN	AUSSEN	
individuell	Selbsterfahrung	Manuale	individuell
kollektiv	Supervision	Wissenschaftliche Begründung	kollektiv
	INNEN	AUSSEN	

Abb. 2: Dimensionen in der Kompetenzentwicklung in der Psychotherapie, eigene Bearbeitung nach Revenstorf 2008, S. 12

Sowohl im Therapieprozess selbst als auch beim Erwerb von Kompetenz sind beide Seiten wesentlich. Für eine wirksame Psychotherapie muss der Therapeut von seinem Tun (Selbstwirksamkeit) überzeugt sein und auf die vermittelte Überzeugung seines Tuns bauen können (Beziehung/Supervision). Auch Manuale sind für den Lernprozess unverzichtbar, diese haben allerdings keine therapeutische, sondern eine pädagogische Funktion (ebd.). Psychotherapeutische Kompetenzen kann man demnach in persönliche Kompetenzen, in Beziehungskompetenzen und in Konzeptkompetenzen unterteilen.

1.4 Wirkfaktoren der Psychotherapie

Wenn, wie oben, von wirksamer Therapie die Rede ist, muss auch geklärt sein, was denn in der Therapie wirkt. In diesem Kontext werden die Wirksamkeitsstudien von Bruce Wampold aus dem Jahr 2001 häufig und von den verschiedenen Schulrichtungen zitiert (Kahl-Popp 2004; Revenstorf 2008; Stippler 2011; Press Gmelch 2012; Pauza 2012, S. 9). Nach Wampold (2001) gibt es zwei Denkmodelle in der Psychotherapie, denen die verschiedenen Schulen zugeordnet werden können: das „medizinische" und das „kontextbezogene" Denkmodell. Im „medizinischen Denkmodell" betrachtet man einen Menschen als krank, wenn er Symptome zeigt, die einer Diagnose zugeordnet werden können. Für die Heilung braucht es eine Veränderung, die vor allem der Therapeut vollzieht. Auf diesem Denkmuster basierende Psychotherapieverfahren verfügen über ein bestimmtes Veränderungskonzept: Die Psychoanalyse macht Unbewusstes bewusst, die Verhaltenstherapie verändert irrationale Gedanken und Vorstellungen, die Transaktionsanalyse macht zugunsten der Autonomie, der Spontaneität und der Intimität skript- und spielfrei. Jede dieser Schulen bietet eine Behandlung mit spezifischen Interventionen an, um die Krankheit zu heilen. Die Ursprünge der Psychotherapie liegen in diesem Denkmodell, dem Modell, das die Unterschiede zwischen den verschiedenen Richtungen hervorhebt. Der Schulenstreit gründet auf diesem

Denken. Anders im „kontextbezogenen Modell", da werden die Gemeinsamkeiten der verschiedenen Schulen betont. Während im medizinischen Modell die therapeutische Handlung im Zentrum steht, gilt im kontextbezogenen Denken die Beziehung als zentral. Der Patient lässt sich mit einer helfenden Person in eine therapeutische Beziehung ein. In dieser Beziehung lernt er, wieder in Kontakt mit sich selbst, mit seinen Gefühlen zu kommen, lernt, seine Bedürfnisse (wieder) wahrzunehmen und sein Leben wieder in Besitz zu nehmen. Heilsam ist für den Patienten, dass er die nötigen Veränderungen selbst erreichen kann, dass er selbstwirksam ist. Im Gegensatz zum medizinischen Modell braucht es in dieser Denkweise das aktive Mitmachen von Patient und Therapeut.

Anhand von verschiedenen Analysen der zahlreichen Studien aus der Psychotherapieforschung ist Wampold (2001) zum Ergebnis gelangt, dass Psychotherapieverfahren des kontextbezogenen Denkmodells wirksamer sind als solche, die auf dem medizinischen Denkmodell aufgebaut sind. Im kontextbezogenen Modell werden drei Kompetenzgruppen unterschieden: die Gruppe der Kompetenzen, die auf die Person des Therapeuten bezogen sind, diejenige, die auf den Patienten bzw. auf die Beziehung zwischen dem Patienten und dem Therapeuten bezogen sind, und zur dritten Gruppe gehören die schulenspezifischen Kompetenzen. Also auch über Wampolds Metastudien gelangt man zur Unterteilung in persönliche Kompetenzen, Beziehungskompetenzen und Konzeptkompetenzen. Nicht eine bestimmte Schule ist wirksamer als eine andere, es sind andere Faktoren, die in der Psychotherapie zählen: Der Therapeut muss ein in sich stimmiges Erklärungsmodell für die Probleme des Patienten anbieten können und überzeugt sein von seinem eigenen Tun. Diese Identifikation mit der gewählten Schulmethode (Allegiance) ist wichtiger für den Behandlungserfolg als das getreue Abarbeiten nach Manualen. Und wenn es dem Therapeuten gelingt, dem Patienten seine eigene Überzeugung zu vermitteln, dann ist auch dieser von der Therapie überzeugt (Alliance). Diese drei Dinge sind wichtiger für den Behandlungserfolg als eine bestimmte Behandlungsmethode.

1.5 Zusammenfassung

„Kompetenz", „Fähigkeit" oder „Fertigkeit" sind Synonyme für „Können". Kompetenz ist Erfahrungswissen, auch implizites Wissen genannt, das sich über fünf Stufen hinweg – vom Novizen zum Meister – aneignen lässt. Über Bedienungsanleitungen oder Manuale wird mittels Regeln und Begriffen explizites (bewusstes) Wissen angeeignet. Dieser Wissenserwerb wird unbewusst mit den bereits gemachten Erfahrungen verglichen und verknüpft und wandelt sich zum unbewussten, impliziten Wissen um, welches sich nicht begrifflich, sondern bildhaft in Form einer Gestalt, eines Ganzen zeigt. Der Weg vom Nichtkenner zum Könner beginnt bei der Begrifflichkeit und führt über die Unbegrifflichkeit zum Begreifen. Neben der Unterscheidung von implizitem und explizitem Wissen gibt es eine weitere, nämlich diejenige der Innenwelt, der Außenwelt, der individuellen Welt und der kollektiven Welt. Kompetenz entsteht in allen vier Wissensarten, wobei die Innenwelt auf implizitem Wissen basiert. Die subjektiven Innenwelten enthalten Bewusstes, Unbewusstes und die Beziehung zwischen Therapeut und Patient. Das explizite Wissen lässt sich in Form von Manualen, Techniken, Diagnostik und wissenschaftlicher Begründung in den objektiven Außenwelten finden. Daraus lassen sich drei Kompetenzgruppen ableiten: diejenigen, die auf die Person des Therapeuten bezogen sind, diejenigen, die auf die Beziehung zwischen Therapeut und Patient bezogen sind und diejenigen, die auf die gewählte Behandlungsmethode bezogen sind.

Zum gleichen Ergebnis kommt Wampold (2001) in seinen Metaanalysen über die Wirksamkeit von Psychotherapien: Therapeutische Kompetenzen lassen sich in persönliche Kompetenzen, in Beziehungskompetenzen und in Konzeptkompetenzen einordnen. Zu diesem Schluss kommt er, weil er feststellt, dass nicht Schulen mehr oder weniger effektiv sind, sondern die Art und Weise, wie Therapeuten mit den Methoden der jeweiligen Schulen arbeiten. Wirksam in der Psychotherapie sind bestimmte Merkmale des Therapeuten und die Beziehung zwischen dem Therapeuten und dem Patienten. Die gewählte Behandlungsform gibt ihm dabei Orientierung und ein für ihn brauchbares und stimmiges Erklärungsmodell für die Probleme des Patienten. Im folgenden Kapitel werden deshalb die therapeutischen Kompetenzen, wie sie die einzelnen Schulen für sich definieren, dargestellt und in die drei Kompetenzgruppen eingeordnet und zum Schluss miteinander verglichen.

2. Kompetenzen in den verschiedenen Schulen

2.1 Tiefenpsychologie – Psychoanalyse

Die Entwicklung psychoanalytischer Kompetenzen hat nicht nur mit praktischen Fertigkeiten zu tun, sondern ist in einem ganz besonderen Ausmaß mit der Entwicklung der Persönlichkeit verbunden. Psychoanalytische Kompetenz bedeutet, sich unbewussten Prozessen zu öffnen.

Bei der analytischen Arbeit braucht es nach David Tuckett spezifische Fertigkeiten, um relevantes Material in Form von Affekten und unbewussten Bedeutungen zu erspüren und konzeptuell zu erfassen. Darauf basierend gibt der Analytiker Deutungen, erspürt deren Wirkung und erfasst diese wieder konzeptuell (vgl. Tuckett 2007, S. 52).

Was mit spezifischen Fertigkeiten in der Psychoanalyse gemeint ist, haben Jutta Kahl-Popp (2004) und vor allem Herbert Will (2010) detailliert beschrieben. Die einzelnen Kompetenzen werden nachfolgend zitiert und kurz erklärt, worum es sich dabei handelt. Die Kompetenzen sind gleichzeitig auch die ausformulierten Ziele für die psychoanalytische Weiterbildung und definieren somit die Standards für die Praxis.

2.1.1 Persönliche Kompetenz

Als persönliche Fähigkeiten, über die ein wirksamer Analytiker verfügen muss, können folgende genannt werden:

- „Fähigkeit zur psychischen Plastizität": Darunter versteht die Psychoanalyse, über die Beweglichkeit zu verfügen, rege, neugierig und offen psychische Gegebenheiten beim Patienten wie bei sich selbst wahrzunehmen, die Art der Verarbeitung zu erkennen, zu verstehen und zu reflektieren. Dazu gehört auch die Bewusstheit über die eigenen Bewältigungsstrategien in Stresssituationen (vgl. Kahl-Popp 2004, S. 407).
- „Fähigkeit zur Empathie und eine weitgehend bedingungslose Annahme des Patienten": Das heißt, sich in die Situation des Patienten einzufühlen und seine Sichtweise einzunehmen, dabei die eigenen Gefühle getrennt halten zu können und dem Patienten vorbehaltlos und wertfrei zu begegnen (ebd.) (s. a. Kap. V 4.3).
- „Fähigkeit in der therapeutischen Beziehung einen Zustand des Nichtwissens und Nichtverstehens auszuhalten und blinde Flecken und eigene Fehler verstehend und nicht schuldhaft zu verarbeiten" (ebd.).
- „Fähigkeit zum Vertrauen in die Wirksamkeit und zur persönlichen Begeisterung für das bevorzugte Behandlungskonzept" (ebd.).
- „Fähigkeit, mit Angst, Spannungen und Konflikten umzugehen": Diese Kompetenz meint das Aushalten können von Schwierigem, Ungeklärtem, Anspannung, Angst und Beschämung. Das impliziert auch die Fähigkeit, aktiv eingreifen zu können, wenn es nötig ist, den Mut zu haben, klar zu konfrontieren, Dinge anzusprechen, die dem Patienten nicht unbedingt gefallen (vgl. Will 2010, S. 42).
- „Die Fähigkeit, den Patienten psychischen Raum und Entwicklungsfreiheit zu geben und sie nicht durch die eigenen Bedürfnisse oder Unzulänglichkeiten einzuschränken": Mit dieser Fertigkeit zeigt der Analytiker sich dem Patienten als ein vertrauenswürdiges Gegenüber und grenzt sich von ihm ab. Die analytische Haltung dabei ist neugierig, offen, interessiert und vorerst nichtwissend. Der Analytiker kennt seine eigenen Stärken und Schwächen, bzw. ist sich seiner Ecken und Kanten bewusst und mit sich im Reinen. Er kommt ausgeruht, wach und fit in die Sitzungen. Diese Kompetenz sagt letztendlich etwas über die Reife der Persönlichkeit des Analytikers (vgl. a. a. O., S. 45).
- „Die Fähigkeit zur Selbstreflexion und fachlichen Kommunikation": Dabei geht es um das Kennen der eigenen Grenzen und Unzulänglichkeiten, das Wissen und Akzeptieren, dass Analytiker Fehler machen, sich diese selbst

(und wo nötig auch dem Patienten gegenüber) einzugestehen und ihnen auf den Grund gehen, eigene emotionale Reaktionen analysieren und selbstkritisch betrachten zu können. Die Fähigkeit zur Selbstkritik fördert die Möglichkeit, auch andere Sichtweisen als die eigenen anzunehmen und sich mit ihnen auseinanderzusetzen (vgl. a. a. O., S. 54).

2.1.2 Beziehungskompetenz

Für eine gelungene therapeutische Arbeit braucht der Analytiker nachstehende Fertigkeiten:

- „Fähigkeit zur Übernahme der Verantwortung für die therapeutische Beziehung": Verantwortung wird hier im Sinne des Philosophen Martin Buber (1969) verstanden. Er sagt, die Aufgabe eines Erziehers ist: „Die Wirkung des eigenen Tuns immer auch von der Gegenseite zu erkunden. Erst aus der Erfahrung und Reflexion dessen, was das Handeln beim anderen Menschen bewirkt, erwirbt sich der Erzieher die ‚Rechtmäßigkeit' seines Tuns" (Buber in: Kahl-Popp 2004, S. 408). In der Psychotherapie gilt das Gleiche. Verantwortliche Psychotherapeuten nehmen achtsam wahr, was der Patient an Beziehung braucht, bieten ihm das an und achten auf die Wirkung beim Gegenüber, um gegebenenfalls das Beziehungsangebot anzupassen. Das heißt, der Therapeut befindet sich in der Beziehung und reflektiert sie gleichzeitig.
- „Fähigkeit zur intuitiven kommunikativen Didaktik": Beziehungsintuitive Therapeuten nehmen beim Patienten, ähnlich wie bei einem Kleinkind, emotionale Regungen und Bedürfnisse wahr, reagieren darauf und schaffen so eine vertrauensvolle und haltende Atmosphäre, in der sich der Patient aufgehoben fühlt und sich dementsprechend entfalten und entwickeln kann. Dieses „Holding" des Psychotherapeuten, wie Winnicott es nennt, lindert das Leiden und fördert den Heilungsprozess (ebd.) (s. a. Intuition in Kap. V 4.4 u. Empathie in Kap. V 4.3).
- „Fähigkeit zur dauerhaften therapeutischen Beziehung (Arbeitsbündnis)": Was in der Therapie am meisten wirkt (vgl. Wambold 2001) ist die therapeutische Beziehung oder, psychoanalytisch formuliert, das Arbeitsbündnis. Die Fertigkeit des *Containment* meint, Gefühle – auch negativ gefärbte – bei sich selbst wie auch beim Patienten wahrnehmen, aushalten und halten zu können, gleichzeitig auf einer Metaebene darüber mit Abstand nachzudenken, zu verstehen und in Form von Worten als Intervention bzw. Deutung dem Patienten anzubieten. Vom Gefühl zum Wort zu kommen, lindert ebenfalls den Leidensdruck (vgl. Kahl-Popp 2004, S. 408).
- „Fähigkeit, ein heilsames Setting anzubieten": Unter Setting versteht man in der Psychotherapie die Gestaltung des Zusammenarbeitens zwischen dem Psychotherapeuten und dem Patienten, damit eine therapeutische Beziehung

in einem geschützten Rahmen entstehen und aufrecht erhalten werden und die Behandlung einen förderlichen Verlauf nehmen kann. Dazu gehören u. a. die Sitzungsfrequenz, ob eine Einzel- oder eine Gruppenbehandlung sinnvoll ist, das Mitteilen der Schweigepflicht des Therapeuten, die Art der Bezahlung, etc. Das Wichtigste ist, dass Störungen in der therapeutischen Beziehung vom Therapeuten erkannt werden, er den Mut hat, diese auch zu benennen, um sie gemeinsam überwinden zu können (ebd.).

- „Fähigkeit, mit der Gegenübertragung zu arbeiten": Die „Gegenübertragung" ist die Reaktion des Analytikers auf die Übertragung der Patienten. Als „Übertragung" bezeichnet man die Gefühle des Patienten dem Analytiker gegenüber, die nicht in der aktuellen realen Situation entstehen, sondern von früheren Beziehungen stammen und dem Analytiker zugeschrieben werden. Dies ist ein unbewusster Vorgang beim Patienten. Der Analytiker wiederum greift die Gefühle auf, die die Übertragung bei ihm auslösen, analysiert sie und kann so die Gegenübertragung als therapeutisches Instrument nutzen. Dazu ist es notwendig, zwischen den eigenen Gefühlen und den Gefühlen des Patienten unterscheiden zu können. Die eigenen Gefühlsregungen und Körperreaktionen müssen differenziert wahrgenommen wie auch reflektiert und ihre Bedeutung im Zusammenhang mit der Übertragungsbeziehung verstanden werden (vgl. Will 2010, S. 33).

- „Die Fähigkeit zur psychoanalytischen Interaktion und Intersubjektivität": Bei dieser Fähigkeit geht es um das Übernehmen unbewusster Rollenangebote der Patienten, um bei Inszenierungen mitspielen zu können, was nötig sein kann, um herauszuarbeiten und zu verstehen, wie die Patienten sich selbst und den Analytiker erleben (vgl. a. a. O., S. 35).

- „Die Fähigkeit, eine als hilfreich erlebte Beziehung entstehen zu lassen": Eine gute Voraussetzung für diese Fertigkeit ist der Spaß an der Arbeit, am Analysieren. Der Patient darf spüren, dass es um ihn geht, dass er wichtig ist, er darf sich seiner quälenden Selbsttherabsetzung bewusst werden und damit aufhören, er darf Freude entwickeln bei der ‚Detektivarbeit‘ des Kennenlernens seiner verschiedenen Erlebens- und Verhaltensqualitäten (vgl. a. a. O., S. 38).

- „Die Fähigkeit, in förderlicher Weise präsent zu sein": Die Psychoanalyse meint damit, das der Analytiker sich auch als Mensch mit Regungen zeigen soll, als jemand, der begrenzt ist, sich abgrenzen kann, jedoch betroffen und berührt oder gerührt sein kann. Sie nimmt die Haltung ein, dass in der analytischen Beziehung etwas entsteht, was nicht durch Übertragungs- und Gegenübertragungsanalyse erfasst werden kann, sondern so etwas wie eine „präsentische Erfahrung" ist. Dieses Phänomen wird auch „implizites Beziehungswissen" genannt. Die Voraussetzung für diese Fähigkeit ist ein vorübergehender Verzicht auf sinn- und bedeutungsbezogenes Deuten (vgl. Schmidt 2008, S. 285 f.).

2.1.3 Konzeptkompetenz

Bei vorhandener Konzeptkompetenz ist der Therapeut in seinem gewählten Behandlungskonzept sicher, er ist davon überzeugt und auch begeistert, hat darin Erfahrung und weiß, was er tut. So ist die Chance groß, dass der Patient sich vertrauensvoll auf die Behandlungsform des Therapeuten einlassen wird. Der Therapeut kann anhand des Konzeptes die Beschwerden der Patienten einordnen und glaubhaft erklären. Er hat also eine Vorstellung darüber, wie die Psyche funktioniert und wie Funktionsstörungen entstehen können. Er kann den Weg der Behandlung aufzeigen und dem Patienten verständlich und transparent machen (s. a. Kap. II 1).

- „Die Fähigkeit zur gleichschwebenden Aufmerksamkeit und Zurückhaltung“: Das ist die analytische Art zuzuhören, sodass der Patient (Analysand) den Raum, den Schutz und die Freiheit zur „freien Assoziation“ hat. Dies wiederum bedeutet, wertneutral und zensurfrei alles zu sagen, was in den Sinn kommt, unabhängig davon, ob es in sich sinnig oder stimmig scheint, ob es etwas Gescheites ist oder nicht und/oder ob das Gesagte einen roten Faden hat. Die Psychoanalyse geht davon aus, dass das die geeignetste Form ist, zum einen, um das Unbewusste „sprechen zu lassen“ und zum anderen, um beim Analytiker die Wahrnehmung für symbolische Bedeutungen und für unbewusste Fantasien zu schärfen. Da der Patient und nicht der Analytiker den Weg vorgibt, wird häufig die berühmte Frage gestellt: „Was fällt Ihnen dazu ein?“ (vgl. Will 2010, S. 30).
- „Die Fähigkeit, einen analytischen Prozess einzuleiten, zu gestalten und zu beenden“: Zu dieser Kompetenz gehört, die analytische Situation strukturieren zu können: Das bedeutet, eine Diagnose zu erstellen, ein Konzept einer Behandlungsplanung zu formulieren, ein adäquates Setting zu bestimmen: Soll etwa die Therapie im Einzel- oder im Gruppensetting stattfinden, zu welcher Zeit, an welchen Tagen und zu welchem Tarif soll die Behandlung erfolgen? Es beinhaltet auch die Fähigkeit, einen analytischen Prozess voranzubringen, Hindernisse zu bemerken und zu analysieren und, wo es möglich ist, zu überwinden. Zu dieser Fertigkeit zählt auch das frühzeitige Erkennen des Beginns der Abschlussphase, um Abschied und Trennung bearbeiten zu können (vgl. a. a. O., S. 48 f.).
- „Die Fähigkeit, theoretische Konzepte heranzuziehen“: Diese Fertigkeit befasst sich mit dem Transfer von der Praxis in die Theorie und wieder in die Praxis. Ein unbewusster roter Faden oder mehrere Fäden werden aufgegriffen und u. U. über die Zeitspanne mehrerer Sitzungen hindurch gehalten, bis etwas entsteht, was benannt und gedeutet werden kann. Dabei werden unterschiedliche theoretische Sichtweisen eingenommen, um sich nicht auf eine Perspektive festzulegen. Neben der Erfahrung, die dabei entsteht, ist es auch hilfreich,

dem Patienten aufzeigen zu können, dass was ihn umtreibt, von verschiedenen Seiten her beleuchtet werden kann. Vielleicht spricht er auf die eine oder andere Perspektive besser an. Bei dieser Fertigkeit bleibt der Analytiker aktiv und geistig beweglich. Psychoanalytiker wie Will sind der Meinung, dass die Auseinandersetzung mit der Theorie aus der Sicht der praktischen Arbeit ein sehr persönlicher Prozess jedes einzelnen Analytikers ist. Durch diesen entstehen beim Analytiker mit der Zeit eigene theoretische Schwerpunkte, mit denen er gut arbeiten kann (vgl. a. a. O., S. 51).

• „Die Fähigkeit, in förderlicher Weise zu deuten": Deuten heißt, unbewusste Beweggründe in Worte fassen, damit sie bewusst werden:

> „Eine Hypothese über den unbewussten Zusammenhang finden, das aktuell Unbewusste in Worte fassen, es in einfacher und erlebnisnaher Sprache formulieren. Mögliche Missverständnisse klären, darauf achten, wie die Deutung beim Patienten ankommt, und wenn nötig, damit weiterarbeiten" (a. a. O., S. 57).

Die Deutung muss passen und zur richtigen Zeit achtsam ausgesprochen werden, um beim Patienten nicht auf Abwehr und Widerstand zu stoßen.

Zusammenfassend fällt bei dieser Auflistung auf, dass die Psychoanalyse sehr komplexe Kompetenzen kennt. Die einzelnen Fähigkeiten beinhalten bereits etliche andere Fertigkeiten. Deshalb ist zur besseren Orientierung, welche Basiskompetenzen ausgebildete Analytiker in ihrer Arbeit zeigen können sollten und zur Beurteilung, ob und in welchem Ausmaß die Weiterbildungskandidaten über diese beschriebenen Fähigkeiten verfügen, in der psychoanalytischen Literatur anschaulich anhand von Beispielen aufgezeigt, was bei den einzelnen Kompetenzen unter „kompetenter" verstanden wird und wie sich „weniger kompetent" zeigen könnte (vgl. Will 2010, S. 30 ff.). Zudem bekommen Weiterbildungskandidaten, soweit möglich, transparente Anhaltspunkte über das, was sie in der psychoanalytischen Weiterbildung lernen werden (vgl. a. a. O., S. 20).

2.2 Verhaltenstherapie

Es gibt nicht eine eigentliche Verhaltenstherapie. Neben der Aufteilung, die im Kapitel II 2 dargestellt ist, gibt es viele verschiedene Therapieansätze, die sich zur Verhaltenstherapie zählen. In diesem Kapitel wird das Verhaltenstherapie-Manual von Linden und Langhoff und der Selbstmanagement-Ansatz von Kanfer, Reinecker und Schmelzer berücksichtigt und auf den Verhaltenstherapeuten Hans Lieb eingegangen, der sich mit der Selbsterfahrung in der Verhaltenstherapie befasst. (1) Im Manual der Verhaltenstherapie geht es um die Grundlagen und die Techniken der zu lernenden psychotherapeutischen Kompetenzen. Der Schwerpunkt dabei liegt bei den konzeptbezogenen bzw. schulenspezifischen Kompetenzen. Der (2) Ansatz des Selbstmanagements betont die therapeutische Beziehung. Dabei interessiert hier die daraus abgeleitete Konsequenz für die therapeutische Haltung. Bei Lieb werden eher die Merkmale der Person des Psychotherapeuten beleuchtet. Dabei geht es um das, (3) was einen guten Therapeuten ausmacht und wie man ein solcher werden kann.

(1) In der verhaltenstherapeutischen Literatur[17] leiten sich die Kompetenzen anhand der folgenden vier von Klaus Grawe u. a. (1994) erarbeiteten psychotherapeutischen Wirkfaktoren ab: Ressourcenaktivierung, Problemaktualisierung, Problemklärung und schließlich die Problembewältigung.

Die „Ressourcenaktivierung" beginnt mit der ersten Sitzung und dauert über die ganze Therapie hindurch an. Nach Grawe ist das der wichtigste Wirkfaktor in der psychotherapeutischen Arbeit. Damit die Ressourcen des Patienten aktiviert werden können, braucht er eine ermunternde Atmosphäre mit einem interessierten Zuhörer in einem geschützten Setting. So kann der Patient seine Problematik darstellen und erzählen, was er bereits unternommen hat, um selbst zu einer Lösung zu kommen, seine Vermutungen dazu anbringen, aus welchen Gründen seine Lösungsstrategien nicht greifen und warum er sich eben jetzt für eine Therapie entschieden hat. Auf diese Weise lernt der Therapeut nicht nur die Störung, sondern auch den Menschen und dessen Lösungsstrategien kennen. Der Patient fühlt sich ernst genommen, weil er nicht nur in seinen Schwächen, sondern auch in seinen Stärken wahrgenommen wird und gefragt ist. Dieser Beginn einer therapeutischen Beziehung wirkt auf ihn beruhigend und wertschätzend, sodass er nicht mehr demoralisiert sein muss, sondern bereits eine Ahnung oder eine Idee entwickeln kann, dass er wahrscheinlich sein Problem, wie Paul Watzlawick sagen würde, mit „mehr derselben falschen Problemlösungsstrategie" (Watzlawick 1984, S. 51 f.), anging. Die Ressourcenaktivierung wird nicht als Technik, sondern eher als Grundhaltung verstanden. Damit Therapie möglich wird, ist das Ziel dieses Wirkfaktors, eine wohlwollende Beziehung aufbauen und den Patienten zu motivieren, in der Therapie aktiv mitzuarbeiten.

„Problemaktualisierung" heißt, die Problemsituationen so gut wie möglich mit konkreten Beispielen aus dem Alltag in die therapeutische Situation einzubringen. Auch andere Situationen im Alltag suchen, wo sich das Problem gleich oder ähnlich manifestiert hat. Auch ist es möglich, zu erfragen und nachspüren zu lassen, ob sich die Schwierigkeit auch in der therapeutischen Situation in gleicher Weise oder vielleicht in einer abgeschwächten Form zeigt. Irvin D. Yalom nennt das, nach „Hier und Jetzt-Entsprechungen" suchen (s. Kap. V 4.5). Je fassbarer das Problem ist und je konkreter es sich in der Therapie zeigt, desto besser

---

17 Obwohl die Verhaltenstherapie verschiedene Arten von Verhaltenstherapien kennt, wird in dieser Arbeit, wenn es um das Manual geht, oder bei Vergleichen mit anderen, nicht verhaltenstherapeutischen Schulen, in allgemeiner Form von „Verhaltenstherapie" gesprochen.

lässt es sich verstehen und lösen. Der Patient braucht dazu Vertrauen, Sicherheit und eine Portion Mut. Für den Therapeuten bedeutet das, parallel dazu die Ressourcen des Patienten zu aktualisieren und ihn darin v. a. in seinen Stärken zu ermutigen.

Bei der „Problemklärung" geht es um das Verstehen des Patienten, wieso er sich so verhält, wie er es tut. Unter dem Begriff „Verhalten" versteht die Verhaltenstherapie dabei nicht mehr nur das äußere und sichtbare Verhalten, sondern sie meint damit auch „inneres Verhalten", also das Erleben. Bei diesem Wirkfaktor geht es um die Motive, also wann, wie, warum und in welcher Situation in seinem Leben der Patient gelernt oder „entschieden" hat, dass in bestimmten Situationen ein bestimmtes Verhalten passt. Der Patient lässt dabei die Gefühle zu, die die schwierigen Situationen bei ihm auslösen. Die Emotionen, die der Patient spürt, nimmt auch der Therapeut wahr und kann sie deutend in Worte fassen. Z. B. stellt er fest, dass der Patient in Situationen, in denen Ärger adäquat ist, eher ein Gefühl der Leere verspürt oder sich bei ihm plötzlich große Müdigkeit ausbreitet. Der Therapeut wird den Patienten damit konfrontieren und es so möglich machen, dass dieser sein Verhalten (inneres wie äußeres) verstehen lernt. Dies führt zum Wirkfaktor der Problembewältigung.

Der Faktor der „Problembewältigung" wird nach Grawe sehr unterschätzt (vgl. Domma 2007, S. 40). Der Patient verinnerlicht neue Problemlösungsstrategien und kann seine Probleme aktiv angehen. Bspw. kann der Patient durch die Therapie die Erfahrung machen, dass er eher zu dem kommt, was er im Leben haben oder sein möchte, wenn er die Entscheidungen für sich selbst fällt und nicht wartet, bis etwas in dieser Hinsicht passiert und dann enttäuscht ist, weil es nicht so gekommen ist, wie er es sich gewünscht hat. Damit der Patient realisiert, dass er die Dinge selbst lösen kann, braucht er viele kleine Erfolgserlebnisse. So wächst sein Vertrauen in sich selbst. Er merkt, dass er Fähigkeiten hat, die er sich nicht mehr zutraute, und sein Selbstwertgefühl wird wieder größer.

Aus diesen vier Wirkfaktoren hat die Verhaltenstherapie folgende Kompetenzen ableiten können:

- Beziehungskompetenzen: Bei dieser Kompetenz geht es um das, was der Therapeut tut, damit eine hilfreiche Therapeut-Patient-Beziehung entstehen kann. Die Verhaltenstherapie spricht von Beziehungstechniken und meint damit u. a.: den Patienten wertschätzen, emotional zugewandt sein, Interesse bekunden, glaubwürdig sein, in dem, was man tut und sagt, authentisch sein, bei Angriffen des Patienten besonnen reagieren, die Kooperation fördern und dosiert konfrontieren (vgl. Langhoff/Linden 2012, S. 84).
- Kompetenzen in der Anwendung von Basistechniken: Basistechniken sind schulenspezifische Interventionen, also das, was im Rahmen der Psychotherapeutenausbildung gelehrt und gelernt wird. In der Verhaltenstherapie sind dies bspw. die Analyse des Problemverhaltens, allgemeine verhaltenstechni-

sche Verfahren, die der Informationsgewinnung dienen wie: das verhaltens-diagnostische Interview, die Verhaltensbeobachtung, die Selbstbeobachtung, Situationsverhaltens-Tests, psychophysiologische Verfahren, operante Diagnostik und Verhaltensinventare und Skalen. Weitere verhaltenstherapeutische Basistechniken sind das Erteilen von Hausaufgaben, das Erstellen von Mikro- und Makroverhaltensanalysen, das Erarbeiten von Problembewältigungsstrategien, der Einsatz von kognitiven Therapiestrategien, das Vermitteln von Selbstkontroll- und Selbstmanagementstrategien (ebd.).

- Kompetenzen in der Anwendung von störungsspezifischen Techniken: Unter störungsspezifischen Techniken versteht die Verhaltenstherapie Interventionen, die nur in der Behandlung von bestimmten Störungen wie bspw. der generalisierten Angsterkrankung und der Zwangserkrankung angewendet werden. Die Verhaltenstherapie weist damit darauf hin, dass verschiedene Störungen nach unterschiedlichen Behandlungsstrategien verlangen. Bei einem an Schizophrenie erkrankten Menschen interveniert der Therapeut bspw. nicht gleich wie bei einer Person, die an einer Agoraphobie leidet (ebd.).

- Kompetenzen zur Strukturierung der einzelnen Sitzung: Bei dieser Kompetenz geht es um die Planung der einzelnen Sitzungen. In der kognitiven Verhaltenstherapie werden die einzelnen Stunden mit Elementen wie der Anknüpfung an die vorhergehenden Sitzungen, den Bericht über die Hausaufgaben, die Sammlung aktueller Themen und die Priorisierung der anstehenden Themen schrittweise geplant (a. a. O., S. 85).

- Kompetenzen zur Strukturierung des gesamten therapeutischen Prozesses über viele Stunden hinweg: Diese Fertigkeiten beziehen sich auf die Interventionen, die sich auf den gesamten Verlauf einer Therapie beziehen. Dieser Prozess beginnt mit dem Erstellen eines Therapieplans. Darin enthalten sind definierte störungszentrierte und realistische Ziele, die in einer realistischen und angemessenen Zeitdauer erreicht werden können. Es sind einzelne Teilziele definiert, damit sich Therapeut wie Patient daran orientieren und vergewissern können, den richtigen Weg eingeschlagen zu haben. Empfehlungen, wie Therapieprozesse gestaltet werden sollen, lassen sich wie alle Techniken in der Verhaltenstherapie in Manualen nachschlagen (ebd.).

- Heuristische und theoretische Kompetenzen als Grundlage für das Verständnis der vorliegenden Störung und der Behandlungsansätze: Wer über diese Fertigkeiten verfügt, kann Krankheitsbilder und das entsprechende therapeutische Vorgehen anhand theoretischer Konzepte und Vorstellungen beschreiben. In der kognitiven Verhaltenstherapie bezieht sich diese Grundlage für das Umsetzen der Prozessstrategie auf lern-, sozial-, kognitions- und emotionspsychologische wie auch neurobiologische Grundlagen. In der Schematherapie bezieht sie sich (ähnlich wie bei den tiefenpsychologischen bzw. den psychodynamischen Verfahren) auch auf die individuelle Entwicklung bzw. auf frühkindliche Beziehungs- und Konfliktkonstellationen (ebd.).

Die einzelnen Schritte der Techniken, die zu den beschriebenen Kompetenzen führen sollen, sind in der Verhaltenstherapie sehr detailliert in verschiedenen Manualen beschrieben. Es wird erwartet, dass diese genau nach Vorgabe eingehalten werden. Vorteilhaft daran ist, dass dieses Vorgehen dem angehenden Therapeuten eine Orientierung gibt, wie er sich in seiner Arbeit verhalten soll. Es macht jedoch den Anschein, dass in dieser Therapieschule beinahe jeder Gedanke, jede Regung und jede Überlegung, die Therapie betreffend, schriftlich festgehalten ist. Darin kann eine Gefahr gesehen werden, dass der angehende Therapeut nicht mehr selbst denken muss, was zur Folge hätte, dass dieser spannende Beruf an Dynamik, Flexibilität und Kreativität einbüßen und die Therapien an Qualität verlieren könnten. Die Verhaltenstherapie sieht das anders:

> „Eine Psychotherapie als Krankenbehandlung ist nicht dadurch legitimiert, dass ein Therapeut sich eine gewisse Zeit dem Patienten zur Verfügung stellt, sondern dadurch, dass es evidenzbasiert Grund zur Annahme gibt, dass es dem Patienten mit der Therapie besser gehen kann als ohne. Diese Evidenz kommt aus der Forschung und bedeutet, dass eine solche Annahme nur solange gültig ist, wie sich ein Therapeut auch an die vorgegebenen Regeln hält. Deswegen ‚kaufen‘ die Kostenträger im Gesundheitswesen auch nicht jede Therapie, sondern nur ausgewählte. (…) Daraus folgt, dass die therapeutische Freiheit eingeschränkt ist und ein großzügiges Abweichen von schulenbezogenen Verfahrensvorschriften sogar einem Abrechnungsbetrug gleichkommen könnte“ (Langhoff/Linden 2012, S. 87).

Mit der Haltung: „Psychotherapie ist das, was ein Therapeut tut, nicht das, was er intendiert, und auch nicht das, was ein Patient tut. In der Kompetenzerfassung, Qualitätssicherung und Supervision muss daher das Therapeutenverhalten und nicht der Patient im Mittelpunkt stehen“ (Langhoff/Linden, 2010, S. 483), erklären sich die Verfasser des Verhaltenstherapie-Manuals als Verfechter der medizinischen Denkweise, bei der die therapeutische Handlung und nicht die Beziehung im Zentrum steht.

Es gibt eine sogenannte Verhaltenstherapie-Kompetenz-Checkliste, kurz VTKC genannt. Davon gibt es eine Version für Supervisionen und Therapeutentraining (VTKC-S), eine weitere, die von den Patienten ausgefüllt werden kann (VTKC-P) und eine Fassung als Selbstbeurteilungsskala für den Therapeuten (VTKC-T) und als Fremdbeurteilungsskala für einen externen Rater (VTKC-R) (a. a. O., S. 477 f.).

> „Diese Kompetenz-Checkliste operationalisiert, was als gute therapeutische Praxis in der kognitiven Verhaltenstherapie anzusehen ist und misst, wie gut eine Therapie nach diesem Maßstab ist und kann so in der Aus- und Fortbildung das Training guten Therapeutenverhaltens unterstützen“ (a. a. O., S. 481).

Die VTKC kennt sehr klar definierte 86 Items zu Beziehungs-, Basis- und Stundenstrategiekompetenzen. Zum besseren Verständnis werden einige davon dargestellt:

„Item 2:   Ich habe den Patienten für die Durchführung der Hausaufgabe ermutigt und bestärkt – unabhängig vom Ergebnis der Hausaufgaben.

Item 15:   Ich habe den Patienten nach seiner subjektiven Erklärung der Entstehung seiner Probleme gefragt.

Item 27:   Ich habe situationsbezogene automatische Gedanken erfragt.

Item 39:   Ich habe den Patienten aufgefordert, eigenes Verhalten genau zu beobachten und zu dokumentieren (Selbstbeobachtung).

Item 49:   Es wurde auf der Verhaltensebene konkretisiert, was genau zu tun ist.

Item 56:   Ich habe im Gespräch mit dem Patienten auf Belehrungen verzichtet.

Item 61:   Ich habe den Patienten ermutigt zu benennen, in welchen Aspekten des therapeutischen Vorgehens er Fragen oder Zweifel hat.

Item 73:   Ich habe mir Rückmeldungen über das, was der Patient vom Gespräch aufgefasst hat, eingeholt.

Item 82:   Mein heutiges Stundenziel vor Beginn der Sitzung war …

Item 86:   Für die nächste Sitzung habe ich mir vorgenommen (Vorbereitung, Themen) …“ (a. a. O., S. 478).

Bei dieser Liste wird deutlich, dass Therapie das ist, was der Therapeut tut. In der Verhaltenstherapie gibt es aber auch kontextbezogene Therapieansätze, in denen die therapeutische Beziehung aufgewertet wird. Ein solcher Ansatz ist die Therapieform des „Selbstmanagement-Ansatzes“. Nachdem die therapeutische Handlung betont wurde, wird nun die therapeutische Haltung beleuchtet.

(2) Man würde nicht denken, dass es sich bei der Selbstmanagement-Therapie um einen verhaltenstherapeutischen Ansatz handelt, wenn man liest, dass das zugrunde liegende Menschenbild dasjenige des humanistischen und systemischen Denkens ist (vgl. Press & Gmelch, 2012, S. 1–10 in: Sigl, Schmelzer & Mackinger 2012, S. 254–268). Auch die Tatsache, dass die Autonomie bzw. die Selbstbestimmung des Menschen in der Wertehierarchie ganz oben angesiedelt ist, hat nicht mehr viel gemeinsam mit dem ursprünglichen Gedankengut in der Verhaltenstherapie, bei der es zuallererst um Reize ging, die Reaktionen auslösen und später um Gedankenfehler, die durch den Therapeuten korrigiert werden müssen.

Im Selbstmanagement-Ansatz verhilft der Psychotherapeut dem Patienten zur Selbsthilfe, damit dieser mit seinen Problemen selbst klarkommen kann. Dabei geht es um die Veränderung dessen, was als störend erlebt wird im Sinne von: „Wo tut es weh, was soll jetzt und in Zukunft anders sein und woran ist feststellbar, dass es in die richtige Richtung geht?“ Das Problem wird definiert, um sich dann vor allem der Problemlösung und den Zielen sowie den Teilzielen zu widmen. Die Ursache des Problems wird lediglich dann wichtig, wenn mit der Lösungsorientierung nicht mehr weiterzukommen ist. Der Patient wird da abgeholt, wo er aktuell ist. In diesem Ansatz ist das momentane Befinden des Patienten wichtiger als die genaue Abfolge der therapeutischen Techniken. Die Ziele werden so gesetzt, dass sie mit den Stärken, Gedanken und Ideen des Patienten übereinstimmen. Die Ressourcen des Patienten zu betonen und zu stärken, ist in diesem Ansatz ein zentraler Faktor. Ebenso wichtig ist auch, dass der Patient weiß, wie er sich selbst am Weiterkommen hindert und über welche Ausweichmanöver er verfügt. Das Feedback darüber, ob die gemeinsam gesetzten Teilziele erreicht sind und sich die Therapie in die richtige Richtung begibt, gibt der Patient. Das heißt, die Beziehung basiert auf einem gemeinsam erstellten Arbeitsbündnis. Auch die Verantwortung tragen beide am Prozess Beteiligten mit dem Vermerk, dass schlussendlich der Therapeut zuständig dafür ist, dass die Therapie realistisch geplant und gestaltet wird, die Ziele adäquat und den Möglichkeiten des Patienten angepasst gesetzt und formuliert sind und die Therapie in einem angemessenen Tempo verläuft. Der Therapeut braucht zudem das nötige Feingefühl, um zu erspüren, wann er den Patienten anspornen und ermutigen muss und wann er eher Tempo herausnehmen muss, damit sich der Patient nicht überfordert fühlt und innerhalb der eigenen Grenzen bleibt.

Die therapeutische Haltung, die sich daraus ergibt, sehen die Autoren Press und Gmelch (ebd.) wie folgt in Form von Aufforderungen an den Therapeuten:

- „Verhalte dich konsistent!": Hier könnte auch stehen: Sei echt, realistisch, drücke dich verständlich aus und sei authentisch!
- „Reflektiere dein Verhalten!": Diese Aufforderung meint, sich darüber bewusst zu werden, welche Wirkung das eigene Tun auf den Patienten hat. Das soll über die Selbstreflexion und auch mittels der Intervision möglich werden.
- „Interessiere dich für subjektives Erleben!": Hier geht es darum, neugierig die Dinge mit den Augen des Patienten zu sehen und dessen Bilder und Metaphern kennen zu lernen, um in diesem Kontext auch die Therapie planen zu können. Das bedeutet, der Therapeut hört auf die Wortwahl, auf den Klang der Stimme, achtet darauf, wann und bei welchen Sachverhalten der Patient bspw. emotional berührt ist, was ihn kalt lässt und fragt nach, wie der Patient dies und das sieht. Es geht hier auch darum, aktiv zuzuhören, indem er seine Eindrücke und das Verstandene in eigenen Worten zusammenfasst, um zu klären, ob er den Patienten und seine Sichtweisen richtig einschätzt und sieht.
- „Sei offen für eigensinnige Lebensentwürfe und Lösungsideen!": Bei diesem Punkt geht es um wertfreies und respektvolles Annehmen von verschiedenen Lebensläufen und Lebensstilen und dementsprechenden Lösungsvorschlägen. Konkret heißt das, dass der Therapeut solche Ideen nicht als unrealistisch verwirft (das wäre ziemlich größenphantastisch), sondern im Prozess bleibt und dem Patienten z. B. die Rückmeldung gibt: „Okay, das ist für mich eine neue und spannende Idee. Was denken Sie, wie könnte das zum Funktionieren kommen? Welches wären die ersten notwendigen Schritte?"
- „Vermittle Vertrauen in Ressourcen!": Diese Fertigkeit knüpft gleich an der vorhergehenden an. Der Therapeut darf Vertrauen entwickeln in das, was der Patient aus seiner Erfahrung heraus sagt, was er plant und was er kann und soll ihm das auch sagen. Ob das mit einem „Mhm" wertgeschätzt oder

mit „Wie haben Sie das alles in dieser Zeit geschafft?!" anerkannt wird, beides stärkt das Selbstvertrauen des Patienten.

- „Vermittle Wertschätzung!": Hier geht es darum, dem Patienten zu vermitteln, dass er in Ordnung ist, so wie er ist, dass es menschlich ist, so zu denken, zu fühlen und zu handeln und dass es Zeiten im Leben eines jeden gibt, die einem schwerer fallen.
- „Übernimm Verantwortung für die Prozessgestaltung!": Bei dieser Forderung soll nochmals betont werden, dass schlussendlich der Therapeut die volle Verantwortung trägt, dass die Therapie dem Patienten angepasst, realistisch, in einer wertschätzenden Atmosphäre, in einem verträglichen Tempo geplant und durchgeführt wird. Dabei wird der Patient als gleichwertiger Partner gesehen, seine Ideen zur Problemlösung und zur Zielsetzung aufgegriffen und von ihm Feedback eingeholt, ob sie seiner Meinung nach auf dem richtigen Weg sind. Der Therapeut bietet nicht Lösungen an, sondern steuert den Prozess so, dass der Patient seine Ressourcen aktivieren und eigene Lösungen entwickeln kann (vgl. a. a. O., S. 8–10).

(3) Lieb, ein erfahrener Verhaltenstherapeut in Praxis, Ausbildung und Forschung, beschäftigt sich mit der Konzeptualisierung einer personenorientierten Verhaltenstherapie (vgl. Lieb in: Laireiter 2000, S. 613). Mit personenorientiert ist im Gegensatz zu patientenorientiert die Person des Therapeuten gemeint. Es geht also um die Entwicklung der „persönlichen Kompetenzen". Lieb beschäftigt sich mit den Merkmalen, die notwendig sind, damit Therapeuten kompetent und wirksam werden. Er sucht Antworten auf die Fragen, wie sich belegen lässt, dass (1) jemand ein guter Therapeut ist, (2) wodurch das festzustellen ist und (3) wie sich jemand zu einem guten Therapeuten entwickelt (vgl. a. a. O., S. 351–364).

Ein guter Therapeut ist letztendlich jemand, dem es gelingt, die Patienten zu heilen oder zumindest das Leiden der Patienten zu mindern und/oder die Patienten so zu ‚stärken‘, dass sie zukünftig selbst ihre Probleme bewältigen können. Die drei Leitfragen sind die (1) Evaluationsfrage, die (2) Eigenschaftsfrage und die (3) Entwicklungsfrage.

Die „Evaluationsfrage" fragt nach dem Lerntransfer, das heißt, ob das in der Theorie Gelernte auch wirklich in der Praxis angewendet wird und ob die fertigen Therapeuten tatsächlich über die Fähigkeiten und Fertigkeiten, die sie in der Ausbildung gelernt und geübt haben, verfügen. Antworten darauf finden sich in den Ausbildungssupervisionen, wo Fälle aus der Praxis besprochen werden. Eine weitere Antwort auf diese Frage gibt die Abschlussprüfung am Ende der Ausbildung, bei der die Kandidaten an Fallbeispielen ihr Wissen und Können zeigen können.

Die Frage, wodurch sich ein guter Therapeut auszeichnet, ist die Frage nach den „persönlichen Eigenschaften". Diese Frage kann durch den Therapeuten beantwortet werden, indem er sich selbst beschreibt. Durch die Fremdbeschreibung wird transparent, wie ein guter Therapeut von außen aussieht.

In einem bestimmten Kontext wird an dieser Stelle auf ein Beispiel der Selbstbeschreibung eingegangen: Über eine solche Selbstbeschreibung der persönlichen Eigenschaften stößt der Autor auf den Wirkfaktor „Fähigkeit zur Autonomie", der eine wichtige Kompetenz ist, die laut Autor auch in der Literatur einem wirksamen Therapeuten zugesprochen wird. Darauf gelangt er zu der nachfolgenden Hypothese und Schlussfolgerung:

> „Je unabhängiger ein Therapeut vom Therapieerfolg ist, desto mehr Erfolg hat er. Vielleicht handelt es sich hier um eine sehr zentrale Kompetenz, nämlich um die, kompetent zu sein ohne Abhängigkeit davon, dass diese Kompetenz beim Patienten Auswirkungen im Sinne eines vorher festgelegten Therapieerfolges hat" (a. a. O., S. 355).

Ein Ausbildungsinstitut bestätigte in einer Evaluation, dass je fortgeschrittener die Ausbildung ist, desto wichtiger die eigene Autonomie der werdenden Therapeuten wird (vgl. a. a. O., S. 354).

Der bereits erwähnte Therapeut beschrieb sich sowohl in der Anwendung von Theorien als auch in der Kenntnis therapeutischer Techniken als unsicher. Er arbeite eher intuitiv und es falle ihm nicht leicht, seine Arbeit theoretisch zu erklären. Seine Stärke sieht er darin, dass alles, was er in der Therapie sage, authentisch ist, also echt ist und von ihm selbst komme. Er ist an jedem Patienten interessiert, begegnet ihnen unvoreingenommen, gerät nicht in eine innere Not, wenn Patienten ihn kritisieren und/oder die Therapie abbrechen (ebd.).

Ob diese Studie wirklich eine neue Erkenntnis liefert, sei dahingestellt, aber sie ist ein Beispiel dafür, wie sich Expertentum zeigen kann. In der gleichen Studie stellte sich heraus, dass die Lehrtherapeuten es ebenfalls wichtig finden, dass sowohl der Therapeut als auch der Patient autonom voneinander bleiben, und sie wollen das in der Ausbildung mehr fördern. Spannend wären die Ergebnisse einer Evaluation, wie denn die werdenden Therapeuten in der Ausbildung zur Autonomie trainiert werden und ob sie danach auch wirklich autonom sind.

Autonomie des Therapeuten heißt mit anderen Worten, einen eigenen Stil entwickeln. Auf diese Weise entsteht Kompetenz, so wird der Novize zum Meister bzw. der Laie zum Experten (s. Kap. IV 1.2). Zuerst wird etwas nach bestimmten Regeln gelernt, sei es beim Autofahren oder in einer Ausbildung, und je sicherer man in der Materie wird, desto persönlicher wird der eigene Stil der Herangehensweise. Von erfahrenen Therapeuten weiß man, dass je weiter zurück die psychotherapeutische Ausbildung liegt, desto weniger schulenspezifisch sie arbeiten.

Liebs Hypothese – „Je unabhängiger ein Therapeut vom Therapieerfolg ist, desto mehr Erfolg hat er", kann auch verstanden werden als: Je weniger Druck seitens der Therapierichtung, des Instituts oder der Persönlichkeit des Ausbilders, Lehrtherapeuten und Supervisors besteht, desto freier kann gearbeitet werden; desto echter, authentischer, kongruenter und somit glaubwürdiger kann die Person des Therapeuten wahrgenommen werden. Liebs Annahme, dass „kompetent zu sein, unabhängig vom Erreichen des vorher festgelegten Therapieziels", eine zentrale Kompetenz ist, kann bestätigt werden, denn die Erfahrung zeigt, dass die Therapieziele, die zu Beginn gesteckt werden, oft nicht dem entsprechen, was am Schluss herauskommt, bzw. nur oberflächlich damit zu tun haben, was wirklich weh tut und einer Behandlung bedarf.

Nun ist es spannend zu erfahren, wie denn der gute Therapeut zum guten Therapeuten geworden ist, oder wie der Therapeut zu seiner Autonomie kam. Die Antwort ist so logisch wie auch einfach. Er kam durch seine Lebenserfahrung dazu. Er hat verschiedene Schicksalsschläge erlebt und war mit Krankheit und Tod konfrontiert, was ihn für die therapeutische Arbeit gelassener werden ließ. Er hat an sich selbst erfahren, dass man überleben kann. Das gibt ihm ein Vertrauen in sich selbst und ein Zutrauen in seine Patienten, dass es ihnen auch gelingen wird, mit schmerzlichen Situationen umzugehen (vgl. a. a. O., S. 357). Das soll nun aber nicht heißen, dass nur wer heftige Schicksalsschläge erlebt hat, ein guter Therapeut werden kann. Aber zum guten Therapeuten gehört nicht nur die Ausbildung, sondern auch die Lebenserfahrung. Lieb erinnert sich an den Philosophen Hans Georg Gadamer (1990), der Erfahrung definiert als einen im Kern negativen Prozess, bei dem Erwartungen nicht erfüllt werden. Das heißt, Erfahrung sammeln ist immer auch ein schmerzhafter Prozess der Enttäuschung, des Nichtgelingens, des Scheiterns und des dazugehörigen Erlebens, daran nicht zugrunde zu gehen, sondern vielmehr gestärkt herauszukommen und daran zu wachsen und zu reifen (vgl. a. a. O., S. 358). Lieb schlussfolgert, dass man demnach Lebenserfahrung bzw. Selbsterfahrung nicht nur als eine „Förderung von Ressourcen oder als Maßnahme zur Eigenhygiene" betrachten kann. Man müsste auch diesen schmerzlichen Prozess im Sinne Gadamers fördern. Als Fazit gilt, die Lebens-/Selbsterfahrung nicht von der Ausbildung zu trennen, sondern mit ihr zu verbinden, damit „die Persönlichkeit des Therapeuten keine „Störvariable" ist, sondern die „Mitte", von der heraus er seine Therapie betreibt" (a. a. O., S. 361). Mehr zum Thema Selbsterfahrung folgt im Kapitel V.

Mit der beschriebenen Einteilung im (1) Verhaltenstherapie-Manual in schulenspezifische Kompetenzen; im (2) Selbstmanagement-Ansatz mit der Betonung der Beziehung, der patientenspezifischen Kompetenzen und der personenspezifischen Kompetenzen des Therapeuten, bewegen wir uns bereits im kontextbezogenen Denkmodell, das die therapeutische Beziehung als das Zentrale betrachtet und als wirksamer gilt als das medizinische Denkmodell (Wampold, 2001). Aus diesem Grund und weil Therapie immer nur in Kombination mit der Person des Therapeuten, des Patienten und eines zugrundeliegenden therapeutischen Konzepts stattfinden kann, werden die beschriebenen Kompetenzen nochmals in persönliche Kompetenzen, Beziehungskompetenzen und Konzeptkompetenzen zusammengefasst dargestellt:

2.2.1 Persönliche Kompetenz

- Fähigkeiten, die eigene Person betreffend, wie z. B. die Fähigkeit zur Selbstreflexion, Selbstkenntnis und Selbstfürsorge.
- Fähigkeit zur Flexibilität in der professionellen Arbeit bei unvorhergesehenen Bedingungen wie bspw. das Dekompensieren eines Patienten.
- Soziale Fähigkeiten, wie z. B. Selbstsicherheit im zwischenmenschlichen Kontakt.
- Fähigkeit, Nichtwissen auszuhalten und zu akzeptieren.
- Fähigkeit, eigene Fehler einzugestehen.
- Ethisches und professionelles Bewusstsein.
- Verfügbarkeit und flexibler Umgang mit Technikrepertoire.
- Glaubhafte Inszenierung einer Technik.
- Fähigkeit zu strukturiertem Denken.
- Akzeptiert sich selbst und andere und verfügt über ein positives Menschenbild.
- Fähigkeit, Grenzen zu erkennen und zu setzen.
- Fähigkeit, mit Macht und Einflussnahme sorgfältig umzugehen.
- Erkennt seinen Anteil in der Beziehung.

2.2.2 Beziehungskompetenz

- Fähigkeit zur Gestaltung eines Arbeitsbündnisses – zum Aufbau, Halten und Beenden einer therapeutischen Beziehung.
- Fähigkeit zur Offenheit und Empathie in der Begegnung mit verschiedenen Menschen.
- Fähigkeit zur einfühlsamen und strukturierten Gesprächsführung.
- Fähigkeit, zu überzeugen.
- Fähigkeit, den Patienten da abzuholen, wo er ist.
- Fähigkeit, Übertragungen und Gegenübertragungen zu erkennen und therapeutisch sorgsam zu nutzen.
- Fähigkeit, zum richtigen Zeitpunkt zu konfrontieren.
- Fähigkeit, den Patienten zu motivieren und in seinem Wunsch zur Veränderung zu unterstützen.

2.2.3 Konzeptkompetenz

- Gesprächstechniken zur Führung therapeutischer Gespräche.
- Fähigkeiten und Techniken zur Steuerung des Therapieprozesses.
- Fähigkeit, Diagnosen und Differentialdiagnosen zu erstellen.
- Theoretisches und praktisches Wissen: Handlungs- und Veränderungswissen und wo nötig auch Ursachenwissen.

- Fähigkeit, Konzepte zur Therapieplanung und -durchführung zu erstellen.
- Fähigkeit, methodisch sinnvoll zu intervenieren.
- Fähigkeit, verhaltenstherapeutische Techniken anzuwenden.
- Verfügt über fundierte Kenntnisse der verschiedenen Störungsbilder und ihrer Behandlung.

2.3   Transaktionsanalyse

Transaktionsanalytische Kompetenzen werden mit dem „Toblerone-Modell" (s. Abb. 3) dargestellt und im Abschlussexamen geprüft. „Toblerone" wird das Modell genannt, weil seine Darstellung an die Form einer Toblerone-Schokolade erinnert und weil Schokolade analog zu professionellen Kompetenzen das Resultat einer speziellen Zusammensetzung von Zutaten (Kakao, Zucker, Nüssen, Milch etc.) ist. Die Zutaten für professionelle Kompetenzen bestehen aus (1) der Person mit einer entwickelten psychotherapeutischen Identität, die über (2) transaktionsanalytisches theoretisches Wissen und Können verfügt und (3) dieses adäquat und für die Heilung bzw. das Wachstum des Patienten förderlich in seine praktische Arbeit transferieren und anwenden kann. Professionelle Kompetenzen können also aus drei Sichtweisen betrachtet werden: der Sichtweise des (1) professionellen Kontextes, der (2) Konzeptualisierung und der (3) Kongruenz. Im Examen wird dann geprüft, ob der Kandidat eine gute Kombination von guten Zutaten gefunden und kombiniert hat, und im mündlichen Examen können die Prüfungsexperten ein paar Stückchen dieser „Schokolade" probieren (vgl. Schmid 1990, S. 32 ff.).

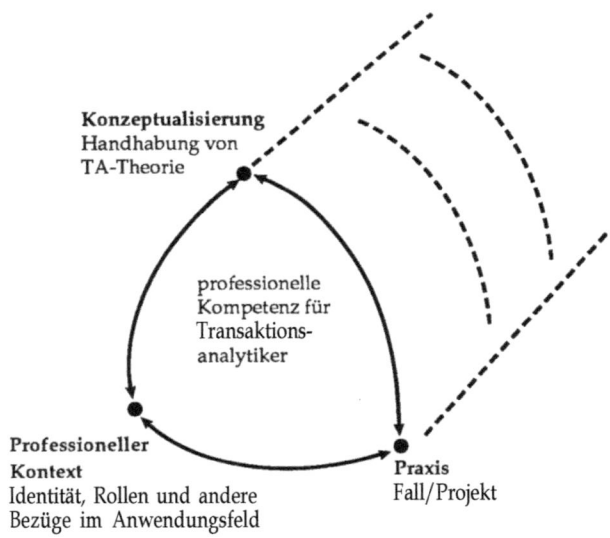

Abb. 3:   „Toblerone"-Modell nach Bernd Schmid 1990, S. 34

Das schriftliche Examen umfasst 70 Seiten und besteht aus vier Teilen: In der „professionellen Selbstdarstellung" und im Bericht über die „Erfahrungen während der Weiterbildung" zeigt der Kandidat, in welchem (1) professionellen Kontext er arbeitet, welche Erfahrungen er gemacht hat, wie er sich in seinem neuen Beruf entwickelt hat und wie er seine neue Rolle definiert und sich damit identifiziert. Man könnte auch sagen, in diesen beiden Teilen geht es um eine schriftliche Reflexion des beruflichen Werdegangs (ebd.).

Im dritten Teil, in der „Fallstudie", wird ein Längsschnitt einer Therapie dargestellt. Dabei zeigt der Kandidat seine Fähigkeit, sein Gegenüber aus therapeutischer Sicht wahrzunehmen, Diagnosen und Differentialdiagnosen zu stellen, eine Therapie zu planen und durchzuführen, eine therapeutische Beziehung aufzubauen und aufrechtzuhalten, transaktionsanalytische Konzepte in seinem Praxisfeld sinnvoll und in sich stimmig anzuwenden. In der Fallstudie sieht man die (2) Perspektive der Kongruenz. Im letzten Teil der schriftlichen Abschlussarbeit zeigt der Kandidat sein (3) Verständnis über transaktionsanalytische Konzepte, indem er sechs Fragen zur Theorie beantwortet (a. a. O., S. 33).

Wenn das schriftliche Examen erfolgreich verläuft, kann der Weiterbildungskandidat in der mündlichen Prüfung anhand seiner auf Band aufgenommenen geführten Therapiesitzungen zeigen, wie er arbeitet. Das international zusammengesetzte vierköpfige Prüfungsteam stellt nach der Anhörung der drei Prüfungsbänder – eines davon ist ein Gruppenband – Fragen, zum Beispiel zu den Beweggründen der gemachten Interventionen, welche der Interventionen der Kandidat als die zentralste bewertet und weshalb er das macht. Mit welchen Konzepten er arbeitet und warum er sich dafür und nicht für etwas anderes entscheidet (a. a. O., S. 37).

Auf diese Weise machen sich die Prüfungsexperten ein Bild über die professionelle Identität des Kandidaten und wie dieser die Beziehung zum Patienten gestaltet. Sie sehen, wie flexibel der zukünftige Therapeut die theoretischen Konzepte in seiner praktischen Tätigkeit einbringt, welche weiteren Behandlungsoptionen er sieht und wie er diese begründet. Die einzelnen Bereiche werden von den Prüfern mittels einer Fünf-Punkte-Skala bewertet und schließlich wird entschieden, ob der Prüfungskandidat bestanden hat oder nicht. Die Ziele und die Art und Weise, wie die erreichten Qualitäten zu beurteilen sind, sind im internationalen Prüfungshandbuch der European Association for Transactional Analysis (EATA) beschrieben. Was in diesem Prüfungshandbuch jedoch fehlt und bis jetzt auch nicht an anderer Stelle diskutiert wurde, ist, woran man sehen und erkennen kann, dass die Prüfungskandidaten über die jeweiligen Fähigkeiten verfügen, die beurteilt werden. Die transaktionsanalytischen Kernkompetenzen sind in die folgenden sieben Gruppen eingeteilt:

- Allgemeine Anforderungen
- Therapeutische Beziehung

- Transaktionsanalytische Theorie
- Vertragsarbeit
- Therapieplanung
- Psychotherapeutischer Prozess
- Persönliche Merkmale

Die Methoden und Techniken, die sich aus den transaktionsanalytischen Grundannahmen ableiten, hat die Schweizer Gesellschaft für Transaktionsanalyse (SGTA) in ihrem Wissenschaftlichkeitspapier für die Charta für Psychotherapie wie folgt festgehalten:

- „Methoden und Techniken, die sich aus den allgemeinen Grundannahmen und Theorien der Transaktionsanalyse ableiten; wie das einfache Nachfragen (v. a. in Form von offenen Fragen) im Gespräch mit dem Patienten, verstehende, stützende und ermutigende Äußerungen, die Verwendung der Vertragsidee als therapeutisches Instrument (Vertragsklärung, Verhaltensverträge) u. v. m.
- Methoden und Techniken, die sich aus den persönlichkeitsanalytischen Theorien ableiten; wie die formale Analyse von Ich-Zuständen, die (kognitive) Enttrübungsarbeit, die (emotional-erlebnisbezogene) Konfrontation von Discounts und passivem Verhalten, die (aufdeckende) Analyse von Rackets (Ersatz- oder Maschengefühlen) etc.
- Methoden und Techniken, die sich aus den beziehungsanalytischen Theorien ableiten; wie die formale Analyse von Transaktionen und manipulativen Spielen, die (aufdeckende) Analyse von Spielmotiven und von symbiotischen Bedürfnissen, die (emotional-erlebnisbezogene) Konfrontation oder die (verhaltensmodifizierende) Durchbrechung von dysfunktionalen Interaktions- und Beziehungsmustern etc.
- Methoden und Techniken, die sich aus den skriptanalytischen Theorien ableiten; wie die (aufdeckende) Analyse von Lebensskriptmustern, Skriptzielen, Skriptillusionen und Skriptüberzeugungen, die (kognitive) Erhellung, die (emotional-erlebnisbezogene) Konfrontation oder die (verhaltensmodifizierende) Durchbrechung von Antreiberverhalten, Skript- und Maschenverhalten, die (emotional-erlebnisbezogene) Klärung von Engpässen, die verschiedenen (emotional-erlebnisbezogenen, regressiven) Beelterungstechniken u. v. m." (Wissenschaftlichkeitspapier der SGTA 2000, Kolloquium 2, S. 2).

Wichtig zu wissen ist, dass die Transaktionsanalyse eine umfassende und zusammenhängende Lehre darstellt, es dann aber den Therapeuten überlässt, in welcher Weise sie therapeutisch tätig sein wollen. Sie gibt keine bestimmte therapeutische Handlungsweise vor. Sie versteht sich seit ihrer Begründung als ausgesprochen offenes System und steht in ständigem Austausch mit anderen Denkweisen und Schulen (s. a. Schlegel 2007: Transaktionsanalyse als Tiefenpsychologie, als Verhaltenstherapie, als Schematherapie). Schon immer wurden und werden bis heute Techniken und Methoden anderer Richtungen verwendet, solange sie im Einklang mit den transaktionsanalytischen Grundtheorien, der Ich-Zustandslehre, der Lehre der Transaktionen, der Spieltheorie, der Skriptlehre und der Lehre des Maschensystems sind. Der gestalttherapeutische Ansatz bspw. wurde bereits in der Gründerzeit der Transaktionsanalyse von den meisten Transaktionsanalytikern verwendet und theoretisch in die Lehre der Transaktionsanalyse eingebaut. Die Enttrübungsarbeit, ein wichtiger kognitiver Ansatz in der Transaktionsanalyse, der der Korrektur verzerrten Denkens dient, wurde nicht von der kognitiven Psychotherapie übernommen, sondern vor dieser entwickelt.

Transaktionsanalytiker orientieren sich unterschiedlich. Die einen sehen sich eher als Verhaltenstherapeuten, andere sehen sich als integrative Therapeuten und wieder andere definieren sich als tiefenpsychologische Psychotherapeuten. Je nach Orientierung sind die Kompetenzen anders gewichtet, wobei die oben genannten so allgemein gefasst sind, dass sie für alle Gültigkeit haben (ebd.).

Die Theorie, mit der Transaktionsanalytiker arbeiten, wird dem Patienten mitgeteilt. So ist dieser aufgefordert, mitzudenken und für sich selbst in der Therapie Verantwortung zu übernehmen, um mit der Unterstützung des Therapeuten herauszufinden, wie er seine Probleme lösen und die Gestaltung seines Lebens wieder in die eigenen Hände nehmen kann. Auf diese Weise kommt der Patient in den Erwachsenen-Ich-Zustand, ins Hier und Jetzt, in die Gegenwart und somit in Kontakt mit der inneren und der äußeren Realität. Die Fähigkeit, die hier vom Therapeuten verlangt wird, ist, komplexe psychologische Gegebenheiten in einfacher und gut verständlicher Sprache ausdrücken zu können.

Veränderungen können kognitiv, emotional oder verhaltensorientiert sein. Egal, ob eine solche zuerst im Verhalten oder im Denken oder auf der Gefühlsebene stattfindet, jede Veränderung auf der einen, bewirkt gleichzeitig auch Veränderungen auf den beiden anderen Ebenen. Es hängt einerseits vom Patienten und seinem geschilderten Problem ab, andererseits von der bevorzugten Arbeitsweise des Therapeuten, für welchen der drei Zugänge sich der Therapeut entscheidet. Je nach Zugang sind andere Kompetenzen gefragt (vgl. a. a. O., S. 3).

Zugänge mit kognitivem Schwerpunkt

Wir Menschen sind bemüht, unsere skriptbedingten Bilder, die wir uns von uns selbst, von den anderen und von der Welt machen, immer wieder zu bestätigen. Damit das möglich wird, haben wir eine kreative Begabung entwickelt, nur Dinge wahrzunehmen, die kompatibel mit unserem Skript sind, um unseren Bezugsrahmen nicht ändern zu müssen. Denn das wäre bedrohlich. Alles andere wird übersehen, ausgeblendet, falsch verstanden, umgedeutet oder abgewertet. Auf dieser Ebene steht das Fragen, Erklären, Aufzeichnen und Aufzeigen im Zentrum wie bspw.:

„Warum kommen Sie gerade jetzt in die Therapie?" – „Wie würde Ihr Leben weitergehen, wenn Sie das Problem jetzt nicht angehen?" – „Was haben Sie bereits in Richtung Problemlösung unternommen?" – „Woran würde jemand merken, dass Sie Ihr Problem gelöst haben?" – „Wie kommen Sie auf die Idee, dass Sie das nicht können?" – „Wieso möchten Sie gesund werden?" – „Was passiert, wenn die Katastrophe da ist? … und dann? … und dann? … und wie geht es dann weiter? … wie wird es aufhören?" etc. (vgl. Hennig/Pelz 1997, S. 191 f.).

Ohne Anspruch auf Vollständigkeit sind u. a. folgende Kompetenzen bei diesem Zugang gefragt:

- Fähigkeit, mit der Abwertungstabelle arbeiten zu können.
- Fähigkeit, komplexe, psychologische Gegebenheiten in einfacher und gut verständlicher Sprache ausdrücken und erklären zu können.
- Fähigkeit, die Welt durch die Augen des Patienten zu sehen, seinen Bezugsrahmen zu verstehen.
- Fähigkeit, den Patienten ins Hier und Jetzt zu locken, um mit ihm in Kontakt gehen zu können.
- Fähigkeit, Fragen zu stellen, als würde ich von einem anderen Planeten kommen oder als wäre mein Bezugsrahmen derjenige einer Kuh auf der Weide, die Menschen verstehen lernen möchte.

Zugänge mit emotionalem Schwerpunkt

Bei diesem Zugang spricht der Patient nicht „über" die Dinge, sondern er ist selbst „in" den Dingen. Er braucht einen wertschätzenden, schützenden und erlaubenden Raum, der ihm das nötige Vertrauen gibt und ihn ermutigt, sich zu zeigen, vielleicht schwach und hilflos, vielleicht wutentbrannt, vielleicht verzweifelt und ratlos, vielleicht panisch und voller Sorge, nicht verstanden zu werden und/oder voller Scham etc. Um solche Gefühle zulassen zu können, Gefühle, die vielleicht im ganzen Leben verdrängt worden sind, braucht es einen verlässlichen Therapeuten, der die eigenen wie die Grenzen des Patienten wahrnimmt und respektiert und es versteht, eine therapeutische Beziehung aufrecht- und auszuhalten, einen Therapeuten, der die Übersicht behält, Ruhe bewahrt und sich nicht erschrecken lässt und den Patienten durch diese Situation hindurchführt und begleitet (vgl. a. a. O., S. 205 f.). Dazu braucht es die Bereitschaft und Fähigkeit des Therapeuten:

- Gefühle aushalten zu können.
- Nähe zulassen zu können.
- In der Situation sein und gleichzeitig innerhalb der eigenen Grenzen bleiben zu können.

- In die Gefühlswelt des Patienten eintauchen und jederzeit wieder auftauchen zu können.
- Nichtwissen aushalten zu können.
- Mit dem Konzept der 3Ps umgehen zu können.
- Die „unerhörte Geschichte" zu hören, die Geschichte, die den Patienten zu seiner Skriptüberzeugung veranlasste.
- Manipulative Spiele als Kommunikationsverhalten aus innerer Not heraus zu begreifen.
- Das Maschensystem des Patienten zu verstehen.
- Echte Gefühle und Ersatzgefühle auseinanderhalten zu können.
- Ideen zu entwickeln, wie die echten, aber unerlaubten Gefühle, die unter den vertrauten Ersatzgefühlen stecken, ausgedrückt werden können etc.

Zugänge mit verhaltensorientiertem Schwerpunkt

Veränderungen über diesen Zugang werden häufig mittels ‚Hausaufgaben', die die Patienten am Ende der Sitzung bekommen, eingeübt. Patienten, die zum ersten Mal in eine Therapie kommen, kommen häufig sehr spät, das heißt, erst wenn der Leidensdruck so immens groß ist, dass sie es fast nicht mehr aushalten können und wirklich nicht mehr weiterwissen, häufig recht verzweifelt, müde, hilflos, panisch und voller Scham und Selbstvorwürfe sind. Viele dieser Patienten sind froh und oft auch erleichtert, wenn sie etwas Handfestes mit nach Hause nehmen können, das sie in ihrem Alltag anpacken und üben können. Wenn sie etwas tun können, was zur Linderung beitragen kann. Es gibt ihnen Hoffnung und neuen Mut, dass sie die Problemsituation doch noch werden lösen können, und indem sie Hausaufgaben bekommen, die für sie Sinn machen, kommen sie vielleicht seit Langem wieder einmal zu ersten kleinen Erfolgserlebnissen.

Bei diesem Zugang geht es – in transaktionsanalytisch gewohnter einfacher Sprache ausgedrückt – darum, herauszufinden, wie sich der Patient das Leben schwerer als nötig macht und/oder machen lässt und wo er sich plagen lässt oder sich selbst Steine in den Weg stellt. Beispiele hierfür sind etwa, wenn jemand gelernt hat, immer für andere da zu sein und sich selbst dabei vergisst, bis er in einem Erschöpfungszustand landet. Ein anderes Beispiel kann jemand sein, der sich dermaßen anstrengt und bemüht und statt vom Fleck zu kommen eher in einem Vakuum einer Erstarrung oder sogar Verwirrung landet. Ein weiteres Beispiel könnte jemand sein, der so hart arbeitet, dass er bereits zwei Herzinfarkte „machte".

Erste kleine Hausaufgaben können zum Beispiel darin bestehen, dass jemand jeden Tag etwas sich selbst zuliebe tut; oder dass jemand ab sofort aufhört, sich abzuwerten und jedes Mal, wenn er realisiert, dass er sich abgewertet hat, sich selbst auf die Schulter klopft, weil er es gemerkt hat. Eine andere Aufgabe könnte darin bestehen, gezielt kleine Fehler im Alltag einzubauen. Eine weitere Hausaufgabe könnte auch sein, jemand anderem, z. B. der Schwiegermutter oder dem Sohn ein klares „Nein!" zu entgegnen, Erwartungen von anderer Seite nicht mehr oder nicht mehr selbstverständlich zu erfüllen. Eine weitere Aufgabe, die geübt werden kann, könnte lauten, sich selbst zu sagen: „Schön, dass es dich gibt!" – „Du darfst zu dir stehen!" Bei diesen letzten zwei Beispielen muss jedoch in der Stunde herausgearbeitet werden, welche Erlaubnis die treffende ist (vgl. a. a. O., S. 226). Nötige Kompetenzen hierfür sind:

- Fähigkeit, mit dem Antreiberverhalten sorgsam umzugehen, d. h. auch die stabilisierende Funktion der Antreiber verstehen und respektieren.
- Erspüren der zugrunde liegenden negativen Grundbotschaften.
- Grenzen der Patienten wahren.
- Mit dem Drama-Dreieck arbeiten können, klären, welche der drei Rollen, Opfer, Retter oder Verfolger, vom Patienten in welcher Situation bevorzugt eingenommen wird.
- Passivität analysieren.
- Sinnbringende kleine, aber effektive Hausaufgaben stellen etc.

Bis jetzt wurde aufgezeigt, wie Kompetenzen in der Transaktionsanalyse vermittelt werden, wie die Kernkompetenzen gruppiert und geprüft werden, welche Methoden und Techniken sich aus den transaktionsanalytischen Grundannahmen ableiten lassen und dass, je nachdem, auf welcher Ebene eine Veränderung zuerst in Gang gesetzt wird – derjenigen der Vermittlung von Einsicht, der korrigierenden emotionalen Erfahrung oder der Verhaltensänderung –, die Kompetenzen anders gewichtet werden. Nun werden die Fähigkeiten in die drei Kompetenzgruppen aus der Sicht des kontextbezogenen Modells eingeteilt: in diejenigen auf die Person des Therapeuten bezogenen, diejenigen auf den Patienten bezogenen und diejenigen auf das Konzept der therapeutischen Schule bezogenen Kompetenzgruppen.

2.3.1 Persönliche Kompetenz

- Identifiziert sich mit der Philosophie der Transaktionsanalyse, die an die Fähigkeit des Menschen glaubt, Verantwortung für sich selbst zu übernehmen und fördert ihn entsprechend in seinen Möglichkeiten der Veränderung und des Wachstums.
- Ist offen für eine ethisch korrekte therapeutische Beziehung.
- Bemüht sich um persönliche und berufliche Weiterentwicklung in Richtung Autonomie mit den Fähigkeiten der Bewusstheit, Spontaneität und Intimität, damit therapeutische Interventionen nicht durch das eigene Skript beeinträchtigt werden.

- Anerkennt und respektiert die eigenen Grenzen wie die begrenzten Möglichkeiten der psychotherapeutischen Arbeit.
- Fähigkeit zur Intuition und Kreativität in der therapeutischen Situation.
- Weiß um eigene Stärken und Schwächen und kennt die persönlichen Ressourcen.
- Ist bereit, sich, wo nötig, Hilfe und Unterstützung zu holen.
- Fähigkeit der Selbstreflexion und, wo nötig, der Selbstoffenbarung.
- Verhält sich kongruent und authentisch.
- Nimmt die Haltung ein, jede Sitzung mit frischem Elan zu beginnen und in jeder Sitzung etwas Neues zu lernen (s. a. EATA-Handbuch).

2.3.2 Beziehungskompetenz

- Fähigkeit, sich selbst und anderen Respekt entgegenzubringen.
- Wissen um den zentralen Wirkfaktor der therapeutischen Beziehung für Veränderungen, was sie ausmacht und ihre Unterscheidung und Abgrenzung zu anderen Beziehungen.
- Sich empathisch in den Patienten einfühlen können, ihn, seine beschriebenen Symptome und sein selbsteinschränkendes Skript verstehen und dem Patienten so rückmelden, dass er sich verstanden fühlt.
- Sich auf die Geschichte und den Bezugsrahmen anderer Menschen einlassen und gleichzeitig innerhalb der eigenen Grenzen bleiben.
- Fähigkeit, Übertragungs- und Gegenübertragungsphänomene zu verstehen und sorgsam und konstruktiv damit umzugehen.
- Bereitschaft, sich auf eine Übertragungsbeziehung einzulassen und diese entstehen zu lassen.
- Wissen um und angemessener Umgang mit den regressiven Zuständen des Patienten in der Übertragungsbeziehung.
- Feingefühl für unterschiedliche Kulturen, Normen, soziale Schichten und Bezugsrahmen.
- Fähigkeit, mit dem Konzept der 3Ps zu arbeiten, dem Patienten den nötigen Schutz, die Kraft und Erlaubnis zu geben (ebd.).

2.3.3 Konzeptkompetenz

- Der zukünftige TA-Therapeut weiß, wie sich die Transaktionsanalyse definiert und wo sie sich im Psychotherapiefeld einordnet, was sie mit anderen Schulen verbindet und wo sie sich von anderen Richtungen unterscheidet.
- Ein TA-Therapeut kennt die beschriebenen Ethik-Richtlinien und verhält sich im beruflichen Alltag professionell und ethisch korrekt.

- Er ist fähig, sein Handwerk je nach Erfordernis auf einzelne Personen, auf Paare, Familien und Gruppen anzuwenden.
- Er weiß und versteht sowohl intrapsychische Begebenheiten, das, was in einem Individuum vor sich geht, als auch innerpsychische Dynamiken, also was zwischen (mindestens) zwei Menschen passiert bzw. wie sie miteinander kommunizieren.
- Er hat Kenntnisse über systemisches Geschehen und kann mit Gruppendynamik arbeiten. Dabei berücksichtigt er kulturelle, soziale und hierarchische Unterschiede.
- Wissen und Können der wichtigsten Konzepte wie Struktur- und Funktionsanalyse, Transaktionsanalyse i. e. S., Spiele, Racket- und Skriptanalyse und die Entwicklungspsychologie des Kindes.
- Wissen um die verschiedenen Zugänge und Schulen wie die „klassische Transaktionsanalyse", die „Neuentscheidungsschule" und die „Cathexisschule", deren Gemeinsamkeiten und ihre Unterschiede.
- Kenntnisse der transaktionsanalytischen Theorien zu Gruppenprozessen.
- Kenntnis und Umgang mit den acht von Berne beschriebenen Interventionen.
- Informiert sich über neuere Entwicklungen innerhalb und außerhalb der Schule
- Die Vertragsarbeit ist eine TA-spezifische Kompetenz. Der TA-Therapeut arbeitet mit dem Patienten auf einer partnerschaftlichen Ebene, d. h. gemeinsam definieren sie das Problem, die zu erreichenden Ziele und den Weg dahin. Der Therapeut anerkennt die Wichtigkeit eines klar definierten Vertrags und ist fähig, diesen mit dem Erwachsenen-Ich des Patienten auszuhandeln. Weiter kann er zwischen den verschiedenen Verträgen unterscheiden, kann Beispiele geben für „weiche" oder „harte" Verträge und weiß wie ein „Non-Suizid-Vertrag" abgeschlossen wird.
- Fähigkeit, wahrgenommene Phänomene beim Patienten mit gängigen TA-Konzepten diagnostisch zu beschreiben und sie auch nach dem schulenübergreifenden üblichen Diagnoseschlüssel wie bspw. dem DSM-4 oder dem ICD-10 darzustellen.
- Eigene Wertschätzung aus der „Ich bin ok – du bist ok"-Haltung dem Patienten wie auch seinen Erfahrungen gegenüber zum Ausdruck bringen.
- Erkennen von Risikofaktoren bei sich selbst wie beim Patienten und das Anerkennen der eigenen Grenzen, der Grenzen der Therapiemethode und der Grenzen des Patienten.
- Transaktionsanalytische Anwendung heißt, den Patienten dahingehend zu unterstützen, sein Verhalten, Fühlen und Denken zu erkennen, zu benennen und herauszufinden, wo und wie er sich selbst in seiner Entwicklung hindert und es deshalb sinnvoll ist, daran etwas zu verändern. Diesen Veränderungsbedarf kann der TA-Therapeut mittels TA-Theorie in einem Behandlungsplan formulieren.

- Fertigkeit, aus phänomenologischen Beobachtungen heraus eine therapeutische Hypothese aufgrund transaktionsanalytischer Theorie und Philosophie aufzustellen.
- Fähigkeit, den Gruppenprozess therapeutisch zu nutzen
- Interventionen gezielt, d. h. passend zum Stand der Behandlung und zum Behandlungsvertrag zu wählen und durchzuführen.
- Skriptthemen (z. B. Skriptsignale, Spieleinladungen, Discounts, Antreiber-Verhalten) erkennen und entsprechend dem Stand der Therapie aufgreifen und zum richtigen Zeitpunkt konfrontieren.
- Ressourcen der Patienten fördern und diese zur Autonomie ermutigen (ebd.).

Zusammengefasst formuliert, ist ein Therapeut dann gut und wirksam, wenn er die Technik der gewählten Methode beherrscht, gleichzeitig Künstler ist und ein echtes Interesse am Gegenüber zeigt. Damit er nicht von den Problemen des Patienten überwältigt wird, muss er standfest in der therapeutischen Technik sein und eine kreative Geschicklichkeit haben. Ein gute Portion Humor hilft ihm bei der Arbeit. Der gute Therapeut arbeitet im Hier und Jetzt und weiß, wann er einen Patienten konfrontieren kann und wie viel dieser in einer bestimmten Situation verträgt. Wenn der Patient eher in die Anpassung geht, dann sind die Interventionen nicht so glücklich gelungen. Wenn es dem Therapeuten gelingt, eine Atmosphäre zu schaffen, in der der Patient beginnen kann, sich zu entwickeln und zu entfalten, Seiten an sich zu erleben, die er bis dahin selbst noch nicht gekannt hat und wenn der Patient dann zunehmend Elan und Kreativität in seiner Art zu leben entwickelt, dann waren die Interventionen erfolgreich (vgl. English 2011, S. 152 f.).

2.4 Zusammenfassung der Kompetenzen der verschiedenen Schulen

Gemeinsam ist den drei Psychotherapieströmungen – den Schulen innerhalb der Psychoanalyse, der verschiedenen Verhaltenstherapien und der Transaktionsanalyse (hier Vertreterin der Humanistischen Psychologie) –, dass sie ihre definierten Kompetenzen in die drei Gruppen der persönlichen Kompetenzen, Beziehungskompetenzen und Konzeptkompetenzen einteilen. Das war nicht immer so. Das Kompetenzverständnis in den Therapieschulen hat sich in den letzten Jahren verlagert. Die Psychoanalyse auf der einen Seite befasste sich ursprünglich vor allem mit dem Erklärungs- und Ursachenwissen (vgl. Schmidt 2008, S. 282), während die Verhaltenstherapie auf der anderen Seite sich mehr um das Veränderungswissen kümmerte. Die Psychoanalyse suchte nach Antworten auf die Frage, *woher* diese Symptome und die Leiden kommen und vernachlässigte eher das „Wohin" – also die möglichen Strategien zur Veränderung (ebd.). Die Verhaltenstherapie ihrerseits suchte nach Antworten für das „Wohin", ohne großes Interesse für das „Woher" – für die Entwicklung der Störung – zu zeigen.

Die Transaktionsanalyse hingegen versteht sich seit ihrer Gründung als ausgesprochen offenes System. Seit jeher wurden in der transaktionsanalytischen Psychotherapie Techniken und Methoden anderer Schulen verwendet. Mit der Skripttheorie zeigt sie sich als Lehre mit lebensgeschichtlich orientiertem Blickwinkel. So befasst sie sich mit dem Erklärungs- und Ursachenwissen, mit der Frage nach dem „Woher". Die Arbeit mit dem Therapievertrag reflektiert die ziel- und lösungsorientierte Denk- und Vorgehensweise in der transaktionsanalytischen Psychotherapie. So beschäftigt sie sich ebenfalls seit ihrer Begründung mit dem „Wohin", dem Veränderungswissen (s. Kap. IV 2.3; s. a. Schlegel 2007, S. 1–8).

Dass sich das Kompetenzverständnis verlagert hat und sich die Kompetenzen der verschiedenen Methoden immer mehr annähern, bedeutet, dass sich die Schulen auf das „kontextbezogene Denkmodell" berufen, das gemäß dem Erkenntnisgewinn aus den Metastudien der Psychotherapieforschung von Bruce Wampold (2001) wirksamer ist als das „medizinische Denkmodell" (s. Kap. IV 1.4). Im Letzteren geht man davon aus, dass der Patient krank ist und vom Therapeuten mithilfe der richtigen Therapiemethode geheilt wird. So werden die Unterschiede der Schulen betont, was auch den Schulenstreit hervorrief und ihn zum Teil bis heute schürt. Die Ursprünge der Psychotherapie liegen in diesem Denkmodell.

Im kontextbezogenen Denkmodell, das gemäß Wampold wirksamer ist, ist die Beziehung zwischen Therapeut und Patient zentral und nicht die therapeutische Methode. Der Patient lernt, in und durch die therapeutische Beziehung wieder mit sich in Kontakt zu kommen, er entdeckt (wieder) sein Gespür für sich und wird fähig, eigene Lösungen für seine Probleme zu entwickeln. In diesem Denkmodell ist somit die Selbstwirksamkeit heilend. Zudem werden hier die Gemeinsamkeiten und nicht die Unterschiede der Schulen betont.

Also nicht die Methoden sind mehr oder weniger effektiv, sondern wie die Therapeuten damit arbeiten. Wirksam in der Psychotherapie sind neben der Therapeut-Patient-Beziehung bestimmte Merkmale des Therapeuten. Die gewählte Behandlungsform gibt ihm in seiner Arbeit Orientierung im Sinne eines brauchbaren und stimmigen Erklärungsmodells für die Probleme seiner Patienten.

Wenn nun Therapeuten nach diesem Denkmodell arbeiten, müssen sie über bestimmte persönliche und über Beziehungskompetenzen verfügen und sattelfest in und überzeugt von ihrer gewählten Methode sein. Sowohl die persönlichen Kompetenzen als auch die Beziehungskompetenzen, die Fertigkeiten, die zu einem großen Teil durch die Selbsterfahrung entstehen, sind nun in den verschiedenen Schulen häufig sehr ähnlich, was auch die Ergebnisse in diesem Kapitel bestätigen. Einige Beispiele dafür sind folgende:

Als persönliche Kompetenzen sehen die Schulen:

- Eine Bewusstheit über eigene Bewältigungsstrategien haben.
- Über die Fähigkeit zur Empathie verfügen.
- Die Fähigkeit, Nichtwissen und Nichtverstehen auszuhalten.
- Die Fähigkeit zur Selbstreflexion und zur Selbstfürsorge.
- Die Fähigkeit, mit Macht und Einflussnahme sorgfältig umzugehen.
- Eigene Grenzen wie die begrenzten Möglichkeiten der psychotherapeutischen Arbeit anzuerkennen und zu respektieren.
- Die Fähigkeit zur Intuition und Kreativität in der therapeutischen Situation.
- Kenntnisse über persönliche Ressourcen zu haben und eigene Stärken und Schwächen zu kennen.
- Die Fähigkeit, sich kongruent und authentisch zu verhalten.

Als Beziehungskompetenzen gelten in den Schulen:

- Ein heilsames Setting anbieten zu können.
- Die Fähigkeit, eine als hilfreich erlebte Beziehung entstehen zu lassen.
- Die Bereitschaft, sich auf eine Übertragungsbeziehung einzulassen.
- Die Fähigkeit, Übertragungen und Gegenübertragungen zu erkennen und therapeutisch sorgsam zu nutzen.
- In förderlicher Weise präsent sein zu können.
- Die Fähigkeit, ein Arbeitsbündnis zu gestalten und eine therapeutische Beziehung aufzubauen, zu halten und zu beenden.
- Die Fähigkeit zur Offenheit und Empathie in der Begegnung mit verschiedenen Menschen.
- Die Fähigkeit, den Patienten da abzuholen, wo er ist.
- Die Fähigkeit, zum richtigen Zeitpunkt zu konfrontieren.
- Sich empathisch in den Patienten einfühlen zu können, ihn, seine beschriebenen Symptome und sein selbsteinschränkendes Skript zu verstehen und dem Patienten so zurückzumelden, dass dieser sich verstanden fühlen kann.
- Sich auf die Geschichte und den Bezugsrahmen anderer Menschen einlassen können und gleichzeitig innerhalb der eigenen Grenzen bleiben.
- Wissen um und angemessener Umgang mit den regressiven Zuständen des Patienten in der Übertragungsbeziehung.

Unterschiede lassen sich in den Konzeptkompetenzen finden sowie in der Sprache der verschiedenen Methoden.

Diese schulenspezifischen Fertigkeiten sind insofern relevant für die Selbsterfahrung, um Gegebenheiten und Phänomene auch in den Worten der gewählten Methode erklären zu können. Wenn ich bspw. durch meine Selbsterfahrung feststelle, dass ich in meinem Leben immer wieder in gleiche oder ähnliche Situationen gerate, in denen ich mich überhaupt nicht wohlfühle, so muss ich als zukünftige transaktionsanalytische Psychotherapeutin wissen, dass dieses Phänomen in der Transaktionsanalyse Teil des Konzepts des „Maschen- oder Skriptsystems" ist. So gelingt ein Lerntransfer von der Praxis in die Theorie, und ich erfahre, wie sich ein theoretisch bekanntes Konzept am eigenen Leib anfühlt.

Eine methodenspezifische Kompetenz in der Transaktionsanalyse ist bspw. die „Fähigkeit zur Vertragsarbeit". Eine andere Kompetenz ist die „Fähigkeit, eigene Wertschätzung aus der ‚Ich bin ok – du bist ok'-Haltung dem Patienten wie auch seinen Erfahrungen gegenüber zum Ausdruck zu bringen."

Die „Fähigkeit zur gleichschwebenden Aufmerksamkeit und Zurückhaltung" sowie die „Fähigkeit, in förderlicher Weise zu deuten" sind z. B. typische Kompetenzen aus der Psychoanalyse.

Und als typisch für die Verhaltenstherapie können ihre Manuale und ihre Programme gesehen werden. Darin werden Techniken beschrieben, die durchlaufen werden müssen. So gibt es auch „Therapie-Tools für Selbsterfahrung" (Brüderl, Riessen, Zens 2015), ein Übungsbuch, das soeben erschienen ist.

3.   Erfahrungswissen – Intuition

Wie bereits weiter oben dargestellt (Kap. IV 1.2), entwickelt sich Kompetenz über verschiedene Phasen hindurch, bis der Betreffende auf der Stufe des Experten ohne bewusst zu überlegen intuitiv richtig handeln kann. Die psychische Funktion, auf deren Basis dieses Erfahrungswissen bzw. intrinsische Wissen entsteht, ist die Intuition. Letztlich entsteht jede Erkenntnis aus der Intuition heraus. Für diese Forschungsarbeit bspw. studiere ich die bereits vorhandene Literatur und lese verschiedene Definitionen von verschiedenen Autoren. Davon verwerfe ich einige, andere entsprechen mir und eine springt mich vielleicht gleich an. Ich bin mir absolut sicher, dass das die richtige Definition ist. Aber weshalb, was überzeugt mich so? Das gleiche Phänomen findet man auch in der Psychotherapie. Wir wissen sehr genau und relativ rasch, wer es kann und wer es nicht kann (die psychotherapeutische Arbeit), aber warum? Wir verfügen über ein großes implizites Wissen, ein Wissen, das uns nicht bewusst ist und aus dem heraus wir spontan richtig reagieren, handeln und entscheiden. Dieses Wissen entstand und entwickelt sich weiterhin durch Erfahrungen, durch das Verstehen und Erkennen bzw. Wiedererkennen von Zusammenhängen. Blitzschnell wird einem unbewusst etwas klar und man handelt, macht zum Beispiel in einer Therapiesitzung, ohne bewusste Vorüberlegungen, eine Intervention, die „den Nagel genau auf den Kopf" trifft. In der Transaktionsanalyse wird das „Bull-Eye-Transaktion" genannt, eine Transaktion, die alle drei Ich-Zustände des Patienten gleichzeitig trifft. Derjenige, der eine solche intuitive Intervention macht, staunt oft selbst über sie und vor allem über ihre Treffsicherheit. Offenbar hat er unbewusst das Richtige zum richtigen Zeitpunkt auf die richtige Art in Worte formulieren können, sodass der Patient es zustimmend annehmen kann und dadurch eine Bewegung in die richtige Richtung im therapeutischen Prozess möglich wird. Intuitiv handeln bedeutet also häufig richtig, stimmig oder treffend handeln.

3.1   Intuition allgemein

Intuition stammt aus dem Lateinischen (*intueri*: anschauen, erkennen, betrachten) und steht für ein Erkennen oder Wahrnehmen, das sich spontan und ganzheitlich vollzieht. Anders als beim wissenschaftlichen Vorgehen, das vom Teil zum Ganzen gelangt, erfasst die Intuition direkt das Ganze. Intuition erkennt die Dinge unmittelbar und verbindet Empfinden und Erkennen, Denken und Fühlen. Andere Worte für Intuition sind Bauchgefühl, innere Stimme, Ahnung, Eingebung, sechster Sinn oder Gedankenblitz. Intuitive Wahrnehmung ist die Wahrnehmung mit all unseren Sinnen. Sie ist eine natürliche Fähigkeit des Menschen. Bereits in der Frühphase des Lebens spielt die intuitive Kommunikation zwischen dem Baby und den Eltern eine wichtige Rolle für die Entwicklung des Kindes. Diese intuitive Verständigung ist die Grundlage für die Fähigkeit, sich einfühlsam in jemanden hineinversetzen zu können (vgl. Papouek 2013, S. 3).

Da der Mensch viel mehr weiß, als er meint (s. implizites vs. explizites Wissen in Kap. IV 1), wird die Intuition auch schon mal als die „Macht des Unbewussten" gesehen. Intuition ist die Form unbewussten Wissens, das ohne Erklärung auskommt. „Die Sätze dieser inneren Stimme sind kurz, sehr präzise und es meldet sich spontan auch Freude" (Obermayr-Breitfuss, ebd.). Der amerikanische Intuitionsforscher Milton Fisher sagt:

> „Der Verstand, den Menschen einsetzen, um vermeintlich kluge Entscheidungen zu treffen, ist begrenzt und macht nur einen kleinen Teil unseres tatsächlichen Wissens aus. Dennoch handelt es sich, wenn wir eine Intuition haben, um den Abruf von Informationen, die wir irgendwann über unsere fünf Sinne wahrgenommen und gespeichert haben" (Fisher 2007, Interview).

Diese Aussage nimmt Bezug auf die Erkenntnis, dass der Mensch außerstande ist, den ständigen Prozess des Lernens seines Gehirns zu unterbrechen. Pro Sekunde werden vom Gehirn elf Millionen Sinneswahrnehmungen verarbeitet. Viele dieser Sinneseindrücke, die gleichzeitig das Gehirn erreichen, werden im Unterbewusstsein gespeichert. Bisweilen dringt etwas davon in unser Bewusstsein – wir haben eine Intuition.

Unser Unterbewusstes erkennt, auf Grund von Erfahrungen („Informationsscheibchen"), Muster in Situationen und Verhaltensweisen. „Die Intelligenz des Unbewussten besteht darin, in jeder Situation auf die passende Faustregel zurückzugreifen, sagt Gerd Gigerenzer" (2007, Interview). Intuition, das Gefühl für das Richtige im richtigen Augenblick, haben wir alle; sie lässt sich nicht durch Analysieren oder Nachdenken hervorrufen, es ist nicht möglich, sie zu erzwingen, man muss offen sein für sie. Man muss auf bewusstes Wissen verzichten, eine gute Intuition ignoriert Information, so Gigerenzer. Derjenige, der seiner Intuition vertraut, denkt nicht über sein Handeln nach. Er nimmt die Intuition als solche wahr und trennt sie von Wünschen, Voreingenommenheit, Gefühlen und Phantasien (ebd.). Durch die Überbetonung des Verstandes und des logischen Denkens sind wir Menschen nicht mehr gewohnt uns auf unsere Intuition zu verlassen. Wir nehmen unsere Impulse und Gefühle nicht mehr wahr und sind somit auch nicht mehr im Kontakt mit uns selbst. Der Benediktinermönch Anselm Grün meint dazu:

> „Die Krankheit unserer Zeit ist die Beziehungslosigkeit, viele Menschen sind nicht in Beziehung zu sich selbst und zu den Dingen. Intuition meint nach innen schauen, meint Beziehung aufnehmen zu sich selbst und zu den Anderen, in seine Seele hineinschauen, spüren, was er ist und was er braucht, so dass etwas fließt zwischen uns" (Grün, 2013, S. 2 f.).

So ist auch Gigerenzer, der Direktor des Max-Plank-Instituts für Bildungsforschung, der Ansicht, dass die Überbewertung von analytischen Fakten dazu führt, dass viele Menschen verunsichert sind, sich nicht mehr auf ihre Wahrnehmung verlassen, sondern sich immer mehr in einem Käfig von Angst und Befürchtung befinden und sich scheuen, eigene Entscheidungen zu treffen. Stattdessen verlassen sie sich auf Beratungsfirmen, holen sich Rat bei Experten und halten sich an deren Empfehlungen (vgl. Gigerenzer, 2013).

3.2 Intuition in der Psychotherapie

In der speziellen Beziehungsgestaltung, wie wir sie in der Psychotherapie vorfinden, wird der Intuition (Gespür) des Therapeuten wie des Patienten eine große Bedeutung zugesprochen (s. a. Empathie, Kap. V 4.3). In der Psychotherapie befassen sich zwei Menschen gleichzeitig mit der momentanen Situation derjenigen Person, die sich in einer Krise befindet. In Krisen oder in eine innere Not gelangen Menschen, nicht weil sie Probleme haben, sondern weil ihre verschiedenen Versuche, ihre Probleme zu lösen, nicht gelingen. Die alten und bewährten Lösungsstrategien greifen nicht mehr und neue Herangehensweisen sind noch nicht gefunden. Das Gefühl, vor einem riesigen unlösbaren Problemberg zu stehen, kann zu einer Orientierungslosigkeit mit Versagensgefühlen, Verlassenheitsgefühlen mit Scham- und Schuldgefühlen, mit dem Gefühl der totalen Überforderung und mit Angst bis zur Verzweiflung führen. In der Transaktionsanalyse kennen wir dazu bspw. das Konzept des „Miniskripts" – wie der Betroffene auf diese schwierig erlebte Situation reagiert, hängt von seiner ganz individuellen Art und Weise ab, wie er sich selbst, die anderen und die Dinge sieht, erlebt und damit umgeht. Dass eine Person die Sachen so macht, wie sie sie macht und sie so erlebt, wie sie sie erlebt und ihnen eben die Bedeutungen zuschreibt, die sie ihnen zuschreibt, ist sehr individuell und hängt von ihrer Geschichte, ihrem kulturellen Hintergrund, ihrem Temperament, ihren intellektuellen Möglichkeiten und ihrem sozialen Umfeld wie auch ihrer momentanen Stimmung und Gemütsverfassung ab. In einer Situation, in der man davon überzeugt ist, festzustecken, nicht weiter zu wissen, geschweige denn weiterzukommen, ist die eigene Wahrnehmung eingeschränkt, richtet sich auf das, was nicht gelingt, was schmerzt und als schwierig erlebt wird. Man hat kein Gespür mehr für sich selbst, der Zugang zur eigenen Intuition ist „versperrt".

Während der psychotherapeutischen Behandlung geht es darum, das Wesen des Klienten herauszuspüren: Wer ist dieser Mensch? Wie funktioniert, wie denkt, fühlt und handelt er? Welche Werte und Moralvorstellungen vertritt er? Was hat die betreffende Person für Wünsche, Bedürfnisse und Träume? Sind sie ihr bekannt und beachtet sie sie? Welche Ansprüche hat sie an sich selbst und welche an andere? Wie definiert sie sich selbst? Welche Erlebnisse und Lebenserfahrungen haben sie geprägt? Wie hat sie sich im Leben eingerichtet. Lebt sie ihr eigenes Leben, oder lebt sie etwas, das sie von jemandem übernommen hat? Wo und auf welche Weise steht sie sich in ihrer Entwicklung eventuell selbst im Weg? Was hindert sie daran, einen anderen Blickwinkel einzunehmen? Verliert sie eventuell etwas, wenn sie das Problem löst? Hat sie ein Gefühl für sich selbst oder ist es ihr womöglich auf ihrem Lebensweg abhanden gekommen und in welchem Zusammenhang ist das passiert? – Das Wesen des Gegenübers so wahrzunehmen, wie es wirklich ist, gelingt über das Empfinden, indem die Sinnesorgane das wahrnehmen, was wirklich ist. Der Therapeut muss erspüren können, wann er was fragen kann und auf welche Weise er sich an ein heikleres Thema heranwagen kann, sodass sich der Patient ermutigt fühlt, ebenfalls dranzubleiben, in sich zu gehen und nachzuspüren, wie es sich anfühlt und was es mit ihm macht. So kann das Unfassbare fassbar werden, und der Patient sieht und findet neue Wege, wie er den Herausforderungen des Lebens in der Zukunft begegnen kann (s. a. Itten 2012).

Die Intuition in der psychotherapeutischen Arbeit bedeutet also unvoreingenommenes Betrachten, Wahrnehmen, Gewahr werden und Erkennen. So entstehen Vorahnungen darüber, was da gärt, was im Begriff ist, sich zu entwickeln. Aus verschiedenen einzelnen Teilen bildet sich vorerst noch vage, dann durch das Hinzukommen weiterer Einzelteile ein Ganzes, ein klares Bild, ohne dass man darüber nachdenkt bzw. reflektiert. Es fällt einem quasi zu. Man kann sich vielleicht das Entstehen dieses Ganzen vorstellen wie bei der Bildung der Flut. Die Flut kommt nicht vom Horizont näher an den Strand, sie kommt von unten. Zuerst ist der Sand noch trocken, dann entstehen kleine feuchte Stellen, die zuerst zu kleinen, dann immer größer werdenden Pfützen anwachsen, während das Was-

ser dann weiter ansteigt bis das Meer da ist und es so scheint, als ob es immer da-
gewesen wäre.

Ein anderes Bild zur Beschreibung des Phänomens Intuition – wie aus Ahnungen Einsichten entstehen – findet Jürgen Kriz im Konzept des „Attraktors",
einem Begriff aus der Systemtheorie. Dabei geht es um die Bildung oder Veränderung dynamischer Ordnungen. Der Begriff „Attraktor" kommt aus dem Lateinischen und bedeutet „zu sich hinziehen". Es ist also ein Anziehungspunkt, ein
Endpunkt, auf den hin sich ein dynamisches System zubewegt, um so einen sta-
bilen Zustand zu erreichen. Dieser Endzustand oder dieses Ordnungsprinzip (Attraktor) zeigt sich als klar erkennbare Struktur. Kriz erklärt diesen Vorgang anhand der Transformation von Punkten, die dann so lange transformiert werden,
bis ein einheitliches Bild mit klarer Struktur entsteht (vgl. Kriz 2001, S. 224 f.).

Übertragen auf die psychotherapeutische Arbeit bedeutet das, dass es die Aufgabe des Psychotherapeuten ist, intuitiv Entwicklungen zu erfassen, die in ihrem
Anfangsstadium noch recht schwach ausgeprägt sind, sich aber auf eine Ordnung
hinbewegen, die zunehmend „sichtbar" wird. Es bedeutet also, Phänomene so
früh wie möglich wahrzunehmen. Mittels Intuition kommt es zu einem lebendi-
gen, intensiveren Kontakt, der weit mehr umfasst als das gesprochene Wort. Es
ist eine Art Austausch zwischen dem Unbewussten des Patienten und dem Unbewussten des Therapeuten, wie die Abbildung 4 zeigt.

Das Modell zeigt zwei Menschen, die sich auf verschiedenen Ebenen begegnen: Einerseits befindet sich jeder im eigenen inneren Dialog (intrapersonal) zwischen seiner bewussten und seiner unbewussten Seite. Andererseits tauschen sich
zwei Personen auf einer bewussten, verbalen sowie auf einer unbewussten, nonverbalen intuitiven Ebene aus (interpersonal). Dabei ist die verbale Ebene zielge-
richtet. Während sie auf dieser bewussten Ebene miteinander sprechen, nehmen
sie gleichzeitig unbewusst, auf einer nonverbalen Ebene, den Anderen intuitiv in
seiner Ganzheit wahr. Dieses Bild, das sich jeder vom anderen macht, basiert auf
einem Abgleich zwischen den Eindrücken, die sie voneinander bekommen, mit
bereits gemachten Erfahrungen im Kontakt mit Menschen und dem daraus resultierenden Wissen (vgl. Hänsel 2000, S. 95). So beschreibt auch Berne (1949) Intuition als:

> „Wissen, das auf Erfahrung beruht und durch direkten Kontakt mit dem Wahrgenom-
> menen erworben wird, ohne dass der intuitiv Wahrnehmende sich oder anderen ge-
> nau erklären kann, wie er zu der Schlussfolgerung gekommen ist" (Berne 2005, S. 36).

Interessanterweise begann sich das zentrale transaktionsanalytische Konzept der
Ich-Zustände in der Auseinandersetzung Eric Bernes, dem Begründer der Transaktionsanalyse, mit der Intuition zu entwickeln. Berne befasste sich bereits im
Jahr 1949 mit der Thematik und stellte dabei fest, dass es zwei verschiedene Kom-
munikationsebenen gibt: die „manifeste" (bewusste) Ebene ist willkürlich und
besteht aus verbalen Botschaften. Im Gegensatz dazu ist die „latente" (unbewuss-

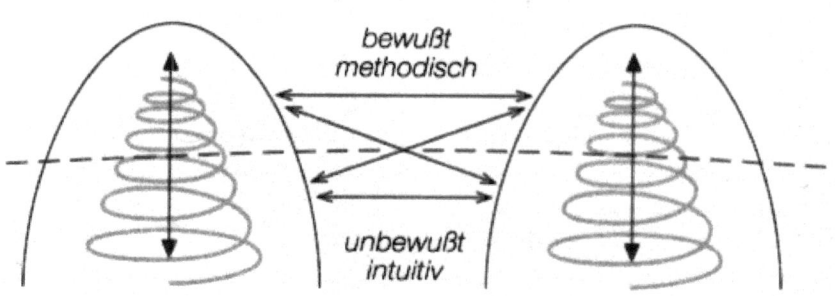

Abb. 4:   Kommunikationsmodell nach Schmid 2004, S. 75

te) Ebene unwillkürlich, nonverbal und beinhaltet mehrdeutige Mitteilungen
(vgl. a. a. O., S. 87 f.). In der zwischenmenschlichen Kommunikation rufen sowohl manifeste als auch latente Botschaften Reaktionen beim Empfänger hervor,
die für beide wichtig sind und deshalb die besondere Aufmerksamkeit des Therapeuten brauchen (vgl. a. a. O., S. 97). Intuitionen lassen sich im Nachhinein beschreiben, aber ihre unmittelbare Wirkung lässt sich mit Worten nicht fassen. Intuitionen sind bildhaft, logisch vieldeutig, nie ganz auf ihren Grund rückführbar,
dennoch integrieren sie eine große Zahl logisch schwer bestimmbarer Einzelzu-
sammenhänge (vgl. Wartenberg 2005, S. 17/S. 21 ff.).

Durch die ganzheitliche Wirklichkeitsauffassung der Intuitionen sehen komplexe Zusammenhänge einfach aus. Dies aber in Worte fassen zu wollen, kompli-
ziert wieder alles. Das ist das Dilemma des über das Erlebbare sprechen Wollens,
aber nur das Sagbare in Worte fassen Könnens oder anders formuliert: Das Verbalisieren von Wissen ist etwas ganz anderes als das Phänomen, etwas zu wissen,
sagt der Transaktionsanalytiker Bernd Schmid (vgl. Schmid 2005, S. 206).

Intuition ist ein Indikator für personale Erkenntnisprozesse. So wie die Intuition für Therapeuten wertvoll ist, besteht die therapeutische Arbeit darin, dem
Patienten zu helfen, mit sich selbst in Kontakt zu kommen, bzw. sein Gespür, seine Intuition für sich zu schärfen, um eine Bewusstheit über sein eigenes Erleben
und Empfinden zu bekommen, damit er Lösungswege und Bilder für seine Zukunft entwickeln kann.[18] Transaktionsanalytiker kennen drei verschiedene Arten
von Intuition:

• Die „kindhafte Intuition" ist die Fähigkeit, die Welt mit den Augen eines Kindes unvoreingenommen wahrzunehmen und zu erfahren. Sie hilft, sich von
  vorgefertigten Gedankengängen frei zu machen und so zu überraschenden
  und unkonventionellen Lösungen zu kommen. Berne nennt diese Funktion
  im Kind-Ich den „kleinen Professor": Sie hilft, im Therapieprozess Gefühle

18 Wie Intuition gelernt und gefördert werden kann wird im Kapitel V 4.4 diskutiert.

und verdeckte Transaktionen zu erkennen, warnt vor manipulativen Spielen und Maschen oder zeigt mögliche Lösungswege.

- Die „geschulte Intuition" (Expertenintuition) ist eine Weiterentwicklung dieser kindlichen Fähigkeit durch die Integration des Fachwissens und der Erfahrung. Mit dem transaktionsanalytischen Konzept der Ich-Zustände formuliert, arbeiten das Kind-Ich und das Erwachsenen-Ich unter Vorrang des Erwachsenen-Ichs zusammen. Der Blick richtet sich dabei auf das Wesentliche, das Unsagbare oder Nicht-Gesagte. Bedingungen für intuitive Erkenntnis ist eine „Haltung der Wachsamkeit und Empfänglichkeit ohne aktiv gesteuerte Teilnahme des wahrnehmenden Ichs" (Berne 2005, S. 57), mit intensiver Konzentration und nach außen gerichteter Aufmerksamkeit. Analytisches Denken und urteilende Bewertung ist dabei eher hinderlich. Aktives Intuieren ist anstrengend und ermüdend und daher nicht jederzeit möglich (s. auch Kap. V 4.4).

- „Die „skriptgebundene Intuition" ist eine Folge der kindlichen Überlebensentscheidungen: Die Erfahrung von Schmerz, Angst und Scham bindet den Menschen in seinem Bemühen, eine Wiederholung der traumatischen Erfahrungen zu vermeiden. So werden auch intuitiv Hintertüren, Möglichkeiten von Maschen und Spielen gefunden. Die Fähigkeit von Klienten, im Therapeuten die Seiten zu entdecken, die das Problemverhalten unterstützen, ist immer wieder erstaunlich und oft nur in der Supervision aufzudecken" (Hennig/Pelz 1997, S. 18).

Zusammenfassend lässt sich sagen, dass Intuition eine wichtige, weil hilfreiche therapeutische Kompetenz ist, die unbedingt im Zusammenhang mit der persönlichen Entwicklung eines Menschen und seinem Bezugsrahmen gesehen werden muss. Je besser sich ein Mensch kennt, desto größer ist sein Gefühl für sich und desto treffsicherer ist sein intuitives Urteilsvermögen.

V   Psychotherapeutische Kompetenzen durch Selbsterfahrung

Nachdem nun psychotherapeutische Kompetenzen und Fertigkeiten definiert, behandelt und diskutiert sind, konzentriert sich dieses Kapitel auf die therapeutischen Fähigkeiten, die durch die Selbsterfahrung entstehen sollen. Als Einstimmung dient eine Art Plädoyer für die Selbsterfahrung aus der Perspektive der Patientenseite. In der anschließenden Einleitung wird noch einmal zusammengetragen, was in der Therapie wirkt und wie Kompetenzen entstehen und was Selbsterfahrung und das Kennenlernen der Patientenseite im Rahmen der Weiterbildung zum Psychotherapeuten bedeuten. Es wird erörtert, welche Fähigkeiten zu den Selbsterfahrungskompetenzen zählen, um sie jeweils in den bereits bekannten Gruppen der persönlichen Kompetenzen, der Beziehungskompetenzen und der Konzeptkompetenzen zu diskutieren. Dabei werden die Kompetenzen, die in der Selbsterfahrung im Gruppensetting entstehen, speziell hervorgehoben. Ein nächster Teil befasst sich mit der Bewusstheit, die man über die eigenen Kompetenzen haben kann, und den Schluss machen die vier Dimensionen, die untrennbar voneinander an der Entstehung und der Weiterentwicklung von Kompetenzen beteiligt sind.

1.   Einstimmung – die Perspektive der Patientenseite

In der Selbsterfahrung bzw. in meiner eigenen Therapie lerne ich die Patientenseite kennen. Dieses Erleben ist prägend für die Art und Weise, wie ich als fertige Therapeutin später meinen Patienten begegne.

Im Idealfall lerne ich hier eine spezielle nahe Beziehung kennen in einer Atmosphäre, in der ich mich aufgehoben fühle und spüre, dass ich hier wertfrei sprechen kann, wenn ich möchte, mich so geben kann, wie ich mich fühle, mich trauen darf, mich zu öffnen, selbst Seiten an mir kennen lernen kann, die mir bis dahin nicht bewusst waren. In Begleitung meiner Therapeutin begebe ich mich neugierig auf die Reise, um dieses Neuland, nämlich mich selbst in verschiedenen Situationen, wahrzunehmen, vielleicht auch erschreckend zu realisieren, wo meine wunden Punkte sind und wie sich diese in verschiedenen Situationen zeigen. In der Therapie lerne ich, Dinge an mir zu erleben, zu sehen, die mir gar nicht gefallen, die ich an anderen mir nahestehenden Personen so oft schon kritisiert habe. Zu Beginn der Therapie bin ich vorsichtig, dann etwas mutiger, wenn ich eine Therapeutin habe, die mich vertrauensvoll ermutigt, hinzusehen, nachzuspüren und bei der ich das Gefühl bekomme, dass sie mich auffängt, wenn alle Stricke reißen. Die mir durch ihre vielleicht auch nonverbale Art erlaubt, sie zu idealisieren, damit ich mich fallen lassen kann, Kontrolle abgeben kann, die Verantwortung zumindest teilen kann, um dadurch in meinem Tempo, mal schneller, mal langsamer, vielleicht auch gegen einige kritisierende oder gar bösartige innere Stimmen in mir lernen darf, mich so anzunehmen, wie ich bin und für mich und meine Geschichte und für mein Sosein Verständnis zu entwickeln. Vielleicht erlebe ich mich zum ersten Mal als wichtig, als wertvoll und liebenswürdig. Vielleicht mache ich zum ersten Mal die Erfahrung, dass meine Gefühle in Ordnung sind, dass meine Art zu denken auf Interesse stößt, dass ich dafür nicht verurteilt werde und auch keine Schläge bekomme. Vielleicht spüre ich, wie bei bestimmten Themen, die ich mutig angehe und vielleicht auch zum ersten Mal in Worte fasse, sich im Schulter-Nacken-Bereich alles zusammenzieht und verhärtet und schmerzhaft wird, und ich spüre erneut die Angst vor Abwertung und körperlicher Züchtigung, die ich in meiner Ursprungsfamilie erlebte, und während ich das artikuliere, mache ich vielleicht zum ersten Mal die Erfahrung, dass ich in meinem Schmerz, meiner Angst und meiner Verzweiflung von damals wahrgenommen und gesehen werde. Vielleicht realisiere ich plötzlich, wie sich dadurch mein Körper entspannt und sich mein Nacken entspannt und der Schmerz allmählich verschwindet, weil sich die Muskulatur entspannt. Vielleicht mache ich auch zum ersten Mal die Erfahrung, dass ich mich nicht mehr schuldig fühlen muss, mich nicht mehr schämen muss für die Dinge, die mir als Kind nicht gelungen sind, mir nicht mehr das Unvermögen meiner Eltern oder ihre Probleme aufladen muss, vielleicht realisiere ich zum ersten Mal in meinem Leben, dass es gar nicht meine Sorgen sind, die mich schon mein ganzes Leben hindurch in Beschlag nehmen, und vielleicht kann ich zum ersten Mal, oder zumindest wie schon lange nicht mehr, so richtig durchatmen.

All diese Dinge passieren im Stillen, ganz fein, ganz zart und ganz intim, begleitet, wenn ich Glück habe, von einem Gegenüber, das über die Fähigkeit verfügt, eine Atmosphäre entstehen zu lassen, die diese Empathie, dieses Erleben, dieses Verstehen, dieses Wachsen möglich macht.

Als Patientin mache ich vielleicht auch die Erfahrung, dass ich mich erklären muss und denke, dass ich auch hier nicht verstanden werde. Ich will mich endlich auseinandersetzen und nicht mehr schweigen, mich nicht mehr so verhalten, wie man es von mir schon immer erwartet hat und weiter erwartet. Ich habe keine Lust mehr, für andere die Kohlen aus dem Feuer zu holen. Ich will, dass man mir zuhört, ich will endlich Recht haben dürfen, meine Meinung sagen. Hoffentlich treffe ich in meiner Therapie auf ein Gegenüber, das hinter meine kämpferische Seite sieht, eine Therapeutin, die die zugrunde liegende Not wahrnimmt. Jemand, der mich auf eine fordernde und fördernde Art konfrontiert, ohne mich abzuwerten, jemand, der mich, wenn nötig, herzhaft und bestimmt vom hohen Ross herunterholt, jemand, der mich aushält und die Notwendigkeit realisiert, dass ich mich an jemandem reiben muss, um mich in diesem Moment spüren zu können, und jemand, der mich auch in dieser Situation so nimmt, wie ich bin und mir spiegelt, mit all meinen Seiten in Ordnung zu sein. Jemand, der mich ermutigt, wenn ich am Verzagen bin und mich bremst, wenn ich mich überfordern will.

Wahrscheinlich macht meine Therapeutin auch Fehler. Wenn sie neben der Rolle als Therapeutin auch Mensch ist, dann macht sie garantiert auch Fehler. Schön ist, dann zu erfahren, dass ich das als Patientin ansprechen kann und mich die Therapeutin ernst nimmt, sich damit auseinandersetzt und den Fehler eingesteht. Wenn ihr das ohne Drama gelingt, dann kann ich die Erfahrung machen, dass Fehler machen kein Weltuntergang, also nicht so etwas Schlimmes ist, wie ich es bis jetzt geglaubt oder wie ich es gelernt habe.

Wenn ich Pech habe, treffe ich auf eine therapierende Person, die Fehler macht, indem sie mich beurteilt, mir sogar vermittelt, dass ich anders sein muss, dass ich nicht in Ordnung bin. Oder es ist eine Person, die sich mit mir solidarisiert gegen den bösen Rest der Welt.

In der Rolle der Patientin lerne ich vieles über mich kennen, meine Grenzen, meine Schwächen, meine Stärken, und ich lerne, sie anzunehmen. Ich lerne die ausgewählte Therapiemethode quasi am eigenen Leib kennen, ihre Stärken und ihre Grenzen. Ich erlebe, wie sich Therapie anfühlt, wie Interventionen wirken, was gute bzw. die richtigen Interventionen ausmachen und vielleicht mache ich die Erfahrung, welches Ausmaß schädigende Bemerkungen oder Interventionen haben können, wenn meine Therapieperson nicht meine Grenzen respektiert und mit mir nicht achtsam umgeht. Ich mache gute und weniger gute Erfahrungen, in einer sehr nahen speziellen Beziehung.

Wenn ich eine gute und förderliche Therapie erlebt habe, werde ich mich später, selbst in der Rolle der Therapeutin, wohlwollend zurückbesinnen und mir ab und zu überlegen, was wohl meine Therapeutin in dieser Situation jetzt machen oder sagen würde.

Meine eigene Therapie hilft mir, meine persönliche Identität und meine spätere professionelle Identität zu entwickeln. Ich weiß, wer ich bin, was ich möchte, was mich in meiner Therapie förderte und was weniger wichtig oder gar unnütz war. Ich weiß, was es an Zeit, Geduld und Mut braucht, um Dinge zu ändern und/oder akzeptieren zu lernen. Ich weiß um die Wichtigkeit, genügend Raum und Zeit zu bekommen, um die wunden Punkte im eigenen Rhythmus angehen zu können.

Mit einer gelungenen Eigentherapie habe ich die Fähigkeit entwickelt, eine Atmosphäre zu schaffen, in der Empathie entstehen kann. Ich habe die Fähigkeit entwickelt, die therapeutische Beziehung so zu gestalten, dass Fruchtbares daraus entstehen kann. Ich habe gelernt, mich einzulassen und auszuhalten und wie sich das anfühlt, mir Wertschätzung entgegenzubringen. Ich habe erfahren, wie ein Vorbild wirkt und gelernt, mich in Selbstkritik zu üben. Ich habe geübt, mutig, neugierig, offen und tolerant zu sein und erfahren, dass ich Ideen entwickeln und kreativ sein kann. Ich habe erfahren, wie speziell, diffizil, fragil und komplex und gleichzeitig tragend die therapeutische Beziehung ist.

Die Patientenseite kennen lernen oder eben verstehen, wie Therapie wirkt und wie die therapeutische Person sein muss, damit die Therapie erfolgreich sein kann, lässt sich nur über das Erleben in der eigenen Psychotherapie erfahren:

Ich muss quasi am eigenen Leib erfahren, wie sich das anfühlt, wenn die Therapeutin Empathie entstehen lassen kann, wenn sie das Hier und Jetzt zu nutzen weiß und kreativ und neugierig ist, in einer „Ich bin ok – Du bist ok"-Haltung, schützend, erlaubend und kraftvoll (3P), mit einem integrierten Erwachsenen-Ich professionell und intuitiv die passenden TA-Konzepte anwenden kann, eine Beziehung gestalten kann, ethisch korrekt ist, mich da abholt, wo ich stehe, geduldig ermuntert, Interventionen passend und zur richtigen Zeit macht, relevante Themen erkennt, mir zu einem neuen Blickwinkel verhilft, konfrontiert, flexibel ist und gewähren lässt, klar und sicher auftritt, kurz: sich professionell um mich kümmert.

Diese Erfahrungen und die daraus resultierenden Kompetenzen lassen sich nicht theoretisch erlernen. Man kann sie dozieren, man kann darüber diskutieren, sie theoretisch kennen lernen, auflisten und Manuale dazu schreiben, aber verstehen, wie Therapie wirkt und wie die therapeutische Person sein muss, damit die Therapie erfolgreich wirken kann, lässt sich nur über das Erleben in der eigenen Psychotherapie. So schreibt auch der Psychotherapiewissenschaftler Bernd Rieken: „Darüber abstrakt zu reden, ist einfach, aber zu erleben, dass auch in einem selbst destruktive Seiten, massive Minderwertigkeitsgefühle und anderes Unerfreuliche vorhanden sind, ist von anderer Qualität" (Rieken 2011b, S. 12).

2.   Einleitung

Aus dem Kapitel IV 1.4 wissen wir, dass es für eine erfolgreiche Therapie keine bestimmte therapeutische Schule braucht, sondern einen Therapeuten, der von seiner gewählten Methode überzeugt und in ihr soweit sattelfest ist, dass er sich darin gewandt bewegen kann. Seine Überzeugung muss er dem Patienten so vermitteln können, dass auch dieser überzeugt und somit beruhigt ist und sich sicher und aufgehoben fühlen kann. Wirkfaktoren sind verschiedene persönliche Fertigkeiten, Beziehungskompetenzen und Konzeptkompetenzen. Im letzten Kapitel wurden die therapeutischen Kompetenzen aus der Sicht der verschiedenen Schulrichtungen diskutiert. Werden die persönlichen und die Beziehungskompetenzen einander gegenübergestellt, zeigt sich, dass die Schulen in beiden Bereichen im großen Ganzen sehr ähnliche Fähigkeiten beschreiben. Bei den Konzeptkompetenzen hingegen zeigen sich in den Methoden mehr Unterschiede, wobei sie sich inhaltlich im Laufe der Zeit auch angeglichen haben und sich weiter angleichen werden, wenn sich der gegenwärtige Trend fortsetzt (s. dazu Kap. IV 2.4).

Diese Ausführungen sollen nicht als Plädoyer für eine einzige Therapiemethode verstanden werden. Auch wenn sich die Kompetenzen der Schulen zumindest in ihrer Beschreibung annähern, heißt das nicht, dass es nur noch eine Schule geben soll. Damit ein Therapeut von seiner gewählten Methode überzeugt sein kann, muss er auch Wahlmöglichkeiten haben. Sich von etwas zu überzeugen wird dann möglich, wenn verschiedene Sichtweisen oder Herangehensweisen miteinander verglichen werden können und sich daraus der Zugang, der der eigenen Person am ehesten entspricht, herauskristallisieren kann. Wenn es jedoch nur noch einen Zugang gäbe, wäre eine Auswahl nicht möglich. Die Menschen und somit auch die Therapeuten funktionieren unterschiedlich, und jeder hat eine eigene persönliche Art, sich mit etwas zu beschäftigen und auseinanderzusetzen. Wenn es also nur noch eine, eine allgemeine Psychotherapie geben würde, würden sich früher oder später wahrscheinlich wieder neue Schulen mit anderen Fokussen entwickeln. Damit man also eine Methode wählen kann, von der man überzeugt ist, braucht es eine Auswahl verschiedener Zugänge bzw. verschiedener Schulen.

Vergegenwärtigen wir uns auch noch einmal, wie therapeutische Kompetenz entsteht: Sie entsteht aus dem Wissen, welches sich über gemachte Erfahrung in Können etabliert. Sie beginnt mit dem Aneignen von Wissen, dem Kennenlernen von Regeln und Begriffen bspw. aus Manualen. Dieses explizit gelernte begriffliche Wissen wandelt sich durch verschiedene Stufen (s. Kap. IV 1.2) hindurch zu einem impliziten Wissen oder Erfahrungswissen, welches keine Begriffe und Regeln mehr braucht und sich eher bildhaft zeigt (s. Kap. IV 1.1). Die Kompetenzen entwickeln sich innerhalb von vier voneinander nicht zu trennenden Welten, den „subjektiven Innenwelten", die unterteilt werden in „individuell Inneres" und „kollektiv Inneres", und den „objektiven Außenwelten", die unterteilt werden in „individuell Äußeres" und „kollektiv Äußeres" (s. Kap. IV 1.3).

Selbsterfahrung im Rahmen der Weiterbildung zum Psychotherapeuten heißt, wie weiter oben beschrieben, die Patientenseite kennen lernen (s. Kap. V 1). Selbsterfahrung für angehende Psychotherapeuten ist somit erst einmal Therapie, nicht nur in einem kurativen Sinn, sondern unter dem Aspekt der Emanzipation. Sie ist Wachstum, Ganzwerdung bzw. Persönlichkeitsentwicklung und -entfaltung. In der Therapie setzt sich der angehende Therapeut primär nicht mit seinem zukünftigen Beruf auseinander, sondern mit seiner Person, seiner individuellen Entwicklung, seinem Denken, Fühlen, seinen Werten und Normen, seinen Ansprüchen, seinen Bedürfnissen, seinen Körperempfindungen, seinem Verhalten und seiner Wirkung auf andere, seiner Art, Beziehungen zu gestalten, und seinem Eingebettet-Sein in seiner Familie, seiner Umgebung und in seiner Kultur. Er erfährt sein Selbst mit seinen Ecken und Kanten und kann den einen oder anderen blinden Fleck aufheben.

Der Unterschied zwischen dem angehenden Therapeuten und dem, nennen wir ihn: normalen Patienten, ist, dass der angehende Therapeut über seine Selbsterfahrung reflektieren muss. Es muss ihm klar werden, woran er in seiner Therapie arbeitet und wie das Phänomen oder Konzept in seiner gewählten Methode genannt wird. Damit Kompetenzen entstehen können, braucht er eine Bewusstheit darüber, wie er „funktioniert".

In der Begleitung seines Lehrtherapeuten – eines verlässlichen Gegenübers – entwickelt er ein Sensorium für eigene wichtige, vielleicht auch ganz feine und leise Themen. Indem er erlebt, wie er vom Therapeuten wahrgenommen wird, also wie er von außen gesehen wird, kann er sich auch von außen sehen und dabei realisieren, dass er Gefühle beim Gegenüber hervorruft und seine Art die Meinung des anderen über ihn beeinflusst. Anschließend merkt er, dass sein Verhalten auch seine eigene Meinung über sich selbst beeinflusst. Diese Erkenntnis ermöglicht ihm, selbstwirksamer zu werden. Er kann äußere und innere Gegebenheiten seines privaten wie beruflichen Lebens selbstbestimmter gestalten, sodass „es sich stimmiger anfühlt". Um das zu erreichen ist es sinnvoll, alle vier „Welten" (siehe weiter unten) einzubeziehen und zu berücksichtigen. Er gewinnt Erfahrungen über verschiedene Facetten seines Selbst und übernimmt für sich selbst die Verantwortung. Bis hierhin unterscheidet sich die Selbsterfahrung des zukünftigen Therapeuten nicht von einer normalen Therapie. Die Selbstreflexion beginnt da, wo er seine bearbeiteten Themen und die daraus gewonnenen Erkenntnisse den transaktionsanalytischen Konzepten zuordnet und nun weiß, was der Ausdruck „wie sich die Methode anfühlt" bedeutet. Er erfährt also die gewählte Therapierichtung am eigenen Leib und macht gleichzeitig den Lerntransfer (vgl. Mäder 1991) von der Theorie in die Praxis und von der Praxis wieder zurück in die Theorie. In diesem Prozess lernt er, sich zu verstehen und zu akzeptieren, was eine Grundvoraussetzung dafür ist, später auch andere, seine zukünftigen Patienten, verstehen zu können.

Kompetenzen, die sich durch die Selbsterfahrung entwickeln sollten, lassen sich aus den bereits beschriebenen professionellen Fertigkeiten ableiten. Ich habe Kompetenzen zusammengetragen, die meiner Meinung nach aus den bisher gewonnenen Erkenntnissen zu einem großen Teil in der Selbsterfahrung entstehen bzw. da verfeinert werden. Man könnte die Kompetenzen sicher auch anders gewichten. Es besteht also absolut kein Anspruch auf Vollständigkeit.

Da sowohl die persönlichen als auch die Beziehungskompetenzen in den Schulen im Großen und Ganzen gleich definiert werden, ist es nicht nötig, sie hier schulenspezifisch zu behandeln. Bei den Konzeptkompetenzen, die sich durch die Sprache unterscheiden, wird die Methode der Transaktionsanalyse berücksichtigt. Die Transaktionsanalyse bezieht seit ihrer Gründung andere Methoden und Techniken mit ein, sodass ihre therapeutische Handlungsweise recht breit ist, was auch erklärt, warum sich ihre Therapeuten unterschiedlich definieren. Einige orientieren sich tiefenpsychologisch, andere nennen sich integrative Therapeuten und wieder andere sehen sich als Verhaltenstherapeuten. So gesehen werden die hier beschriebenen Konzeptkompetenzen auch Kompetenzen anderer Schulen enthalten. Den Anfang machen die persönlichen Kompetenzen, dann folgen die Beziehungskompetenzen, um dann mit den Konzeptkompetenzen abzuschließen.

3. Persönliche Kompetenzen aus der Selbsterfahrung

Aus den bisher gewonnenen Erkenntnissen lassen sich folgende professionelle Kompetenzen, die die Person des Therapeuten betreffen, ableiten:

- Erkennen und verstehen eigener Bedürfnisse und Wünsche und wissen, wie sich die Bedürfnisbefriedigung bzw. die Frustration bei Nichterfüllung anfühlt.
- Bewusstheit über eigenen Stärken und Schwächen.
- Eigene typische Verhaltensmuster kennen, in verschiedenen Situationen wiedererkennen und sie konstruktiv nutzen bzw. wo nötig bewusst darauf verzichten.
- Bewältigung von Problemen und adäquater Umgang mit eigenen Gefühlen, z. B. Unterscheidung von Grundgefühlen (der Situation angepasst) und Maschengefühlen (der Situation nicht angemessen).
- Kennen der eigenen Bewältigungsstrategien.
- Eigene Grenzen wie diejenigen anderer wahrnehmen und respektieren.
- Grenzen der gewählten Methode akzeptieren.
- Konstruktiver Umgang mit eigenen Fehlern.
- Respektvoller und wertschätzender Umgang mit sich selbst.
- Echtheit, Authentizität und klare Abgrenzung, damit Vertrautheit und Intimität entstehen (erlebt werden) kann.
- Fähigkeit, eine Atmosphäre zu schaffen, damit Empathie entstehen kann.
- „Blinde" Flecken klären, erkennen, welche Inhalte ärgern oder blockieren, wodurch die Empathie beeinträchtigt werden kann.
- Ruhiger und gelassener Umgang mit Angst, Spannung und Konflikten.
- Psychischen Raum und Entwicklungsfreiheit (erleben) geben.
- Psychische Beweglichkeit entwickeln.
- Selbstvertrauen und Mut zum eigenen Stil.
- Kennenlernen des eigenen Menschenbildes und des daraus resultierenden Kommunikationsstils.
- Sich auf Nichtwissen und Nichtverstehen einlassen und aushalten können.
- Verantwortung übernehmen und Überblick behalten.
- Bereitschaft zur Introspektion und Selbstreflexion.
- Gelassenheit als Folge von wertschätzendem Umgang mit sich selbst.
- Initiative ergreifen.
- Fähigkeit, sich auf mehreren Ebenen gleichzeitig zu bewegen.
- Allgemeine Kompetenzerweiterung im sozialen und privaten Leben.

Damit ein Psychotherapeut diese zukünftigen Aufgaben erfüllen kann, z. B. auch als persönliches Vorbild wegweisend für den Patienten da zu sein, braucht er sein eigenes kompetentes Selbst, welches das wichtigste psychotherapeutische Instrument ist. Die Gefühle des Therapeuten sind die beste Quelle, um sich in den Patienten einzufühlen und zu verstehen, das heißt mit ihm in seiner eigenen Sprache und mit seinen eigenen Bildern zu kommunizieren. Damit sich der zukünftige Therapeut auf diese Quelle verlassen und sie konstruktiv nutzen kann, müssen ihm seine Gefühle, auch diejenigen, die ihm weniger gefallen, bekannt und vertraut sein. Ebenso braucht er eine Bewusstheit über seine Ansichten, Meinungen und Wertvorstellungen und darüber, wie er auf andere wirkt.

Um diese Ziele zu erreichen, setzt er sich mit seiner Rolle in der Herkunftsfamilie auseinander und beginnt, seine daraus resultierenden Denk-, Erlebens- und Verhaltensweise wahrzunehmen und zu verstehen: War man bspw. willkommen? Durfte man eigene Meinungen, Ansichten, Interessen und Weltanschauungen haben und wurden diese gefördert oder war das nicht erwünscht? War der Ausdruck von Gefühlen erwünscht oder waren bestimmte Gefühle nur auserwählten Familienmitgliedern erlaubt oder ganz verpönt? Durfte man Fehler machen oder wurden Missgeschicke als etwas Schlimmes gesehen? Durfte man Schwächen haben und Unsicherheiten zeigen und um Rat oder Hilfe fragen oder war das weniger erwünscht oder gar verboten? Wie ging man mit schwierigen Situationen und Problemen um? Wurden dabei Schuldige gesucht oder war man daran interessiert, Lösungen zu finden? Welche Werte und Normen vertrat die Ursprungsfamilie? War die Atmosphäre wertschätzend und durfte sich jeder in seinem eigenen Tempo entfalten oder war das nicht möglich?

Welche Bewältigungsstrategien hat der Weiterbildungskandidat entwickelt und wo sind diese in seinem jetzigen Leben förderlich und wo eher hinderlich? Wie wurde er in seiner Denkweise, in seinen Ansichten und Meinungen geprägt? Welche Konsequenzen entstanden daraus, auf seine Art zu kommunizieren und Beziehungen zu gestalten? Wie verhält er sich anderen gegenüber, wie ist sein Auftreten, seine Mimik, Gestik und Körpersprache und wie wirkt er auf andere? Im geschützten Rahmen der Selbsterfahrung kann der Weiterbildungskandidat sich, wo nötig, gefühlsmäßig in vergangene Situationen begeben und noch einmal erleben, wie das damals war, und dadurch ein besseres Verständnis für sich selbst und sein Sosein entwickeln. Gleichzeitig kann er auch nachspüren, wie sich diese Erinnerung heute anfühlt und was diese Erfahrung mit ihm macht (s. a. Kap. V 1).

Durch die Selbsterfahrung entwickelt der Therapeut eine Fähigkeit zur Selbstfürsorge, eine Kompetenz, die wichtig für die eigene psychische Stabilität ist und zudem das Risiko minimiert, sich selbst und den Patienten zu schaden.

Empirische Untersuchungen über die Belastungen in den Heilberufen gibt es erst seit einigen Jahren, sagt der Wissenschaftler Christian Reimer, der sich mit der Thematik befasst. Der Psychiater, Tiefenpsychologe und Inhaber verschiedener Lehrstühle (u. a. 1989–1991 für Psychotherapie und Psychohygiene, Univ. Basel; 1991 für Psychosomatik und Psychotherapie, Univ. Saarland und seit 1992 Univ. Gießen) verfasste mehrere Arbeiten wie bspw. „Probleme der Lebensqualität von Psychotherapeuten" (2006), „Lebensqualität von Psychiatern und Psychotherapeuten" (2001), „Lebensqualität von Psychotherapeuten" (1994).

Gemäß dem Autor genießen Psychotherapeuten einerseits ein hohes Ansehen, andererseits werden auch hohe Erwartungen an sie gestellt: In keinem anderen Beruf werden so immens hohe Anforderungen gestellt, was die Integrität der eigenen Persönlichkeit anbelangt. Der Psychotherapeut muss bei allem, was ihm in der Arbeit begegnet, Ruhe bewahren, sich rasch einen Überblick verschaffen, geduldig sein, zuhören, aufnehmen, verstehen, akzeptieren, aushalten und dabei wertschätzend und konstruktiv bleiben, auch wenn es noch so massive Abwertungen und Anschuldigungen sind, die ihm zuweilen begegnen. Da gibt es Momente, in denen er sich innerlich schutzlos und ausgeliefert fühlt, in denen er sich bedroht fühlt und mit der eigenen Angst konfrontiert wird, in denen er an unangenehme Situationen der eigenen Geschichte erinnert und mit altem Schmerz konfrontiert wird. Solche Dinge laufen innerlich ab, nach außen zeigt er das Bild ungeteilter Aufmerksamkeit.

Diese Erwartungen können sich gemäß Reimer zu chronischen Stressoren entwickeln, wenn Risikobereiche, die wichtig sind und den Beruf des Therapeuten betreffen, nicht erkannt werden und deshalb auch nicht dagegengesteuert werden kann (vgl. Reimer 2006, S. 92). Reimer bezieht sich auch auf Erkenntnisse der Studie von Zur (1994) über die Auswirkungen des Berufes des Psychotherapeuten auf seine Familie. Dieser sieht einen Risikobereich darin, dass Psychotherapeuten sich den ganzen Tag intensiv mit Beziehungen befassen, sodass sie abends gesättigt an mitmenschlicher Auseinandersetzung sind und dadurch ihre privaten Kontakte nicht genügend pflegen, sondern sie vernachlässigen und so mit der Zeit einsam werden (vgl. Zur 1994 in: Reimer und Jurkat 2001, S. 1733 f.).

Einen weiteren Problembereich sieht Zur darin, dass die therapeutische Arbeit nicht unmittelbar zu ersichtlichen und greifbaren Ergebnissen führt. Häufig muss sich der Helfer mit viel weniger zufrieden geben als therapeutisch möglich wäre (ebd.). Reimer schreibt, Psychotherapeuten befassen sich während eines ganzen Tages und über viele Jahre hinweg intensiv mit mitmenschlichen Problemen. Sie sind permanent den seelischen Leiden ihrer Patienten ausgesetzt und sich kaum bewusst, wie beanspruchend diese negative Energie für sie auf Dauer ist. Diese Belastung kann sich in somatischen Symptomen zeigen wie Anspannung und verspannte Muskulatur, innere Unruhe, erhöhter Alkoholkonsum, Bauchschmerzen und Schlafstörungen, alles Symptome, die zu einem Burnout führen können (vgl. Reimer a.a.O., S. 1734). Oder sie kann sich in psychischen Symptomen zeigen wie bspw. Strenge, Zynismus, Desinteresse oder gar Bosheit und Feindseligkeit. Dies verschlechtert die therapeutische Arbeit und fördert die Gefahr des Machtmissbrauchs dem Patienten gegenüber (ebd.).

Um solche Risiken zu minimieren, müssen Psychotherapeuten aktiv für ihre Lebensqualität sorgen und ein ausgewogenes Gleichgewicht zwischen der Arbeit und dem Privatleben herstellen und pflegen.

Die Fähigkeit zur Selbstfürsorge ist also eine wichtige Kompetenz, die mehrere Teilkompetenzen beinhaltet. Unter anderem die Fähigkeit, ein drohendes Burnout zu verhindern. Ein solches kann sich nicht installieren bei gutem Umgang mit eigenen Ansprüchen, wenn Arbeitszeit und freie Zeit ausgewogen sind, wenn die Muße zum Genießen gepflegt wird, wenn ein Sensorium für Körpersignale entwickelt ist, wenn Geben und Nehmen ausbalanciert sind sowie ein wertschätzender wohlwollender Umgang mit sich selbst gepflegt wird. Wenn die Selbsterfahrung des zukünftigen Psychotherapeuten nicht auch eine Burnout-Prophylaxe ist, dann ist seine Therapie bzw. die Selbsterfahrung noch nicht fertig.[19]

Zur Selbstfürsorge gehört ebenso, sich um fortlaufendes eigenes Wachstum hin zur Autonomie zu bemühen und zu entwickeln. Unter dieser transaktionsanalytischen Kompetenz wird nicht etwa ein egoistisches und narzisstisches Sich-um-die-eigene-Achse-Drehen verstanden, sie meint auch nicht Rücksichtslosigkeit, sondern autonom innerhalb oder bezogen auf etwas oder auf jemanden zu sein. Die Transaktionsanalyse definiert bezogene „Autonomie" als das Freiwerden oder Wiedergewinnen der drei seelischen Qualitäten der Bewusstheit, der Spontaneität und der Intimität.

Dabei versteht sie unter „Bewusstheit" das Geschick, Gegebenheiten so, wie sie sind und nicht so, wie wir sie gerne haben möchten, mit all unseren Sinnen wahrzunehmen. Die Realität wird dabei nicht ausgeklammert oder so uminterpretiert bzw. „redefiniert", dass sie zum Skript passt.

Unter „Spontaneität" verstehen Transaktionsanalytiker die Gewandtheit, unter vielen verschiedenen Alternativen im eigenen Denken, Fühlen und Verhalten frei wählen zu können.

Transaktionsanalytisch gesprochen wird die Fähigkeit zur „Intimität" – im Sinne von Nähe – dann möglich, wenn Ersatzgefühle und manipulative Spiele zugunsten echter Gefühle weichen.

4.   Beziehungskompetenzen aus der Selbsterfahrung

Die bereits weiter oben zusammengefassten Kompetenzen aus den Therapieschulen, die therapeutische Beziehung betreffend, werden hier in Gruppen eingeteilt noch einmal aufgelistet, um anschließend einige davon näher zu betrachten. Die Fertigkeiten sind unterteilt in: 1. Therapeutische Haltung, 2. Therapeutische Beziehung, 3. Empathie, 4. Intuition und 5. Hier und Jetzt.

---

19 Siehe dazu auch: Helen Heinemann (2012): Warum Burnout nicht vom Job kommt.

4.1 Therapeutische Haltung inklusive Verantwortung des Therapeuten

- Eigenes Menschenbild kennen und verinnerlicht haben.
- Fähigkeit, ein heilsames Setting anzubieten.
- Sich als vertrauenswürdiges Gegenüber anbieten.
- Sorgfältiger Umgang mit Macht und Einflussnahme.
- Fähigkeit, sich auf die Bezugsrahmen anderer Menschen einzulassen.
- Wissen um und Feingefühl für unterschiedliche Meinungen, Ansichten, Bezugsrahmen, Identitäten und kulturelle Gegebenheiten.
- Die Fähigkeit zur transaktionsanalytischen Interaktion.
- Grenzen erkennen und Grenzen setzen, eigene Grenzen und diejenigen des Gegenübers wahren und respektieren.
- Bewusstsein darüber, wie man von anderen wahrgenommen wird.
- Fähigkeit, in förderlicher Weise präsent zu sein.
- Bereitschaft, sich auf eine Übertragungsbeziehung einzulassen.

Zur therapeutischen Haltung gehört gemäß Eric Berne, gepflegt, ausgeruht und frisch zu erscheinen und jede Sitzung mit frischem Elan und mit der Neugier, etwas Neues zu lernen, was nicht in der Literatur zu finden ist, anzugehen. Der Therapeut soll sich vor der Sitzung freimachen von allem, was ihn beschäftigt und sein fachliches Wissen über Psychologie, Psychotherapie und Diagnostik zur Seite legen, um sich, soweit möglich, unbelastet und mit wachen Sinnen ins therapeutische Setting begeben zu können. Er nimmt die Haltung ein, nicht zu schaden, auch nicht durch Bedrängen des Patienten, sondern stärkt dessen Erwachsenen-Ich, damit dieser beginnen kann, sich mit den Hindernissen zu beschäftigen, die ihn bei seiner Problemlösung stören (vgl. Berne 2005, S. 70 f.).

Der Therapeut übernimmt die Verantwortung für das therapeutische Geschehen, dabei wertet er keinen seiner Ich-Zustände ab, geht weder in einen Antreiber wie bspw. „Streng dich an!" noch übernimmt er die Retter- oder eine andere Rolle im Drama-Dreieck. Ein Psychotherapeut, der für sich auf diese Art sorgt, weil er es für wichtig erachtet, nicht weil er muss, ist ein Vorbild für seine Patienten, betont Stanley Woollams, Psychiater und lehrender Transaktionsanalytiker der Internationalen Gesellschaft für Transaktionsanalyse (ITAA) (vgl. Woollams in: Barnes u. a. 1977, S. 29).

Als Basis für die Gestaltung der therapeutischen Beziehung, klärt der Therapeut zuerst die Beziehungsstruktur: Dazu gehören gemäß Autor klare Abmachungen wie: Wann und wie häufig die Sitzungen stattfinden, wie lange sie dauern, wie sie beglichen werden sollen, dass die Sitzungen pünktlich beginnen und enden und woran gearbeitet werden soll. Zur Beziehungsstruktur gehört nach Ansicht des Autors ebenso die Abmachung mit dem Patienten, weder aus einer Sitzung hinauszulaufen noch die Therapie abzubrechen.

Woollams erachtet eine klare Strukturvereinbarung als unabdingbar, denn je unklarer die Struktur und ihre Grenzen sind, desto mehr müsse der Patient für sich selbst sorgen, was u. U. Angst auslösen könne und je nach Störung eine Überforderung darstelle (ebd.).

Einen weiteren Aspekt therapeutischer Verantwortung sieht der Autor in der Fähigkeit des Therapeuten, sich darüber im Klaren zu sein, was vorgeht und zu wissen, wie er damit umgehen will. Dazu schreibt Woollams:

> „Weil in der Übertragung das Gesicht eines Menschen aus der Vergangenheit, einem Menschen der Gegenwart übergestülpt wird, ist die Wahrnehmung des Klienten von dem, was immer sich auch abspielt, verzerrt. So wird die Arbeit an einem Problem wie beispielsweise dem Annehmen positiver Zuwendung keinen Erfolg haben, solange der Klient das gehasste Bild eines Geschwisterteils in den hineinsieht, der Zuwendung gibt" (a. a. O., S. 30).

4.2   Therapeutische Beziehung

In der Psychotherapieforschung zeigt sich, dass die therapeutische Beziehung für die Linderung des Leidens bzw. die Heilung des Patienten eine ähnlich zentrale Rolle spielt wie die Mutter-Kind-Beziehung für die Entwicklung des Kindes (Kahl-Popp 2007 in: Pauza 2012; Ruppert 2010; Yalom 1998 engl./2004; siehe auch Kap. 4.2.2 „Die Stärke der Therapeutin". Therapie heißt, eine spezielle Beziehung einzugehen, in der der Therapeut und der Patient über bestimmte Dinge, die den Patienten betreffen, miteinander sprechen. Folgende Kompetenzen zählen zu diesem Bereich:

- Fähigkeit zur Übernahme von Verantwortung für die therapeutische Beziehung.
- Fähigkeit zur dauerhaften therapeutischen Beziehung (Arbeitsbündnis bzw. Behandlungsvertrag).
- Fähigkeit, eine als hilfreich erlebte Beziehung entstehen zu lassen.
- Fähigkeit, mit dem Konzept der 3Ps (*permission, protection, potency*) zu arbeiten.
- Bewusstheit, dass man als Therapeutin anders wahrgenommen wird als ein Therapeut.
- Wissen um Beziehungsbedürfnisse.

In der therapeutischen Beziehung gibt es zwei Aspekte: Zum einen enthält das Gespräch den Aspekt des Inhalts. Dieser setzt einen Prozess in Gang, der den Beziehungsaspekt ausmacht. Für die Veränderung beim Patienten ist der Prozess bedeutender als das Gesprochene. Gesprächsinhalte, die den Prozess nicht weiter aktivieren, lösen keine Veränderung beim Patienten aus (vgl. Ambühl 2005, S. 223). Im Gespräch kann der Therapeut beobachten, wie der Patient in Beziehung tritt und bekommt so diagnostische Anhaltspunkte über mögliche Schwierigkeiten und auch über Ressourcen des Patienten, die wichtig für eine positive Therapie sind (vgl. Grawe 2000, S. 134 f.).

Zu den nötigen Fertigkeiten für eine gelingende therapeutische Beziehung gehört das Wissen um die Wichtigkeit dieser speziellen Beziehung für den Therapieerfolg, bzw. den Heilungsprozess des Patienten. Die empirischen Forschungen zeigen, dass der Therapieerfolg zu 85 % von der therapeutischen Beziehung sowie von der Person des Therapeuten abhängt (vgl. Orlinsky, Howard 1986; Wampold 2001; Lambert 1994 in: Jäggi, 2003, S. 63).

Die therapeutische Beziehung unterscheidet sich von anderen, von privaten Beziehungen. Die therapeutische Beziehung dauert während einer bestimmten Zeit für die Bearbeitung eines oder mehrerer bestimmter Themen, die dem Patienten in seinem Leben Schwierigkeiten bereiten. Die an der Beziehung Beteiligten haben einerseits klare Rollen mit einem Machtgefälle: der Helfende und der Hilfesuchende. Gleichzeitig begegnen sich aber auch zwei Menschen auf gleicher Ebene mit allem, was sie ausmacht: Beide mit ihren Biografien, ihren Stärken und Schwächen und beide mit ihrer individuellen Art und Weise, mit Gegebenheiten umzugehen. Für den psychotherapeutischen Prozess und für die Beziehungsgestaltung trägt der Psychotherapeut die Gesamtverantwortung. Damit er diese wahrnehmen kann, müssen ihm – wie bereits an verschiedenen Stellen erwähnt – die verschiedenen Aspekte seiner Persönlichkeit bewusst sein, er muss sich selbst kennen. Anders ist das in privaten Beziehungen unter Erwachsenen. Da übernehmen beide Seiten die Verantwortung. Ein anderer Unterschied zu einer privaten Beziehung sind die Ziele in der therapeutischen Beziehung. Diese werden gemeinsam eruiert und definiert und sobald sie erreicht sind, wird auch die Beziehung beendet.[20]

Eine besondere Form von therapeutischer Beziehung erleben Weiterbildungskandidat und Lehrtherapeut miteinander. Neben der therapeutischen Beziehung haben beide auch noch eine andere Beziehung, was die Zusammenarbeit problembehafteter gestaltet: Der zukünftige Therapeut befindet sich in der Selbsterfahrung – die er in seiner Weiterbildung macht und auch machen muss – neben der therapeutischen auch in einer pädagogischen Beziehung, zwar nicht so, dass ihn der Selbsterfahrungsleiter beurteilen und Rapport über seinen Entwicklungsstand abgeben würde, aber doch im Kontext einer Weiterbildung. Denn das Ziel einer pädagogischen Beziehung bedeutet, bestimmte Fähigkeiten entwickeln zu lernen: In einer pädagogischen Beziehung begleiten die Lehrenden die Lernenden in diesem Entwicklungsprozess und beurteilen die Erreichung der Lernziele. Anders verhält es sich in der psychotherapeutischen Beziehung. Da besteht das Ziel in der Weiterentwicklung und Integrierung der Persönlichkeit. Obwohl

---

20 Auch private Beziehungen enden wenn ihre Ziele erreicht sind. Nur sind diese Ziele nicht definiert und sie sind den Beteiligten auch nicht unbedingt bewusst (Anm. d. A.).

Selbsterfahrungsleiter keine Beurteilung über den Entwicklungsstand der Weiterbildungsteilnehmer in der Selbsterfahrung abgeben und auch nicht abgeben dürfen, erschwert sich dieser Fakt für den betreffenden Kandidaten. Während er sich in der therapeutischen Beziehung entfalten kann und dadurch vertrauensvoll sein Selbst kennen lernen darf, muss er sich für seinen Beruf in eine bestimmte Richtung entwickeln, Kompetenzen erlernen und wird dabei beobachtet und beurteilt. Eine weitere Schwierigkeit ist, dass sich Mitglieder innerhalb der gleichen Therapiemethode häufig untereinander kennen. Für den zukünftigen Psychotherapeuten und seinen Lehrtherapeuten heißt das, dass es für sie früher oder später zu Realkontakten, das heißt, zu Kontakten außerhalb des therapeutischen Settings kommen wird. Aber genau da gehört die therapeutische Beziehung nicht hin. So ist das Risiko groß, dass beide, Weiterbildungskandidat und Lehrtherapeut, in ihrem therapeutischen Setting dahingehend beeinträchtigt sind, dass der Kandidat sich in seiner Therapie nicht so entfalten kann, wie es wichtig wäre, und der Selbsterfahrungsleiter das Präsentierte nicht vorbehaltlos innerlich nachvollziehen kann (s. dazu Cremerius 1989; Kahl-Popp 2004; Kottje-Birnbacher/Birnbacher 2009).

Das führt nicht selten dazu, dass viele Weiterbildungskandidaten ihre Selbsterfahrung nicht wirklich machen, sondern sich so verhalten, wie sie denken, dass sich ein guter Therapeut verhält, also in ihrer Selbsterfahrung in der Überanpassung bleiben (s. Kap. III 2).

Zurück zur therapeutischen Beziehung: Der Therapeut begleitet den Kandidaten/Patienten auf der Suche nach dem eigenen Weg, unterstützt und ermutigt ihn, seinen Erfahrungen und Kompetenzen entsprechend, soweit wie möglich. Er weiß um seinen Einfluss und geht sorgsam mit dieser Macht um. Er weiß, dass Menschen, die sich im Ungleichgewicht befinden, dünnhäutig und verletzlich sind, und weiß, welche haltende, vertrauenserweckende und stabilisierende Rolle er in diesem Prozess einnehmen muss, damit sich der Patient entwickeln kann. In der therapeutischen Beziehung befindet sich der Therapeut gleichzeitig an verschiedenen Orten. Er ist in der Geschichte des Kandidaten/Patienten, sieht diese durch dessen Augen, gleichzeitig nimmt er bei sich wahr, was das Gesagte oder das Nichtgesagte bei ihm auslöst und ebenfalls zur gleichen Zeit bewegt er sich auf einer Metaebene und betrachtet und analysiert, was da zwischen den beiden Personen, dem Patienten und ihm selbst, passiert.

Damit die Beziehung tragfähig wird, ist und bleibt, müssen sich Therapeut und Patient in ihrem Arbeitsbündnis einig darüber werden, wie sie die Problemsituation definieren, wie sie entstanden ist, was ein befriedigendes Ziel sein könnte, welche Veränderung bzw. welcher Weg zum Ziel führen kann und woran feststellbar ist, dass es in der Therapie in die richtige Richtung geht. Wichtig bei dieser – transaktionsanalytisch gesprochen – Vertragsarbeit ist auch, zu erfragen, auf welche Weise sich der Patient selbst hindern könnte, sein Ziel zu erreichen und wer davon profitieren könnte. Ziele wie „Ich möchte glücklicher sein" sind noch nicht klar definiert. In der transaktionsanalytischen Vertragsarbeit werden Therapieziele und Wege dorthin möglichst konkret und fassbar beschrieben. Im oben erwähnten Beispiel können folgende Fragen helfen, das Therapieziel gemäß transaktionsanalytischem Verständnis zu konkretisieren: „Woran merkt der Patient, dass er glücklicher ist?" – „Möchte er glücklicher werden oder möchte er glücklich sein?" – „Woran würden andere merken, dass er glücklich ist?" – „Wie würden andere darauf reagieren?" – „Was würde sich im Leben verändern?" – „Was fehlt heute zum Glück? – „Was müsste er evtl. aufgeben, um glücklich zu sein?" etc. Ein weiterer Aspekt im transaktionsanalytischen Verständnis ist, Problem- und Zieldefinition ‚positiv' zu formulieren, also nicht zu formulieren, was der Patient nicht mehr sein, denken oder fühlen möchte, wie bspw.: „Ich möchte nicht mehr eifersüchtig sein", sondern formulieren, was er stattdessen sein möchte und warum und weshalb das im Moment nicht geht und was er bisher bereits getan hat, um sein Ziel zu erreichen. Das ist das, was Transaktionsanalytiker unter Vertragsarbeit verstehen. Lammers und Schneider (2009 in: Pauza 2010) würden diese Klärung wahrscheinlich zur Ressourcenaktivierung zählen, die sie als eine der wichtigsten therapeutischen Beziehungskompetenzen sehen (s. a. Kap. IV 2.2). Yalom würde es vielleicht „Hoffnung einflössen" nennen (Yalom 2004, S. 19 f.) Der Patient erlebt durch den Therapeuten ein echtes Interesse an seiner Person, an seiner Situation, an seiner Art, zu sein und zu denken und fühlt sich akzeptiert, verstanden und gefordert, was ihm ein gutes Gefühl gibt, sein Selbstwertgefühl stärkt und seine Motivation zur Veränderung fördert.

Patienten kommen in Therapie, weil sie in irgendeiner Form Probleme in menschlichen Beziehungen haben: mit sich, mit dem Partner, mit den Kindern, mit den Eltern, mit dem Chef, mit den Arbeitskollegen, mit den Freunden oder dem Nachbarn etc. Sie haben womöglich Probleme, weil ihre Beziehungsbedürfnisse nicht befriedigt sind (Ruppert 2012). Innerhalb der therapeutischen Beziehung kann herausgefunden werden, wie sich die Person selbst daran hindert, befriedigende Beziehungen zu leben. Gleichzeitig kann sie in dieser speziellen Beziehung erproben, wie sie sich in Beziehungen bewegen und gleichzeitig selbstbestimmt leben will. In der Fachsprache ausgedrückt werden intrapsychische und interaktionelle Probleme des Patienten in der therapeutischen Beziehung aktualisiert, Beziehungsmuster werden deutlich und können bearbeitet werden. Nun, welche Bedürfnisse haben Menschen an eine Beziehung?

4.2.1 Beziehungsbedürfnisse

Von den vielen Bedürfnissen an eine Beziehung hat sich der Transaktionsanalytiker Richard Erskine auf die folgenden acht meistgenannten konzentriert:

- Das Beziehungsbedürfnis nach Sicherheit: Eine Person kann sich sicher fühlen, wenn sie sich gefühlsmäßig aufgehoben fühlt, wenn sie weiß, woran sie ist, wenn sie sich so geben kann, wie sie ist, wenn sie auch ihre unsicheren Seiten zeigen kann, ohne Angst haben zu müssen, verletzt oder abgewertet zu werden. Für den Therapeuten heißt das, sich als verlässliches Gegenüber anzubieten und dem Patienten mit ungeteilter Aufmerksamkeit und Wohlwollen zu begegnen.

- Das Bedürfnis, in der Beziehung wertgeschätzt, bestätigt und bedeutsam zu sein: Wenn sich eine Person von ihrem Gegenüber wahrgenommen und verstanden fühlt, wenn sie die Erfahrung macht, dass ihre Meinungen und Gedanken auf Interesse stoßen, wenn das Gegenüber präsent bzw. aufmerksam ist, kann sich jemand wertgeschätzt und bestätigt fühlen. Für die therapeutische Arbeit heißt das neugierig, interessiert und authentisch bemüht zu sein, die Dinge durch die Augen des Patienten zu sehen, um nachvollziehen zu können und um zu verstehen, worum es geht.
- Das Bedürfnis, von einer starken, verlässlich-zugewandten und schützenden Person angenommen zu sein: Bei diesem Bedürfnis geht es um Schutz und um Orientierung. Zu diesem Bedürfnis gehört vielleicht auch der Wunsch, von jemandem auf die eigenen hohen Selbstansprüche aufmerksam gemacht und ermahnt zu werden, innezuhalten, innerhalb der eigenen Grenzen zu bleiben und sich nicht zu überfordern. Für die Arbeit des Therapeuten heißt das bspw., den Patienten vor sich selbst zu schützen, ihm, wo nötig, wohlwollend Erlaubnisse zu geben, sich so anzunehmen, wie er ist, ihm zu vermitteln, dass er in Ordnung ist, wie er ist (+/+-Haltung) und es ihm nicht gut tut, sich ausschließlich über seine erbrachten Leistungen zu definieren.
- Das Bedürfnis nach Bestätigung der eigenen Erfahrungen: Wichtig für einen Menschen ist, dass andere Ähnliches wie er erfahren. So fühlt er sich in seinem Erleben bestätigt und weiß, dass er sich auf die eigene Wahrnehmung verlassen kann. Für die Arbeit eines Therapeuten heißt das, den Patienten nicht mit eigenen Erfahrungen und Geschichten zu unterhalten, sondern ihn darin zu ermutigen, an sich zu glauben und den eigenen Sinnen zu trauen.
- Das Bedürfnis, in seiner Einmaligkeit wahrgenommen, respektiert und akzeptiert zu werden: Wenn sich jemand von außen akzeptiert fühlt, gelingt es ihm auch besser, sich selbst in seiner Einmaligkeit und in seiner Andersartigkeit zu definieren und zu sich zu stehen, sich einerseits abgegrenzt und gleichzeitig dazugehörig zu erleben, sich so zu nehmen, wie man ist, mit allen Ecken und Kanten und mit allen Stärken und Schwächen. Viele Patienten finden den Weg in die Therapie, weil dieses Bedürfnis nur mangelhaft oder nur selten bis nie gestillt wurde. Transaktionsanalytisch gesprochen brauchen diese Patienten viele Strokes vom Therapeuten.
- Das Bedürfnis, auf den anderen Einfluss zu haben: Ein wichtiger Aspekt in einer Beziehung ist, die Erfahrung zu machen, dass ich für eine Person so wichtig bin, dass sie sich von mir in einem bestimmten Verhalten, einer Sichtweise, einer Entscheidung oder in ihren Plänen beeinflussen lässt. Es kann sein, dass

sie etwas mir zuliebe macht, es kann aber auch sein, dass sie mich um Rat fragt und meine Idee dazu aufgreift. Für die therapeutische Arbeit heißt das bspw., dass der Therapeut dem Patienten eine überzeugende Erklärung für die Lösung seiner Probleme anbieten kann (wichtiger psychotherapeutischer Wirkfaktor s. Kap. IV 1.4). Es kann auch heißen, dass der Patient etwas dem Therapeuten zuliebe tut oder eben nicht tut, weil er es noch nicht sich selbst zuliebe tun oder lassen kann.

- Das Bedürfnis, dass auch der andere Initiative ergreift: Wenn einmal der eine, das andere Mal der andere die Initiative ergreift, aufeinander zuzugehen, signalisieren sich beide, dass sie ihre Beziehung wertschätzen und sie ihnen wichtig ist. Für die therapeutische Arbeit bedeutet das, dass der Therapeut, bspw. nach massiven verbalen Vorwürfen seitens des Patienten ihm gegenüber, die Initiative ergreift und die Hand reicht, um den Kontakt zueinander wieder aufzunehmen.

- Das Bedürfnis, Liebe auszudrücken: Das Zeigen von Liebe und Zuneigung spielt auch in der Therapie eine wichtige Rolle. Die therapeutische Beziehung ist eine intensive Beziehung mit viel Nähe. Der Therapeut wird in der gemeinsamen Arbeit zu einer wichtigen Person für den Patienten, was dieser vielleicht in Form von Zuneigung äußert. Der Therapeut darf darüber Freude zeigen, sich für Komplimente bedanken und stärkt und festigt so gleichzeitig die therapeutische Beziehung (vgl. Erskine 2002/2008, S. 287 f.; s. a. Kohlhaas/ Reith 2011).

4.2.2 Die Stärke des weiblichen Therapeuten

Da die meisten Therapeuten Frauen sind, macht es Sinn, eine geschlechtsspezifische Kompetenz näher zu betrachten.

Fanita English, eine Transaktionsanalytikerin aus der Gründungszeit der transaktionsanalytischen Schule, betont, dass Therapeutinnen von den Patienten ganz anders wahrgenommen werden als ihre männlichen Kollegen und plädiert dafür, sich dieser Tatsache bewusst zu werden, dieses Thema therapeutisch zu nutzen und vor allem in der Therapeutenweiterbildung speziell mit den weiblichen Therapeutinnen zu behandeln (vgl. English 2011, S. 157 f.).

English unterstreicht, dass es wichtig ist zu erkennen, dass wir alle, Patienten wie Therapeuten, eine ambivalente Beziehung zu unserer Mutter haben und sich daraus auch ambivalente Einstellungen und Fantasien über weibliche Therapeuten ableiten lassen.

Die Ambivalenz der Mutter gegenüber kommt aus der Zeit der ersten Lebensmonate: Aus der Entwicklungspsychologie ist bekannt, dass der Säugling sich in den ersten Lebensmonaten als ungetrennt von der Mutter erlebt, an der Brust trinkt, zufrieden ist und Gefühle der Macht und der totalen Kontrolle hat. Das ist das Prinzip der „guten Mutter". Mit verbesserter Wahrnehmung mit etwa sechs

Monaten merkt das Baby, dass die Brust manchmal nicht da ist und seine All-machtsgefühle von früher kippen ins Gegenteil, in Ohnmachtsgefühle. Es ist frustriert. Von nun an ist die Mutter die Verursacherin jeglicher Art von Schmerz. Das ist das Prinzip der „schlechten Mutter".

Gemäß English sind diese „gute" und die „böse" Mutter in zwei Subsystemen im Kind-Ich gespeichert und bleiben dem Erwachsenen-Ich verborgen, weil dieses zu jener Zeit noch nicht entwickelt war (vgl. a. a. O., S. 159). Im Kontakt mit einer Therapeutin werden diese Subsysteme aktiviert und zeigen sich in Schwankungen zwischen der Sehnsucht nach der omnipotenten Mutter, als Idealisierung der Therapeutin auf der einen Seite, und der Wut und den Ohnmachtsgefühlen ihr gegenüber in Form totaler Abwertung ihrer Person auf der anderen Seite. Patienten wünschen sich die Therapeutin insgeheim als alles gebende Mutter, wird dieser Wunsch nicht erfüllt, können sie plötzlich zum Bild der bösen Mutter kippen und greifen die Therapeutin verbal an.

Dieser Ausdruck der Frustration kommt direkt aus dem Kind-Ich heraus ohne Prüfung des Erwachsenen-Ichs und kann mitunter sehr verletzend für die Therapeutin sein, u. a. auch, weil diese durch ihre eigenen Bilder der guten und der schlechten Mutter durch solche Angriffe verwundbar ist.

Wenn sie sich der Ursache bewusst ist, kann sie damit umgehen und sehr wirksam in der Arbeit mit Patienten wie auch mit Weiterbildungskandidaten sein. Im Verständnis von English hält eine gute und wirksame Therapeutin diese Phase aus und gibt keinen billigen Trost. Sie ist eine Therapeutin, die ihren Patienten nicht als Säugling behandelt und ihn zum „Saugen" ermutigt, sondern eine Therapeutin, die ihre Patienten, ähnlich wie eine Mutter ihre Kinder, durch alle Entwicklungsphasen hindurch von Neuem anspornt und ermutigt, die Herausforderungen des Lebens anzupacken. Sie weiß, dass die Erfahrungen in diesem Prozess der Selbstwerdung immer auch mit Frustration und Schmerz verbunden sind (vgl. a. a. O., S. 160–161).

Wenn hingegen die Therapeutin keine Bewusstheit über diese Dynamiken hat, kann sie in eine Falle tappen. Da auch ihr inneres Kind eine ambivalente Einstellung zur guten bzw. schlechten Mutter hat und weil die Therapeutin zusätzlich beweisen möchte, dass sie im Gegensatz zu ihrer eigenen „schlechten" Mutter doch gütig ist, wird sie sich verschreckt rechtfertigen und vielleicht in übertriebene Fürsorglichkeit kippen, ohne zu realisieren, dass das der Verabreichung „schädlicher Beruhigungsmittel gleicht und den Schmerz des Wachstums verhindert" (a. a. O., S. 157).

4.3 Empathie

Empathie nimmt ihre Anfänge, wie wir bereits gesehen haben, im Säuglingsalter durch die empathische Spiegelung der Mutter, die maßgebend für die Entwicklung des Selbst ist (s. Kap. I 2.1). „Empathisch" bedeutet, respektvoll, interessiert, neugierig, wohlwollend, schutzgebend, kraftvoll und erlaubend gemäß dem transaktionsanalytischen Konzept der 3Ps auf sein Gegenüber einzugehen, um dessen Leid verstehen zu lernen, die Dinge und Gegebenheiten durch die Augen des Patienten zu betrachten, dessen Bezugsrahmen kennenzulernen, um zu verstehen, wie der Patient die Dinge wahrnimmt, wie er damit umgeht und wo er sich eventuell selbst im Weg steht oder sich das Leben schwerer als nötig macht. Die dazugehörenden Fertigkeiten sind:

- Fähigkeit, eine Atmosphäre zu schaffen, in der Empathie entstehen kann.
- Fähigkeit, den Patienten zu motivieren und ihn in seinem Wunsch nach Veränderung zu unterstützen.
- Fähigkeit, sich in den Patienten einzufühlen, seine beschriebenen Symptome und sein selbsteinschränkendes *Skript* zu verstehen und das Verstandene dem Patienten so zurückzumelden, dass er sich wahrgenommen fühlt.
- Gestaltung der therapeutischen Beziehung, sodass Fruchtbares daraus entstehen kann.
- Bereitschaft, sich ohne Vorbehalte mustern zu lassen.

Carl Rogers definiert empathisches Verstehen als:

> „Die private Welt des Klienten verspüren, als wäre sie die eigene, ohne jedoch je diese ‚Als-Ob‘-Qualität außer Acht zu lassen. (…) Den Ärger, die Angst oder die Verwirrung des Klienten zu spüren, ohne dass dabei der eigene Ärger, die eigene Angst oder Verwirrung hineingezogen werden" (Rogers 1992, S. 277).

Was passiert, wenn Empathie entsteht? Beide, der Therapeut und auch der Patient, machen sich ein Bild vom Gegenüber. Im Verlauf der Therapie werden diese Bilder immer mehr aneinander angepasst. So gelingt es dem Therapeuten allmählich, die Bedeutung, die der Patient den Dingen gibt, zu verstehen und die Dinge so zu sehen, wie sie der Patient sieht, oder anders formuliert, er versteht dessen Metaphern und kann dies dem Patienten zeigen, indem er seine eigenen Metaphern an diejenigen des Patienten anpasst bzw. sie in den Bildern des Patienten benennt (vgl. Buchholz 1999, S. 262 f.). Für Kohut bedeutet Empathie – als Gegenbegriff des distanzierten Beobachtens – ein Eintauchen in das interpersonale Gefüge der therapeutischen Beziehung (vgl. Kohut 1981, S. 17). Empathie ist also etwas Zentrales in der psychotherapeutischen Arbeit und sie entsteht immer beidseitig.

Empathie findet nicht nur im therapeutischen Setting statt. Sie entsteht überall da, wo Menschen miteinander zu tun haben, miteinander kommunizieren und interagieren, wie z. B. in der Partnerschaft, zwischen Vorgesetzten und Unterstellten und in Peergroups. Die Fähigkeit, sich in andere einfühlen zu können, ist schon von Kindesbeinen an überlebensnotwendig. Man macht sich ab Beginn des Lebens Bilder über die Dinge, die einem widerfahren, so auch von dem jeweiligen Gegenüber, also den Menschen, mit denen man zu tun hat. Ohne diese Fähigkeit könnte man sich nicht entwickeln, denn im Austausch mit anderen wird Lernen, z. B. das nachahmende Lernen, erst möglich.

Wenn gewisse Dinge in der Interaktion, in der Beziehung, gegeben sind, wird Empathie möglich. Empathie ist also keine psychotherapeutische Kompetenz. Die therapeutische Kompetenz wäre demnach, einen Interaktionsprozess so zu beeinflussen, bzw. dahingehend zu fördern, dass Empathie möglich werden kann. In diesem Prozess spielt die Mimik, die Gestik, die Körperhaltung und die Stimmlage eine nicht zu unterschätzende Rolle in der Entstehung von Empathie. Fiedler (1950) schreibt dazu: „Im Ton seiner Stimme drückt sich die absolute Fähigkeit des Therapeuten aus, die Gefühle des Patienten zu teilen" (zitiert nach Rogers 1992, S. 278). Und Rogers schreibt: „Die Bemerkungen des Therapeuten entsprechen genau der Laune und dem Befinden des Patienten, und der Therapeut zweifelt nie an dem, was der Patient meint" (ebd.).

Spannend ist Michael Buchholz' Aussage, dass nicht nur Empathie dem anderen gegenüber, sondern auch sich selbst gegenüber in die Betrachtung einbezogen werden müsste. So gesehen entsteht im therapeutischen Setting dann die Frage: Wann, wo und wie wurde die Empathie des Patienten sich selbst gegenüber gestört (vgl. Buchholz 1999, S. 265)? Vielleicht wurde von ihm in der Kindheit soviel Empathie für andere abverlangt, dass diejenige sich selbst gegenüber zu kurz kam. Hierzu passen die transaktionsanalytischen Konzepte der negativen Grundbotschaften, z. B. „Sei nicht wichtig!" und der Antreiber, bspw. „Mach's mir (immer) recht!", sowie der Grundposition „Ich bin nicht ok – du bist ok".

Wie oben beschrieben, wird Empathie möglich, indem sich die gegenseitigen Bilder, die sich jeder vom anderen macht, immer mehr anpassen. Solange diese Anpassung nötig ist, besteht ein Empathie-Defizit. Solange es diesen Empathie-Mangel gibt, der angepasst und verfeinert werden kann, ist Entwicklung möglich (vgl. a. a. O., S. 267). Es ist also nicht die Aufgabe des Therapeuten, eine bessere oder größere Empathie zu entwickeln als der Patient. Seine Aufgabe ist, Teilnehmender an einer Interaktion zu sein, die er auf eine Weise mitgestaltet, dass ihm die imaginative Umwelt des Patienten ersichtlich und verständlich wird.

Um herauszufinden, wie der Therapeut Einfluss auf den Patienten nehmen kann und wie er seinerseits vom Patienten beeinflusst wird, stellt er sich gemäß Buchholz zu Beginn des Therapieprozesses gedanklich Fragen wie: Was der Patient ihm zusätzlich mitteilt, während er über dies und das spricht; an welcher Stelle er – der Therapeut – gebraucht wird und wie der Patient ihn wohl emotional wahrnimmt. Im fortgeschrittenen Prozess fragt sich der Therapeut: Was ließ den Patienten, was er sagte oder vielleicht eben nicht sagte, so reagieren, wie er reagierte? Diese Frage kann er sich gedanklich stellen, es kann aber auch Sinn machen, sie direkt an den Patienten zu richten. Den folgenden Überlegungen widmet er sich jedoch gemäß Buchholz definitiv ausschließlich gedanklich, nämlich: Wie der Patient reagieren würde, wenn er sich ihm so zeigen würde, wie er sich in diesem Moment fühlt: gerührt, interessiert, gelangweilt, ungeduldig, erfreut, ver-ärgert oder hilflos etc.? Schließlich kann er sich fragen, welche Reaktion des Pati-enten bei ihm dieses Befinden auslöste und was das über den Patienten aussagen könnte und was das über ihn selbst aussagt (vgl. a. a. O., S. 266 f.).

Auch der Patient stellt sich gedanklich Fragen wie: Wie offen kann ich spre-chen? Hält er mich aus? Wie kann ich herausfinden, ob er verschwiegen ist, ob er mich versteht, ob er überhaupt an mir interessiert ist (ebd.)?

4.4 Intuition

Die intuitive Urteilsfähigkeit wurde weiter oben als spezielle psychotherapeuti-sche Kompetenz des Erfahrungswissens behandelt (s. Kap. IV 3). Führen wir uns noch einmal vor Augen, wie Berne Intuition beschreibt:

> „Intuition ist Wissen, das auf Erfahrung beruht und durch direkten Kontakt mit dem Wahrgenommenen erworben wird, ohne dass der intuitiv Wahrnehmende sich oder anderen genau erklären kann, wie er zu der Schlussfolgerung gekommen ist" (Berne 2005, S. 36).

Diese Fähigkeit kann gepflegt und verfeinert werden. Sich auf die Intuition einzu-lassen und zu verlassen bedeutet auch, sich frei zu machen von Ideologien, Theo-rien und Lehrmeinungen. Das ist eher schwierig für Kandidaten am Anfang ihrer Weiterbildung, da sie sich in diesem Stadium ihres beruflichen Werdens mit viel Theorie, Anleitung und Manualen beschäftigen müssen. Trotzdem ist dieses Ge-spür eine wesentliche Fähigkeit, die in der Weiterbildung und auch in der Super-vision zukünftiger Psychotherapeuten zu entfalten ist.

> „Es ist dies eine Sensibilität für ihre eigenen intuitiven Prozesse, die aber gleichzeitig eine Sensibilität für die Ganzheit der Situation mit umfasst und die damit auch auf die Interaktion bzw. Begegnung mit dem Patienten gerichtet ist und damit intuitiv auch viele Aspekte deren Ausdrucks mit erfasst" (Kriz 2001, S. 221).

Intuitive Prozesse fördern, bedeutet für die therapeutische Praxis, neben der Sprache vermehrt vermeintlich fiktive oder fantastische bzw. märchenhafte Vor-gehensweisen einzubauen. Imagination ist gegenüber der Sprache eher ganzheit-lich. Dabei werden Bilder und Vorstellungen kreiert, die dann erst in Handlungen umgesetzt oder durch solche realisiert werden:

So kann zum Beispiel ein Patient ganz andere Ideen oder ein neues Verständ-nis für sich und seine Situation entwickeln, wenn er vom Therapeuten aufgefor-dert wird, sein Problem einer Kuh namens Ana Lisa zu erklären[21], welche die

---

21 Aus der Erinnerung der Selbsterfahrung der eigenen Weiterbildung Ende der 80er Jahre bei Uli Dehner (Anm. d. A.).

Welt nur aus der Perspektive ihrer Weide kennt: Eine grüne Fläche, vereinzelt stehende Obstbäume, die im Sommer Schatten spenden, ein paar Kräuter, die einen saftiger als die anderen, verschiedene Gräser, farbige Blumen und einen Zaun rundherum, an dem ab und zu merkwürdige Tiere, die sich nur auf zwei Beinen fortbewegen, vorübergehen. Mit diesem Bezugsrahmen hört Ana Lisa (Therapeut oder eine Kuh-Puppe, die der Therapeut hält) aufmerksam, unvoreingenommen und neugierig zu, dabei wird sie viel nachfragen müssen, um zu verstehen, weil für sie so vieles, was die Menschen anbelangt, neu ist und sie es zum ersten Mal hört.

Ein anderes Beispiel kann sein, den Patienten aufzufordern, sich vorzustellen, dass am nächsten Tag in der Frühe drei seiner Wünsche in Erfüllung gegangen sind. Wenn er sich in der Vorstellung befindet, kann man ihn fragen, was an diesem Morgen in seinem Leben anders ist und woran er das erkennen würde. Das ist eine Möglichkeit, spielerisch Ideen zu entwickeln, also intuitiv Bilder für eine mögliche Zukunft zu kreieren (vgl. a. a. O., S. 228).

Für die Stärkung und Kultivierung der eigenen Fähigkeit, zu Intuieren, sind folgende Faktoren förderlich, die auch teilweise ein Umdenken verlangen:

- Regelmäßiges Üben, mit allen Sinnen wahrzunehmen.
- Aufmerksame, neugierige, unvoreingenommene, interessierte und empfängliche Grundhaltung einnehmen.
- Logisch-analytisches Denken außer Kraft setzen, stattdessen bildhaftes Denken zulassen.
- Loslassen von Sicherheiten und Ungewissheit als Chance begreifen.
- Widersprüche nicht abbauen, sondern suchen und verstärken.
- Die Patienten wie sich selbst ermutigen, sich in angemessener Art und Weise zu offenbaren und, wo sinnvoll, Gedanken und Gefühle mitzuteilen.
- Das „Ungesagte" hören.
- Die erste Idee, das erste Bild wahrnehmen.
- Mehr als eine Antwort suchen, ungewöhnliche Ideen aufgreifen, vorschnelle Bewertungen vermeiden.
- Beobachten, zuhören, hören und reagieren bzw. antworten, zusammenfassen und nicht-bedrohliche, offene Fragen stellen.
- Offen sein für ungewöhnliche Empfindungen, Gedanken und Wahrnehmungen mit möglichst wenig voreiliger Zensur oder Kategorisierung. (vgl. auch Hennig/Pelz 1997, S. 19–20).

Für die Intuition weniger förderlich bzw. eher hinderlich sind folgende Bedingungen:

- Wie bereits erwähnt und vielleicht auch bezugnehmend auf den letzten Punkt der Liste oben, ist es zu Beginn der Weiterbildung schwierig, sich auf dieses Gespür einzustimmen und diese Sensibilität zu fördern. Kompetenzen wer-

den ja zuerst begrifflich und anhand von Anleitungen und Handbüchern gelernt, und erst mit fortgeschrittener Weiterbildung bzw. in den Jahren nach
der Weiterbildung entwickeln sich die Fähigkeiten zur Stufe des Expertentums (s. dazu Kap. IV 1.2/Kap. IV 1.3).

• Eher hinderlich für die Stärkung der Intuition ist auch, dass zur Zeit in der
  Psychotherapie Wirkfaktoren operational so definiert werden, dass sie sich
  gut und einfach empirisch fassen lassen. Da auch die Psychotherapie mehr ist
  als die Summe ihrer Einzelteile, können das ja dann nur Teilaspekte der Therapie sein und wahrscheinlich kaum jene, die die Intuition sensibilisieren bzw.
  schärfen. Diese momentane Entwicklung in der Psychotherapie ist weder für
  den Patienten noch für den Therapeuten förderlich (vgl. Kriz 2001, S. 221).

• Hinderlich bzw. fehlleitend ist die skriptgebundene Intuition, die eine Folge der kindlichen Überlebensstrategien ist (vgl. Kap. IV 3.2). Diese Art der
  Intuition birgt Tabus und/oder Verbote in sich, die einen „kreativen Wirk-
  lichkeitsbezug und entsprechende Intuitionen behindern oder verfälschen"
  (Schmid 1992, S. 8). Zu den Tabus zählen blinde Flecken oder die Schattenseiten der Persönlichkeit, die in der Selbsterfahrung noch zu wenig eliminiert
  bzw. noch nicht erhellt sind. Zu den klassischen Tabuthemen zählt Schmid
  folgende: „Macht, Erotik, Gier oder Lust am Quälen. Neuere und heute wichtige Tabuthemen sind: Kompetenzdefizite, Ausbeutung, Korrumpierbarkeit
  und würdeloses Verhalten sowie Angst, Mutlosigkeit und stille Verzweiflung"
  (ebd.).

4.5 Hier und Jetzt

„Das Hier und Jetzt ist die Hauptquelle der therapeutischen Wirkung, die Gold-
mine der Therapie, der beste Freund des Therapeuten (und damit des Patienten)",
schreibt Irvin Yalom (Yalom 2002, S. 61).

Wenn im therapeutischen Setting über Probleme des Patienten, die er „dort
draußen" im Alltag, in seinem Leben erlebt, gesprochen wird, ist das Risiko groß,
dass seine emotionale Beteiligung fehlt (die es schlussendlich für eine Veränderung braucht), weil die Probleme weit weg von der aktuellen Situation, in der sich
Therapeut und Patient jetzt befinden, liegen. Das heißt, man spricht relativ unbeteiligt über etwas, wie wenn es einen nichts angehen würde. Eine solche Therapie bringt nicht sehr viel und wäre auch relativ schnell langweilig. Wenn jedoch die schwierigen Situationen des Patienten ins Behandlungszimmer geholt
werden und nachgeforscht wird, wo, wie und inwiefern der Patient im therapeutischen Geschehen das Gleiche oder ähnlich Schwieriges erlebt, können Therapeut und Patient dessen Probleme wirklich angehen. Beide sind dann Teil dieses Problems und stecken mittendrin im Übertragungs-Gegenübertragungs-Geschehen. Yalom gebraucht dafür den Ausdruck „Hier-und-Jetzt-Entsprechungen"
(vgl. 2002, S. 68 f.).

Sich darauf einzulassen, um diese Phänomene therapeutisch zu nutzen, verlangt vom Therapeuten die Fähigkeit, echt bzw. authentisch zu sein und therapeutische Nähe zulassen und aushalten zu können. Für den Patienten bedeutet es, sich im Problem wiederzufinden, was verhindert, sich damit aus der Distanz, auf einer Metaebene, unbeteiligt zu befassen. Er ist gezwungen, sich als Betroffener dem Schwierigen im Hier und Jetzt, in der Situation mit dem Therapeuten zu stellen.

Mit dem Hier und Jetzt arbeiten und das Hier und Jetzt nutzen, das ist eine Fertigkeit, die erlernt werden muss und gemäß Yalom ein absolutes Muss, wenn durch die Therapie beim Patienten eine Veränderung eintreten soll, also die Therapie effektiv sein soll. Seine Begründung dafür ist, dass wir Menschen uns von Geburt an in Beziehungen befinden und uns im Austausch mit unserem sozialen Umfeld entwickeln und uns Bilder machen, die uns Erklärungen über uns, über die anderen und über die Welt geben. Er nennt das „interpersonales Lernen" (vgl. Yalom 2004, S. 48). Probleme, Störungen und Leiden, die die Patienten in die Therapie bringen, müssen daher immer im Kontext ihrer Beziehungen betrachtet werden.

Die Probleme, die den Patienten außerhalb der Therapie quälen, zeigen sich früher oder später auch in der Therapie, in der Beziehung zum Therapeuten, weil der Patient seine Bilder, die er sich über die Wirklichkeit macht, auch in die Therapie mitbringt (s. a. Empathie, Kap. V 4.3). Die Aufgabe des Therapeuten besteht nun darin, entsprechende Situationen im Hier und Jetzt, in der Beziehung zwischen ihm und dem Patienten aufzuspüren, bzw. zu erkennen, die das Problem, von dem der Patient erzählt, widerspiegeln. Er befasst sich mit der Frage: „Wie äußert sich das beschriebene Problem eben jetzt, in dieser Sitzung, im Austausch mit mir?" Er hört, was der Patient ihm erzählt, entwickelt Ahnungen über die Bedeutung, die das Erzählte für den Patienten hat, spürt nach, was das Gesagte und die Art und Weise, wie es gesagt wurde, bei ihm selbst gefühlsmäßig auslöst und kann so herausfinden, dass er zum Beispiel auf die gleiche Weise reagiert wie die Person, mit der der Patient ein Problem hat. Durch ein sorgfältig formuliertes Feedback (s. Yalom 2002, S. 84) kann der Patient erkennen, dass es offenbar mit ihm selbst, mit seiner Art und Weise zu tun hat, dass er bei zwei Personen, die sich absolut nicht kennen, die gleiche Reaktion auslöst. So kann ein Arbeitsbündnis entstehen, indem sich Therapeut und Patient gleich mit der Essenz des Problems befassen können. In der Therapie geht es schlussendlich darum, dass der Patient durch das Erleben (Erlebensebene) und Reflektieren lernen und verstehen kann, dass er und auf welche Weise er immer wieder Situationen inszeniert (Prozessebene), die ihm Erfahrungen einbringen, die er eigentlich vermeiden möchte. Transaktionsanalytisch geht es hier um das Konzept des Maschensystems. Damit der Patient sein Problem ändern kann, muss er sich ändern. Um soweit zu kommen, muss er sein Verhalten so sehen, wie es ein anderer (Therapeut) sieht. Ein nächster Schritt ist, dass er realisiert, welche Gefühle sein Verhalten beim Gegenüber auslösen, um sich in einer weiteren Sequenz darüber bewusst werden zu können, dass sein Verhalten die Meinung der anderen über ihn beeinflusst. Zu guter Letzt realisiert er, dass sein Verhalten auch seine Meinung über sich selbst beeinflusst (vgl. Yalom 2004, S. 106 ff.). Für den Therapeuten bedeutet das, folgende Fähigkeiten zu entwickeln:

- Fähigkeit, die eigenen Gefühle von denjenigen des Patients zu unterscheiden.
- Bereitschaft, das Hier und Jetzt zu nutzen.
- Fähigkeit und Bereitschaft, therapeutische Nähe zuzulassen (Intimität).
- Fähigkeit, im Hier und Jetzt Entsprechungen zu erkennen.
- Fähigkeit, die Übertragung und die Gegenübertragung zu erkennen und therapeutisch zu nutzen.
- Wissen um und angemessener Umgang mit den regressiven Zuständen des Patients in der Übertragungsbeziehung.
- Fähigkeit, den Patienten da abzuholen, wo er ist.
- Fähigkeit, zum richtigen Zeitpunkt zu konfrontieren bzw. zu intervenieren.

Diese Fähigkeiten kann der Therapeut nur entwickeln, wenn er seine eigenen Gefühle selbst sehr gut kennen gelernt hat. Er muss einen guten Teil an blinden Flecken aufgelöst haben, damit er unterscheiden kann, was seines ist und was der Patient bei ihm auslöst (s. dazu Yalom 2002, S. 81 f.).

Das Hier und Jetzt besteht, wie oben beschrieben, aus einer Erlebens- und einer Prozessebene. Für die Ebene des Erlebens besteht die Aufgabe des Therapeuten, wie bereits erwähnt, darin, den Patienten ins Hier und Jetzt zu lotsen, um nicht ein Problem, das irgendwo da draußen, weit weg von den beiden Beteiligten existiert, zu behandeln. Es geht darum, das Problem ins Sitzungszimmer zu holen, um es lösen zu können. Dies geschieht durch das Erkennen entsprechender bzw. ähnlicher oder sogar gleicher Situationen in der therapeutischen Beziehung. Die Art und Weise, wie sich diese Gegebenheiten entwickeln, diesen Prozess gilt es, zu reflektieren und dem Patienten zurückzumelden, damit dieser sein Verhalten und sein Erleben selbst reflektieren lernt.

5. Konzeptkompetenzen aus der Selbsterfahrung

Die gewählte Methode wird in der Selbsterfahrung im Einzelsetting sowie im Gruppensetting am eigenen Leib erlebt. Auf diese Weise können Möglichkeiten und Grenzen, aber auch spezifische Gefahren und Belastungen der gewählten Schule persönlich erfahren werden, um so einen verantwortungsvollen und ethisch vertretbaren Umgang mit den anvertrauten Patienten zu gewährleisten (s. a. Charta-Text, S. 24).

Als spezifische Gefahr in der Transaktionsanalyse kann z. B. ihre Sprache gesehen werden. Die Transaktionsanalyse verfügt über eine einfache, anschauliche Sprache und auch ihre Modelle und Konzepte werden allgemeinverständlich und einfach dargestellt. Berne regte sich über die komplizierte Sprache der Psychoanalyse auf, die kein Patient verstehen würde. Er vertrat die Meinung, wenn man mit Menschen arbeiten will, braucht es keine Fachsprache, sondern eine, die alle Menschen verstehen können. So gelang ihm die Kunst, komplexe menschliche Gegebenheiten mit einfachen Worten darzustellen und zu erklären. Aber wie alles andere, hat auch das zwei Seiten. Patienten, Weiterbildungskandidaten und zuweilen auch Therapeuten glauben manchmal, dass Probleme auch einfach zu lösen wären, wenn sie so einfach dargestellt werden können. Eine Gefahr liegt darin, dass Patienten sich dann oft schämen und sich blöd vorkommen, weil alles so einfach ist und sie ja offensichtlich gar keine Probleme haben. Die nächste Gefahr, die möglicherweise daraus resultiert, kann darin gesehen werden, dass Patienten sich selbst überfordern und ihre Probleme so schnell wie möglich aus einer Überanpassung heraus lösen wollen, sich bspw. antreiben, schneller und/oder härter zu arbeiten oder sich mehr anzustrengen etc. Wie bereits ersichtlich wird, führen diese Selbstansprüche eher zu einer Skriptverstärkung als zu einer Lösung des Problems. Wenn der Therapeut nicht klärend interveniert, weil er bspw. diese Psychodynamik (vielleicht mangels Selbsterfahrung) gar nicht mitbekommt, unterstützt er diese Überforderung des Patienten und die Behandlung hat – falls sie überhaupt weitergeht – zumindest nicht sehr kompetent begonnen.

Durch die Erfahrungen in der eigenen Therapie bekommt man ein Gespür für die Methode, für das Setting, für den transaktionsanalytischen Kommunikationsstil, für Interventionen, die helfen und sicher auch für solche, die weniger nützlich sind, für das therapeutische Geschehen, für das eigene Tempo, für Veränderungen, für Mögliches, für Unmögliches und für Hartnäckiges und Unliebsames. Man erfährt, wie es sich anmutet, wenn man auch neue, vielleicht auch weniger sympathische Seiten an sich selbst kennenlernt, wo blinde Flecken sind und wie es ist, wenn diese eliminiert werden. Und man entwickelt ein Gefühl für transaktionsanalytische Modelle und Konzepte und ihre Anwendung, die Persönlichkeit (Ich-Zustände), die Kommunikation (Transaktionen), die Beziehung (Spiele) und die Entwicklung (Skript, Maschensystem) betreffend. Vielleicht zeigt sich, welche Modelle einem als hilfreich erscheinen und vielleicht auch, mit welchen man zukünftig eher nicht arbeiten wird.

Durch das Erleben der Methode am eigenen Leib wird man standfester in der therapeutischen Arbeit, man arbeitet im Hier und Jetzt und entwickelt ein Gespür, wann und wie beim Patienten interveniert werden kann und wie viel Konfrontation dieser in einer bestimmten Situation verträgt. Wenn der Patient eher in die Anpassung geht, war es wohl zu viel an Intervention. Wenn der Patient beginnt, sich zu zeigen und zu entwickeln, dann war die Intervention wohl richtig (s. a. Kap. IV 2.3.3).

Die Konzeptkompetenzen aus der Selbsterfahrung werden ebenfalls aus den erarbeiteten transaktionsanalytischen Kompetenzen (s. Kap. IV 2.3) abgeleitet. Diese können wie folgt dargestellt werden, wobei auch diese Auflistung keinen Anspruch auf Vollständigkeit erhebt:

- Eigene Wertschätzung aus der „Ich bin ok – du bist ok"-Haltung dem Patienten wie auch seinen Erfahrungen gegenüber zum Ausdruck bringen.
- Erkennen von Risikofaktoren bei sich selbst wie beim Patienten und Anerkennen der eigenen Grenzen, der Grenzen der Therapiemethode und der Grenzen des Patienten.
- „Fähigkeit, genaue phänomenologische Beobachtungen zu machen, daraus eine therapeutische Hypothese ableiten können mit Bezug zur Theorie und zur Philosophie der Transaktionsanalyse" (EATA-Handbuch, Kap. 5.3.4, S. 43).
- Skriptthemen (z. B. Skriptsignale, Spieleinladungen, Discounts, Antreiber-Verhalten) erkennen und einschätzen können und entsprechend dem Behandlungsstand adäquat aufgreifen.
- Ressourcen der Patienten fördern und diese zur Autonomie ermutigen.
- Transfer von der Praxis in die Theorie, erkennen ähnlicher Situationen.
- Fähigkeit, wahrgenommene Phänomene beim Patienten mit gängigen TA-Konzepten diagnostisch zu beschreiben.
- Kenntnis und Umgang der acht von Berne beschriebenen Interventionen.
- Die Wirkung einer Intervention einschätzen und nutzen können.
- Wissen und Verstehen sowohl der intrapsychischen Begebenheiten, die in einem Individuum vor sich gehen, als auch der innerpsychischen Dynamik, also was zwischen (mindestens) zwei Menschen passiert bzw. wie sie miteinander kommunizieren.
- Fähigkeit zur offenen spielfreien Kommunikation.
- Kenntnisse der transaktionsanalytischen Theorien zu Gruppenprozessen.
- Kenntnisse über systemisches Geschehen und Fähigkeit, mit Gruppendynamik zu arbeiten unter Berücksichtigung kultureller, sozialer und hierarchischer Unterschiede.
- Wissen um die Wichtigkeit einer kompetenten Vertragsarbeit.

6. Kompetenzen (für Gruppentherapie) aus der Gruppenselbsterfahrung

Selbsterfahrung gibt es im Einzel- wie im Gruppensetting. Während im Einzelsetting schwerpunktmäßig entwicklungs- und persönlichkeitsanalytische Komponenten bearbeitet werden – Analyse des Skripts und der Ich-Zustände – kommen im Gruppensetting eher kommunikations- und beziehungsbezogene Aspekte zum Tragen. Transaktionsanalytisch gesprochen kann hier die Analyse von

Transaktionen, Spielen, symbiotischem Verhalten und Maschenverhalten und die Ersatzgefühle bearbeitet werden. In der Gruppe können wertvolle Erfahrungen gemacht werden, die im Einzelsetting nicht möglich sind.

So kann der Einzelne in der Gruppe Antworten bekommen auf Fragen wie: Wie wirke ich auf andere? Wie werde ich wahrgenommen? Sehen mich die anderen, wie ich mich sehe oder hinterlasse ich einen ganz anderen Eindruck? Wie fühle ich mich in der Gruppe? Wie verhalte ich mich in der Gruppe? Übernehme ich Führung, bin ich Mitläufer? Wie fühlt sich Kritik an? Kann ich sie annehmen? Wie reagiere ich auf das Gruppengeschehen? Kann ich mich öffnen? Kann ich gleichzeitig bei mir bleiben und Teil der Gruppe sein? Haben die anderen gleiche oder ähnliche Themen wie ich? Wie gehen sie damit um? Mögen sie mich und mag ich sie?

Wie in der Einzeltherapie ist der Wirkfaktor (s. Kap. IV 1. 4) „Beziehung" auch in der Gruppentherapie wichtig. Wer Vertrauen haben kann, sich verstanden und akzeptiert fühlt, erlebt die Gruppe als einen geschützten Ort und fühlt sich dazugehörig. Eine große Gruppenkohäsion ist da, wo sich ihre Mitglieder geschätzt, bedingungslos angenommen und von den anderen unterstützt fühlen und einfach froh sind, dass es die Gruppe gibt, in der sie über alles offen sprechen und Rückmeldungen geben und auch bekommen können. So kann jemand bspw. darauf aufmerksam gemacht werden, dass er sich und andere häufig abwertet. Wenn er diese Rückmeldung annehmen kann, wird er sich vielleicht darin üben, vermehrt die „Ich bin ok – du bist ok"-Haltung einzunehmen. Ein anderes Beispiel ist, wenn jemand mit einem „Sei-stark!"-Antreiber sich schämt, weil er in einer Sitzung Schwäche zeigte, von der Gruppe erfährt, dass man ihn mag, eben weil er neben seinen Stärken auch Schwächen hat, manchmal unsicher und ratlos ist. Früher oder später kommunizieren Gruppenmitglieder untereinander und mit der Gruppenleitung wie mit ihren Geschwistern und Eltern, sodass Konflikte aus der Vergangenheit noch einmal erlebt werden, aber dieses Mal besteht die Möglichkeit, sie zu lösen (s. a. Kap. V 4.5 über das Hier und Jetzt).

Gegebene Erlaubnisse durch die Gruppe können zu neuen Sichtweisen und veränderten emotionalen Erfahrungen führen.

Ein Vorteil der Gruppenselbsterfahrung ist die Erkenntnis, die jeder früher oder später gewinnen kann, dass man nicht alleine mit seinen Problemen dasteht, sondern, dass sich alle in etwa mit gleichen oder ähnlichen Themen plagen bzw. auseinandersetzen. Diese Erfahrung ist heilsam, weil man sich durch diese Tatsache nicht mehr so isoliert, sondern zugehörig fühlen kann. Yalom hat über viele Jahre hinweg die Gruppenteilnehmer gebeten, anonym ihr größtes Geheimnis, das sie niemals mit der Gruppe teilen würden, aufzuschreiben. So hat er herausgefunden, dass viele Menschen unter den folgenden Grundthemen leiden:

- Eine tiefsitzende Überzeugung, nicht wirklich zu etwas fähig zu sein und sich nur durchs Leben zu schummeln.

- Ein tiefes Gefühl, nicht wirklich Liebe für eine andere Person empfinden zu können, geschweige denn Intimität in Form von Nähe zulassen zu können, auch wenn es nach außen hin anders aussehen mag.
- Ein Aspekt sexueller Thematik (vgl. Yalom 2004, S. 23).

Ein anderer Vorteil zum Einzelsetting ist, dass die Teilnehmer mit ihren Themen in unterschiedlichen Entwicklungsstadien stehen und es gegenseitig ermutigend ist und zuversichtlich macht, untereinander die Entwicklungsschritte miterleben zu können. So lernt jeder anhand der Problemlösungsbeispiele der anderen und kann sich am Beispiel fortgeschrittener Patienten sowohl hinsichtlich des Zulassens verdrängter Konflikte als auch hinsichtlich des Umgangs mit schwierigen emotionalen und sozialen Situationen orientieren (vgl. a. a. O., S. 20). Für den Prozess der Selbsterkenntnis gibt es in der Gruppe mehr Impulse zur Ideenentwicklung und für neue Sichtweisen als im Einzelsetting.

In einer Studie, in der ehemalige Gruppenmitglieder 60 Fragen zur Wirksamkeit bzw. ihren Fortschritten in der Gruppentherapie beantworten konnten, zeigte sich, dass die Teilnehmer folgende Themen, die hier zitiert werden, als sehr bedeutsam betrachten.

„(1) zu erkennen, dass ich, so nah ich anderen auch kommen mag, dem Leben dennoch alleine gegenübertreten muss; (2) mich den Grundfragen meines Lebens und meines Todes zu stellen und so mein Leben ehrlicher zu leben und mich weniger von Belanglosigkeiten einfangen zu lassen; (3) zu lernen, dass ich die letzte Verantwortung für die Art, wie ich mein Leben lebe, übernehmen muss, gleichgültig, wie viel Anleitung und Unterstützung ich von anderen bekomme" (Yalom 2004, S. 40)[22].

Die beruflichen Kompetenzen, die sich durch und in diesem Setting entwickeln können, basieren zu einem großen Teil auf dem Lernen am Modell. So hat man in der Gruppe viele Möglichkeiten, die Vorgehensweise und den Arbeitsstil des Therapeuten zu verfolgen, wenn dieser mit einem Gruppenmitglied arbeitet und danach vielleicht auch erklärt, warum er so oder so interveniert hat. Für den Kandidaten bedeutet das, einen wichtigen Lerntransfer von der Praxis in die Theorie machen zu können:

- Der Therapeut unterstützt die Teilnehmer darin, bei sich immer wieder genau hinzuschauen und eigenes Verhalten, Denken und Fühlen wohlwollend kritisch zu hinterfragen, um herauszuspüren, was Festgefahrenes und hinderlich in der eigenen Entwicklung sein könnte.
- Für den Kandidaten sind die Informationen, die der Therapeut zu Symptomen, zu Krankheitsbildern und zu möglichen Lösungswegen gibt, sehr lehrreich. In

---

22 Mehr zu den existentiellen Faktoren – den letzten vier Themen die jeden Menschen betreffen: Tod, Freiheit, Isolation und Sinnlosigkeit in: Yalom, I.D. „Existentielle Psychotherapie". 2005 deutsch.

der Transaktionsanalyse ist es üblich, anhand ihrer allgemein verständlichen Konzepte den Patienten ein Erklärungsmodell für ihre Symptomatik aufzuzeichnen, weil das bereits erste Schritte zur Bewältigung sind. So werden Probleme für Patienten konkreter und fassbarer und sind nicht mehr so ängstigend und bedrohlich. Auch mögliche Schuld- und Schamgefühle können abnehmen. Das Schwierige hat nun einen Namen, der Patient hat vielleicht bereits Vermutungen über die Entstehung seiner problematischen Situation und kann mithilfe des Therapeuten mögliche Lösungswege erarbeiten und erste Schritte planen. Dies verleiht ihm eine Zukunftsperspektive und Hoffnung

- Durch die verschiedenen therapeutischen Einzel- und Gruppenarbeiten mit anschließenden Rückmeldungen und Diskussionen, lernen die Kandidaten/Patienten, ein Gespür für das transaktionsanalytische Geschehen zu entwickeln und können es auch benennen. Die Transaktionsanalytikerin Gisela Kottwitz nennt das die „Entfaltung eines kotherapeutischen Potentials durch kognitive und emotionale Lernprozesse" (Kottwitz 1992, S. 140). Die Kandidaten/Patienten erkennen auf diese Weise Wachstumsförderndes und Wachstumshemmendes und lernen, echte Gefühle von unechten – von Maschengefühlen – abzugrenzen. Sie schärfen ihre Wahrnehmung im Beobachten und Zuhören und können allmählich zuordnen, aus welchem Ich-Zustand heraus jemand spricht, um welche Art von Transaktionen es sich dabei handelt, sie beginnen, anhand von Gesagtem zu verstehen, ob jemand aus der Anpassung bzw. dem Trotz heraus reagiert oder relativ autonom entscheidet (vgl. ebd.).

- Gruppenteilnehmer lernen also, Reaktionen anderer Teilnehmer adäquat einzuschätzen und können feststellen, ob sich diese in ihrer persönlichen Entwicklung eher entfalten oder sich eher Steine in den Weg legen. In der Gruppe ist die Möglichkeit zum differenzierten Beobachten und daraus Lernen daher viel größer als im Einzelsetting.

- Der Kandidat/Patient kann Erfahrungen mit der Dynamik und der Strukturierung von Gruppenprozessen machen. Eine sinnvolle Strukturierung trägt einerseits dazu bei, dass der Ablauf der Therapie so effizient wie möglich gestaltet wird, um die Phase des Zeitvertreibes – ohne den Gruppenbildungsprozess zu forcieren – so klein wie möglich zu halten und sich der Spielanalyse und der Bearbeitung von Ersatzgefühlen widmen zu können. Zudem gibt die Strukturierung den Teilnehmern eine Orientierung als Voraussetzung für die Kandidaten/Patienten, auf den eigenen therapeutischen Weg zu gehen und sich emotional auf andere Gruppenmitglieder einzulassen (vgl. a. a. O., S. 134 f.).

- Im Anfangsstadium einer Gruppenbehandlung erteilen Patienten anderen gerne ungefragt Rat. Das ist üblich und normal in diesem Stadium. In einer älteren Gruppe kommt das nicht mehr vor und wenn doch, dann ist das ein Hinweis, dass die Gruppe Schwierigkeiten hat, dann geht es darum, herauszufinden, was die Gruppe in ihrer Entwicklung stagnieren lässt (vgl. Yalom 2004, S. 28 f.).

- Die Art und Weise, wie Rat gegeben oder gesucht wird, zeigt auch mögliche pathologische Aspekte der Beziehungsgestaltung auf. Berne hat dazu eigens ein Buch mit dem Titel „Spiele der Erwachsenen" (1988) geschrieben. Da gibt es den „Ja-aber"-Spieler, der andauernd Ratschläge von anderen haben möchte, aber nur, um sie dann zu verwerfen und die anderen zu frustrieren. Da gibt es diejenigen, die sich sehr viele Ideen bei anderen holen, aber selbst nicht bereit sind, anderen auch zu helfen. Dann gibt es diejenigen, die permanent Ratschläge geben, obwohl niemand danach fragt, und zum Schluss dieser Beispielsammlung gibt es diejenigen, die um Tipps und Hinweise für Probleme bitten, die bereits gelöst oder nicht lösbar sind. So gibt es eine große Bandbreite von kreativen Variationen, wie man sich in der eigenen Entwicklung behindern kann.
- Je sicherer ein Therapeut die Gruppenprozesse wahrnimmt, überschaut und steuert, desto offener, flexibler und präsenter kann er auf das eingehen, was in der Gruppe passiert. Das erreicht er, indem er seine Ziele klar definiert und den Einsatz seiner Methoden konkret und genau plant. Berne erwartet von einem transaktionsanalytischen Therapeuten die Fähigkeit, mit all seinen Sinnen wahrzunehmen: Jegliche Veränderung in Mimik, Gestik, Körperhaltung, Körperausdünstung und Stimmlage der Patienten ist wahrzunehmen. Der Therapeut hört zu und fragt nach, spezialisiert, konfrontiert, erklärt, illustriert, bestätigt, deutet und kristallisiert wichtige Punkte heraus. Er befindet sich in einem fortlaufenden Entscheidungsprozess, um, wo nötig, Prioritäten neu zu gewichten. Er ist aufmerksam, konzentriert und plant anhand seiner Wahrnehmungen die nächsten Schritte. Er ist offen, direkt, sachlich und hat Humor (vgl. Berne 2005, S. 73 f./124 f.; s. a. Hennig/Pelz 1997, S. 332 f.; Kottwitz 1992, S. 133 ff.; Yalom 2004, S. 16 ff.).

Zusammenfassend kann man sagen, professionelle Kompetenz und Identität zeigt jemand, der adäquat handelt. Er ist frei von innerem wie äußerem Druck, was sich als eine gewisse Gelassenheit äußern kann. Er ist ruhig, besonnen, kann in den Bezugsrahmen seines Klienten eintauchen, ohne ihn zu übernehmen, kann auf diese Weise die Situation mit den Augen des Klienten betrachten. Er kennt seinen eigenen Bezugsrahmen. Er spielt keine manipulativen Spiele, er ist echt und authentisch und sich seiner eigenen Spielanfälligkeit bewusst. Er kennt seine Gefühlsreaktionen, seine Bedürfnisse, seine Wünsche, seine Träume sowie seine Ängste. Er stellt adäquate Ansprüche an sich selbst und kennt seine Grenzen. Er kann auf eine gute Art viel Nähe zulassen und sich, wenn nötig, gut abgrenzen. Sein Erwachsenen-Ich ist vorwiegend besetzt, was daran zu erkennen ist, dass er wach, präsent und dem Patienten zugewandt ist. Er sagt, wenn er etwas nicht weiß und gesteht Fehler ein. Er benötigt den Patienten nicht, damit es ihm selbst gutgeht, sondern er zeigt sich interessiert, offen und neugierig und ist gewillt, zusammen mit ihm herauszufinden, welche Behandlung dieser benötigt.

Die Bewusstheit dessen und das Verstehen sind wichtige Voraussetzungen für den zukünftigen Therapeuten, um hilfreiche psychotherapeutische Behandlung anbieten zu können. Je bewusster ein Therapeut mit seinen eigenen wunden Punkten, Fehlern und Begabungen umgehen kann, desto angst- und projektionsfreier wird er mit Patienten umgehen, d. h., die eigenen Probleme aus der Therapie heraushalten. Mit der Bewusstheit über eigene Kompetenzen befasst sich das nächste Kapitel.

7.   Bewusstheit über den Stand der eigenen Kompetenzen

Je bewusster dem zukünftigen Therapeuten die Inhalte und die Themen der einzelnen Kompetenzen sind, desto klarer und realistischer kann er sich selbst in der entsprechenden Fertigkeit einschätzen und einstufen sowie eigenes Entwicklungspotenzial erkennen und angehen. Als Orientierung dafür gibt es verschiedene Standpunkte von Bewusstseins- und Deutungsebenen (Erlebnisebenen) mithilfe derer der Kandidat den Stand seiner Kompetenzen selbst einstufen kann.

Grundsätzlich kann man jedes Phänomen auf vier verschiedene Arten, je nachdem, wie das Verhältnis von Subjekt und Objekt gefasst wird, deuten (vgl. Garnitschnig 1993). Ein erster Standpunkt ist das Wahrnehmen der Phänomene durch (1) äußeres Beobachten, wenn sowohl das Subjekt als auch das Objekt als bestimmt gedacht werden. Wird das Subjekt als bestimmt, das Objekt als bestimmend gedacht, etwa in dem Sinne, dass die gesellschaftlichen Verhältnisse oder Reize von außen das Subjekt beeinflussen, werden die Dinge so gedacht, dass sie das Erleben der Subjekte modifizieren (2). Versteht sich das Subjekt als bestimmend, kommt es also zu einem Bewusstsein seiner selbst, gestaltet die Umwelt und sein Leben aktiv selbst. Das Ich versteht sich als Urheber seines Handelns (3). Dieses führt weiter zur vierten Ebene, zum Sein, im Fluss sein, im Prozess sein, „im Prozess des Werdens begriffen" sein. Subjekt und Objekt sind im Fluss und bestimmen sich wechselseitig (vgl. a. a. O., S. 2). Dieses Modell der „Standpunkte des natürlichen Bewusstseins" kann einerseits, wie eben dargestellt, als Entwicklungsfolge von einer Stufe zur anderen gesehen werden und andererseits als ein Versuch, die Phänomene in ihrer Ganzheit über verschiedene Zugänge wahrzunehmen. Dabei nehmen wir nicht die Welt per se wahr, sondern wie wir sie uns erklären, also die Bedeutungen, die wir ihr, bzw. den Phänomenen in ihr, zusprechen. Auf das Phänomen der Selbsterfahrung bezogen heißt das, dass wir die Dinge durch das Bewusstwerden und mittels dieser vier Ebenen mit der Zeit anders interpretieren, ihnen andere, neue Bedeutungen geben. Dabei können die vier Standpunkte als in sich abgeschlossen angenommen werden und alles und jedes wird aus ihm heraus interpretiert, wenn jemand einen Standpunkt verabsolutiert. So hat der klassische Behaviorismus alles – auch das Denken – unter dem Gesichtspunkt des Reiz-Reaktions-Schemas interpretiert. Überblickt aber jemand diese Standpunkte, nimmt er gegenüber ihnen eine Metaposition ein und erkennt und akzeptiert, dass sie jeweils eine bestimmte Reichweite der Erklärung haben. Das Phänomen „Selbsterfahrung" kann am Beispiel der Transaktionsanalyse wie in Abbildung 5 dargestellt werden.

Standpunkt 1: was ist -> Beobachten	Standpunkt 2: wie fühlt es sich an -> Erfahren/Verstehen
TA-Konzepte und Modelle • Ich-Zustände: Strukturmodell/ Funktionsmodell • Transaktionen • Grundpositionen • Grundbedürfnisse • Grundgefühle • Strokes • Zeitstrukturierung • Spiele • Skript/Miniskript • Maschen-/Racketsystem • Discounts • Passivität • Gruppenkonzepte • Verträge • etc.	Gewählte Methode am eigenen Leib erleben: • Bevorzugter Ich-Zustand • Spielanfälligkeit • Bevorzugte Rolle im Drama-Dreieck • Miniskript-Ablauf • Destruktive Grundbotschaften • Antreiber • Grundposition • Ersatzgefühl – Lieblingsgefühl • Unerhörte Geschichte • Strokes bekommen/annehmen • 3Ps – Schutz, Kraft und Erlaubnis
Standpunkt 3: selbst tun -> Entwickeln	**Standpunkt 4:** Im Hier und Jetzt -> werden, geschehen lassen

• Aus Skript aussteigen
• Aus Spiel aussteigen
• Beziehungen aktiv gestalten
• +/+-Haltung aktiv üben
• verschiedene Themen aktiv trainieren wie:
  • Intuieren
  • Empathie
  • Hier und Jetzt nützen
  • Selbstfürsorge pflegen
  • Etc.
	Autonomie
	• *Bewusstheit* als Fähigkeit, Gegebenheiten mit den Sinnen wahrzunehmen, ohne die Realität auszublenden oder zu „redefinieren"
	• *Spontaneität* als Gewandtheit, aus Alternativen im Fühlen, Denken und Verhalten frei auszuwählen
	• *Intimität* als Fähigkeit zu echten Gefühlen und Verzicht auf Ersatzgefühle und manipulative Spiele
	Empathie
	Intuition
	Gelassenheit
	Achtsamkeit

Abb. 5:   Bewusstseinsstandpunkte der methodenspezifischen Selbsterfahrung der Transaktionsanalyse

Beim *Standpunkt 1* weiß der Betreffende um transaktionsanalytisches Geschehen und kennt die verschiedenen Konzepte. Er kann zu jedem Konzept überlegen, wie sich das Betreffende bei ihm zeigen könnte oder wie er es wahrnehmen könnte. So kommt er von dem in der Theorie Gelernten zu seiner alltäglichen Praxis. Umgekehrt kann er auch von der Praxis in die Theorie kommen. Dazu lässt er Situationen aus seinem Alltag, unproblematische und schwierigere, Revue passieren und schaut aus der Metaebene durch die transaktionsanalytische Brille, welches oder welche transaktionsanalytischen Modelle da passen könnten. Für die in Abb. 5 dargestellten Beispiele stellen sich Fragen wie:

- Wie erkenne ich, dass ich mich im Eltern-Ich-Zustand befinde? In welchen Situationen fühlt sich mein Kind-Ich-Zustand angesprochen und woran erkenne ich mein inneres Kind?
- Kommuniziere ich eher mit parallelen Transaktionen oder mit gekreuzten oder mit doppelbödigen Transaktionen?
- Welche Grundhaltung habe ich im Leben. Wann habe ich eine „Ich bin ok – du bist ok"-Haltung? Wann habe ich eine „Ich bin nicht ok – du bist ok"-Haltung? Wie sieht bei mir eine „Ich bin nicht ok – du bist nicht ok"-Haltung aus und wann hatte ich das letzte Mal eine „Ich bin ok – du bist ok"-Haltung?
- Kenne ich meine Grundbedürfnisse?
- Wo bringe ich Grundgefühle zum Ausdruck und in welchen Situationen eher Ersatzgefühle (Maschengefühle)?
- Von wem bekomme ich Anerkennung (Strokes)? Wem gebe ich welche Strokes? Wer zeigt mir, dass er mich mag? Wofür gebe ich Komplimente? Nehme ich Komplimente an? Wie gehe ich um mit falschen Komplimenten?
- Auf welche Weise strukturiere ich meine Zeit am ehesten?
- Spiele ich häufig Spiele? Nehme ich im Drama-Dreieck immer die gleiche Rolle ein? Wenn ja, welche? Und warum?
- Welche Antreiber wirken bei mir und sind oft in Aktion?
- Mit welchen destruktiven Grundbotschaften lebe ich?
- Welche Gegebenheiten in meinem Leben beachte ich, was ist mir wichtig und was blende ich womöglich aus oder werte es ab? Gibt es Dinge, Gegebenheiten oder Menschen, denen ich mehr Aufmerksamkeit schenken möchte? Unter- oder überschätze ich Fähigkeiten bei mir oder anderen?
- Wie verhalte ich mich in schwierigen Situationen? Gibt es dabei ein Muster?
- Wie wichtig sind mir verbindliche Abmachungen und wie gehe ich damit um?

Durch offenes Beobachten und das Beantworten solcher Fragen werden etliche Erkenntnisse über das eigene Selbst gewonnen und bewusst gemacht.

Im *Standpunkt 2* liegt der Fokus nicht mehr nur beim Was, sondern zusätzlich beim Wie. Wie fühlt sich etwas an?

Wie fühlt es sich an, wenn ich bspw. realisiere, dass mein bevorzugter Ich-Zustand das Eltern-Ich ist und gar nicht so häufig, wie ich meinte, das Erwachsenen-Ich? Wie fühlt es sich an, wenn ich im Drama-Dreieck als Verfolger wahrgenommen werde und mich aber gefühlsmäßig in der Opfer-Rolle sehe? Der zusätzliche Effekt ist hier, dass man *in* der Situation mit dem Selbsterfahrungsleiter bzw. dem Lehrtherapeuten, also in Anwesenheit eines Zuschauers, Seiten an sich erfährt, die einem weniger oder gar nicht gefallen und die man am liebsten herausoperiert haben möchte, sich quasi auf frischer Tat ertappt oder ertappt fühlt, was in der Folge Schamgefühl auslösen kann. Dieses möchte man vertuschen, gleichzeitig meldet sich Angst, der Therapeut könnte es gemerkt haben, und man befürchtet, deswegen abgelehnt zu werden oder zumindest in Misskredit zu geraten. Diese Situation kann emotional so stark empfunden werden, dass man von den Gefühlen überfallen wird, sich ihnen ausgeliefert fühlt und am liebsten weit wegrennen oder sich zumindest unsichtbar machen möchte. Wenn man in dieser vermeintlich verfahrenen Situation erleben kann, weder verurteilt noch abgelehnt zu werden, sondern auf Wohlwollen und Respekt zu stoßen und die Erfahrung machen darf, dass daran nichts verwerflich ist, sondern dass das normale menschliche Regungen sind, dann hat das eine sehr heilsame Wirkung.

Wie bereits zu Beginn (Kap. I 3) ausgeführt wurde, kann man weder den Zeitpunkt noch die Art einer neuen Erfahrung planen. Sie passiert einfach und springt einen an, ob man dafür gefühlsmäßig gewappnet ist oder nicht. Hingegen kann ich auf der Bewusstseinsebene des Beobachtens, dem Standpunkt 1, den Zeitpunkt aussuchen, wann ich in Ruhe und im eigenen Tempo selbstkritisch über mich nachdenken und reflektieren möchte. Dabei besteht jedoch das Risiko, dass ich unbewusst Seiten, die mir an mir weniger passen, verwerfen oder „redefinieren" oder mögliches Unangenehmes (ebenfalls unbewusst) bereits von vornherein ausblenden werde. So werde ich sicher unangenehmen Gefühlen wie der Scham oder dem Bloßgestellt-Sein weniger ausgesetzt sein, ich werde aber auch nicht wirklich Wichtiges über mich erfahren und meine blinden Flecken, die ich ja nicht kenne, noch etwas behalten dürfen.

Um Neues über sich selbst zu erfahren, braucht es oft einen Anstoß von außen, von einem Gegenüber. Wenn ich ein Gefühl empfinde, weiß ich ja nicht, dass das kein Grund-, sondern ein Ersatzgefühl ist, ohne dass es mir jemand, der mich schon etwas kennt, herzhaft und bestimmt sagt, sodass es alle meine Ich-Zustände erreicht, also als sogenannte Bull-Eye-Transaktion. Wenn diese konfrontative Intervention bei mir ankommt und ich sie annehmen kann (und das kann ich, wenn ich mich wertgeschätzt, verstanden und getragen fühle und vor allem, wenn ich den nötigen Schutz und die Kraft und ein erlaubendes Milieu erlebe), entstehen daraus viele Aha-Erlebnisse, da fällt es einem wie Schuppen von den Augen und viele verschiedene, aber ähnliche Situationen drängen sich in die Erinnerung, ins Bewusstsein, und bekommen plötzlich eine andere Bedeutung. Ich begreife und verstehe und kann handeln. Dies bringt uns zur nächsten Bewusstseinsebene, zu Standpunkt 3, dem Selbst-Tun.

Im *Standpunkt 3* werden neu gewonnene Erkenntnisse in den Alltag transferiert und bewusst aktiv in verschiedenen Situationen geübt.

Ich kann bspw. die Grundhaltung „Ich bin ok – du bist ok" üben. Ich kann aufhören, mich abzuwerten und mir stattdessen eine gute Mutter sein, mich wertschätzen und stroken. Ich kann mich darin üben, aus Spielen auszusteigen, mein Erwachsenen-Ich zu aktivieren. Ich kann herausfinden, welche Bedürfnisse ich habe und sie befriedigen. Ich kann Beziehungen aktiv gestalten, ich kann üben, „Nein" zu sagen und üben, Rücksicht zu nehmen. Ich kann mir Erlaubnisse geben, z. B. Fehler machen oder Schwäche zeigen zu dürfen. Ich kann mir auch erlauben, selbst zu denken, meine Gefühle zu beachten und mich so zu akzeptieren, wie ich bin. Ich kann mir erlauben, anderer Meinung zu sein und die Meinung anderer zu respektieren. All das, was ich auf dieser Ebene entwickle und umsetze, ermöglicht neue Erfahrungen auf allen Ebenen, um mich weiter auf die nächste Bewusstseinsebene zuzubewegen.

Im *Standpunkt 4* geht es um das Wachstum in Richtung bezogener Autonomie. Der Begriff „bezogen" meint im Einklang der notwendigen sozialen Rücksichtsnahmen, ohne die ein menschliches Zusammenleben nicht möglich ist.

Im vierten Standpunkt der Abbildung oben fällt beim Begriff Bewusstheit auf, dass er so definiert ist, wie wenn er im Standpunkt 1 stehen würde. Da wird deutlich, dass die vier Standpunkte nicht in sich abgeschlossene Einheiten sind, sondern sich gegenseitig bereichern.

Für die Bewusstheit gilt das Folgende: Durch die Fähigkeit, Dinge als reine Sinneseindrücke wahrzunehmen, können auf dem Standpunkt 1 Phänomene auf eine bewusstere, wachere und achtsamere Art wahrgenommen werden, was im Standpunkt 2 neue, weitere, tiefere und breitere Erfahrungen möglich macht. Da sich die Erfahrungen ändern, wirkt sich das auch auf das aktive Gestalten, die Herangehensweise im Standpunkt 3 aus und lässt schlussendlich, wieder auf der vierten Ebene angelangt, wie bei einer Zwiebel die Bewusstheit Schicht um Schicht immer tiefer gehen und weiter und größer werden und wachsen.

8. Dimensionen bei der Entstehung von Selbsterfahrungskompetenzen

Wir haben bereits früher gesehen, dass sich Kompetenzen in vier verschiedenen, weder trennbaren noch reduzierbaren Feldern entwickeln (Kap. IV 1.3). Diese Dimensionen setzen sich aus subjektiven Innen- und objektiven Außenwelten mit jeweils einer individuellen und einer kollektiven Perspektive zusammen. So entstehen die folgenden vier Quadranten.

	INNEN	AUSSEN	
individuell	Gefühle und Gedanken *Innere Überlegungen*	Verhalten, Körper, Energie *Mögliche Handlungen einschätzen*	**individuell**
kollektiv	Beziehungen und die daraus gemeinsam gewachsenen Bedeutungen *Kommunikation/ Beziehungsgestaltung*	Umgebung, soziale Strukturen und Systeme *Verbindungen*	**kollektiv**
	INNEN	AUSSEN	

Abb. 6: Eigene Darstellung des Modells der vier Quadranten nach Ken Wilber 2011, S. 104/148

Oben links befindet sich der intrapsychische Raum für Gedanken und Gefühle. Neben Ideen, Meinungen, Ansichten, Werten und Beweggründen sind hier Wünsche, Bedürfnisse, aber auch Freude, Trauer, Wut und Angst und mögliche Traumata zu verorten. Auch ethische Erkenntnis und ethisches Gewissen ist hier zuhause.

Der Raum unten links gehört ebenfalls zur Innenwelt und gilt der Art und Weise, wie Beziehungen gestaltet und gelebt werden und wie Menschen miteinander kommunizieren. Hier können sich gemeinsame Bedeutungen und gegenseitiges Verständnis entwickeln.

Im Gegensatz zu dieser linken Seite – in der das nicht sichtbare Innenleben beheimatet ist – dient die rechte Seite den äußeren sichtbaren Gegebenheiten. So ist oben rechts der Raum für Verhalten und Verhaltensweisen. Hier geht es u. a. um Mimik, Gestik, Körperhaltung, Stimmlage, Tonfall und Aussehen und wie man von außen wahrgenommen wird. Hier geht es auch um das Körperliche und um Energien aller Art und um Fragen der Gesundheit. In diesem Bereich werden mögliche Handlungsschritte in Bezug auf eine Begebenheit abgeschätzt.

Im Raum unten rechts geht es um Vernetzung. Hier geht es um das Eingebettet-Sein in verschiedene Systeme wie Rechts-, Wirtschafts- und politische Systeme sowie in Institutionen der Erziehung und der Bildung und um gegenseitige Wechselwirkungen bzw. Beeinflussung und Einflussnahme (vgl. Habecker/Student 2011, S. 161 f.).

Diese vier Dimensionen stellen eine Art Raster dar, mit dessen Hilfe festgestellt werden kann, ob die Aufmerksamkeit alle vier Bereiche einbezieht und ob diese ausgewogen wahrgenommen werden oder ob die eine oder andere Sichtweise zu kurz kommt oder gar übersehen bzw. zu stark berücksichtigt wird. Anhand dieser Orientierung wird die Aufmerksamkeit auf Gegebenheiten gelenkt, die vielleicht sonst übersehen würden.

Wenn nun die Kompetenzen in allen vier Räumen entstehen, so müsste sich diese Orientierungskarte als nützliches Instrument einerseits bei der Entwicklung von Selbsterfahrungskompetenzen, aber auch bei der Evaluation der Kompetenzen entpuppen. Die Idee dabei ist, einzelne Kompetenzen aus den verschiedenen Dimensionen zu betrachten und mittels kritischem Hinschauen zu reflektieren, ob man beim entsprechenden Thema alle vier Quadranten gleichwertig wahrnimmt oder wo, auf welcher Seite oder in welchen Quadranten sich jemand mit dem Kompetenzthema aufhält und welche Quadranten möglicherweise dabei vernachlässigt werden. So können Informationen gewonnen werden, die vielleicht auf „blinde Flecken" aufmerksam machen, und man kann überlegen und nachspüren, wie es wäre, diese Thematik in allen vier Dimensionen wahrzunehmen. So kann man Seiten an sich kennen lernen, die bis jetzt nicht bewusst wahrgenommen wurden. Man kann sich überlegen, welche Vorteile diese Erkenntnis bietet und vielleicht lassen sich auch mögliche Nachteile eruieren. In einem weiteren Schritt könnte man sich überlegen, ob davon auch andere wichtige berufliche Fähigkeiten betroffen sein könnten und welche Auswirkungen das nach sich ziehen könnte.

Aus den verschiedenen Perspektiven ergeben sich verschiedene Fragen. Diese werden nun exemplarisch anhand der Kompetenzen „Echtheit/Authentizität", „Selbstfürsorge" und „Beziehungsbedürfnisse" veranschaulicht.

Echtheit/Authentizität

	Innen	Außen
Individuell	• Kenne ich meine Bedürfnisse, Wünsche, Ansichten, Meinungen und Motive? • Wann habe ich ‚echte' (der Situation angemessen) Gefühle und in welchen Situationen habe ich ‚unechte' oder Maschengefühle (der Situation unangemessen) • Übernehme ich Verantwortung für meine Gefühle und meine Gedanken oder schiebe ich die Verantwortung jemandem zu? • Wie denke ich über mich? • Welche Seiten finde ich nicht so prickelnd an mir? • Inwieweit gehe ich unvoreingenommen mit Informationen über mich um? Wo fällt es mir schwer? • Welches sind meine einschränkenden Skriptthemen? • Welche Ansprüche und Erwartungen habe ich und wie sind meine Selbstansprüche? • Wie gehe ich mit Erwartungen um, die an mich gestellt werde? • Welche Tabuthemen habe ich? Und welche noch? • Mache ich mir etwas vor? • Wie ist mein Gespür für mich? • Wie ist meine Autonomie vs. Anpassung, Abhängigkeit vs. Unabhängigkeit, Selbstbestimmung vs. Fremdbestimmung? • Bin ich offen dafür, eigene Ansichten in Frage zu stellen? • Welche Vorlieben und welche Abneigungen habe ich? • Wovon lasse ich mich überzeugen?	• Inwieweit zeige und verhalte ich mich entsprechend meinem wahren Selbst? • Welche typischen Verhaltensmuster zeige ich? • Wie werde ich von anderen wahrgenommen? • Zeige ich mich als verlässliches Gegenüber? • Wie gestalte ich meine Zeit: Rückzug, Rituale, Zeitvertreib, Aktivitäten, Spiele, Intimität • Welches Verhalten verweist auf Aktivierung meiner Skriptthemen? • Welches Verhalten zeige ich, wenn ich nicht in Skriptthemen verstrickt bin? • Welche Auswirkungen hat authentisches Verhalten auf die Gesundheit? • Schätze ich meine Gesundheit richtig ein? Wie fühlt sich mein Körper an? Was mache ich, um fit zu bleiben? Wie ist mein Energiehaushalt? • Was mache ich zum Ausgleich in der Freizeit? • Zeige ich Offenheit im Umgang mit eigenen Fehlern und Schwächen? • Entspricht mein Tun meinen Werten und Vorstellungen? • Wie nehmen mich Berufskollegen wahr?

Kollektiv	• Wie offen zeige ich mich und wie authentisch bin ich im Austausch mit anderen? • Kenne ich befriedigende Beziehungen und was mache ich dafür? • Wie gehe ich mit anderen um? Wie gehen andere mit mir um? • Wie ist meine Kommunikation, aus welchem Ich-Zustand kommuniziere ich? • Welches sind meine einschränkenden Skriptthemen und wann zeigen sie sich? • Welche Strokes gebe ich, welche nehme ich oder was mache ich, damit ich Zuwendung bekomme? • Wie fühle ich mich mit anderen? • Wie und was denke ich über die anderen? • Wie trete ich in Beziehung und wie gestalte und pflege ich Beziehungen? • Begegne ich anderen auf Augenhöhe? • Welche Erwartungen habe ich? • Wie gehe ich mit Macht und Einfluss um? • Wo habe ich evtl. ‚blinde Flecken‘? • Wie ist mein Gespür für andere? • Bin ich interessiert und neugierig auf die Geschichte anderer? • Mit welchen Menschen tue ich mich eher schwer im Kontakt? Was bedeuten mir diese Menschen? • Wie fördere ich Authentizität beim anderen, wie kann ich Vorbild sein?	• Wie bin ich vernetzt? • Wie platziere ich mich in diesen Netzwerken? • Wo engagiere ich mich, mit welchen Auswirkungen? • Wo und wie informiere ich mich über neue Erkenntnisse? • Wie bilde ich mich weiter? • Bin ich zufrieden mit meiner Arbeitssituation, meiner Anerkennung, meiner Entlohnung? • Welche Auswirkungen hat mein Privatleben auf die Arbeit und umgekehrt? • Was vermisse ich und wie könnte ich es mir holen? • Wie kann ich Authentizität fördern? • Inwieweit erkenne ich Zusammenhänge? • Kann ich mich auf mehreren Ebenen gleichzeitig bewegen?
	Innen	**Außen**

Abb. 7: Fragen aus den verschiedenen Perspektiven zu „Echtheit/Authentizität“

Selbstfürsorge: Burnout-Prophylaxe

	Innen	Außen
Individuell	• Welchen Stressoren bin ich ausgesetzt? • Welche Belastungen habe ich im Beruf? • Wie stark und auf welche Weise werde ich von diesen Belastungen beansprucht? • Wo mache ich mir hinsichtlich Belastung und Beanspruchung evtl. etwas vor? • Typische negative und positive Gedanken/Emotionen? • Welcher ‚Kopfbewohner‘ kommt häufig zu Wort? • Welche Tabuthemen habe ich, über die ich mit niemandem sprechen will? • Wie sind meine Selbstansprüche? • Welche Frustrationen habe ich durch den Beruf? Welche sind vermeidbar? • Was gefällt mir in meinem Beruf, was weniger oder gar nicht? • Was oder wer macht mir Unbehagen, Angst oder löst bei mir Ärger oder Wut aus? • Was oder wer bereitet mir Freude? • Welche Wünsche, Bedürfnisse habe ich und äußere ich die auch? • Gehe ich wohlwollend mit mir um? • Wie stroke ich mich? Wie tröste ich mich? • Wie grenze ich mich ab (Nähe-Distanz adäquat)? • Wie gehe ich mit Enttäuschung und Misserfolg um? • Wie beeinflusst mein Privatleben meine therapeutische Arbeit? • Wie beeinflusst meine therapeutische Arbeit mein Privatleben? • Habe ich ein eigenes Leben oder schaue ich den Patienten zu, wie sie leben? • Wie kümmere ich mich um eigenes Wachstum hin zur Autonomie?	• Inwieweit kann ich abschalten und ausspannen? • Was mache ich zum Ausgleich (Hobbies) • Wie ist mein Schlaf, wie ernähre ich mich? • Wie sieht mein Alkohol-, Tabletten- und Tabakkonsum aus? • Wie häufig greife ich zu einem Medikament? • Wie steht es um meine Gesundheit? • Wie ist der Zustand meines Körpers? • Fühle ich mich fit? • Wie erhalte ich meine Fitness? • Wie ist mein Atem und wie meine Muskelspannung? • Wie sieht mein Energiehaushalt aus? Wo investiere ich viel und wo vielleicht zu wenig (Ermüdung, Erschöpfung)? • Was mache ich für meine geistige Nahrung?

Kollektiv	Innen	Außen
	• Welche Konsequenzen hat meine Befindlichkeit für Patienten? • Wie fühle ich mich in Beziehungen? • Mit wem fühle ich mich wohl? • Was ist leicht, was ist schwierig in Beziehungen? • Gelingt es mir, bei mir und beim anderen zu sein? • Was möchte/wünsche/erwarte ich von anderen? • Ist Geben und Nehmen ausgewogen? • Wie nehme ich meine Beziehungsbedürfnisse wahr und wie gehe ich damit um? • Wie verarbeite ich negative Emotionen und Vorwürfe von Patienten? • Wie schütze ich mich bzw. wie grenze ich mich ab vor großen Erwartungshaltungen von Patienten, aber auch privat? • Mit welchen Patienten werde ich nicht mehr oder nicht mehr alleine arbeiten? • Wie verantwortlich fühle ich mich für den Therapieerfolg? • Wie gehe ich mit Widerstand, Misstrauen und Gereiztheit der Patienten um? • Habe ich aggressive Impulse gegenüber Patienten? Wenn ja, warum? • Wie kann ich unangenehme Situationen aushalten und überbrücken?	• Wie ist mein soziales Netzwerk? • Fällt es mir leicht, Muster und Zusammenhänge zu erkennen? • In welche beruflichen Systeme bin ich eingebunden und wie positioniere ich mich in ihnen? • Wie steht es um die Anerkennung und das Ansehen meines Berufes und wie gehe ich damit um? • Inwieweit ist meine Umgebung gesundheitsfördernd bzw. gesundheitshemmend? • Inwieweit ist sie Autonomie fördernd bzw. hemmend? • Wie ist das Verhältnis von Selbst- zu Fremdbestimmung (Berichte, Rapporte, Gutachten)? • Inwieweit beeinflussen mich die Veränderungen in der psychotherapeutischen Landschaft: Psychoedukation vs. Persönlichkeitswachstum? • Inwieweit beeinflussen mich Kosten- und Effizienzdruck? • Mit welchen Dingen habe ich generell in meinem Leben zu tun? • Welche tun mir gut und welche weniger? • Wie stehe ich wirtschaftlich da?

Abb. 8: Fragen aus den verschiedenen Perspektiven zu „Selbstfürsorge: Burnout-Prophylaxe"

Beziehungsbedürfnisse

	Innen	Außen
Individuell	• Nehme ich meine Bedürfnisse im Allgemeinen wahr? Welche nehme ich wann wahr und welche nehme ich in welchen Situationen weniger wahr? • Fühle ich mich in meinen Beziehungen sicher, aufgehoben, wahrgenommen und verstanden? • Übernehme ich Verantwortung für meine Gefühle? • In welchen Situationen zeige ich Ersatzgefühle? • Was unternehme ich, um Zuwendung und Anerkennung zu erhalten? • Wie bin ich mit mir in Beziehung? Stehe ich zu mir? • Fühle ich mich dazugehörig? • Wie gehe ich mit Spannungen um? • Ergreife ich häufiger die Initiative als andere? • Welche Bewältigungsstrategien habe ich bei Enttäuschung und Frustration? • Habe ich ein Gespür für mich?	• Wie zeige ich mich nach außen hin? • Zeige ich Zuneigung? • Mache ich Komplimente und wie werden diese wahrgenommen? • Bin ich anderen zugewandt und gehe auf sie zu? • Werde ich als echt und authentisch wahrgenommen? • Werde ich als verlässliches Gegenüber wahrgenommen? • Wie zeige ich, dass ich die Bedürfnisse meines Gegenübers wahrnehme?
Kollektiv	• Was sind meine typischen Verhaltensmuster in Beziehungen, wenn ich mich wohlfühle, wenn ich mich nicht wohlfühle? • Kann ich mich so geben, wie ich bin? • Interessieren mich die Bedürfnisse meines Gegenübers? Nehme ich sie wahr? • Fühlt sich mein Gegenüber wohl mit mir? • Welche Erwartungen habe ich? • Werde ich wertgeschätzt und wertschätze ich andere? • Zeige ich anderen, dass mich ihre Meinung interessiert? • Stoße ich mit meiner Meinung und Ansicht bei anderen auf Interesse? • Gelingt es mir, die Welt durch die Augen des anderen zu sehen?	• Was erwarte ich von den Systemen, in die ich eigebettet bin? (DSGTA, SGTA, Charta, EATA, KK, Berufskollegen, BAG etc.) • Was erwarten die Systeme von mir? • Welche Auswirkungen haben sie auf meine Beziehungen bzw. Beziehungsbedürfnisse? • Welche Bedürfnisse habe ich an meinen Wohnort? An meine Nachbarn, an meine Familie? • Welche Bedürfnisse hat der Patient an sein soziales Umfeld, an seinen Arbeitsplatz?

Kollektiv	• Erleben andere Ähnliches wie ich? • Kann ich Schutz, Erlaubnis und Kraft bieten? • Bin ich fähig, mich auf die Bezugsrahmen anderer Menschen einzulassen? • Ermutige ich mich selbst und mein Gegenüber, sich zu offenbaren? • Kann ich Intimität (therapeutische Nähe) zulassen? • Konfrontiere ich zum richtigen Zeitpunkt und maßvoll? • Kann ich die Wirkung einer Intervention einschätzen? • Erkenne ich Wachstum? • Erkenne ich Überanpassung? • In welchen Situationen zeigen Patienten symbiotisches oder passives Beziehungsverhalten? • Auf welche Art nehme ich Kontakt auf? • Auf welche Weise macht der Patient Kontakt und was sagt das über seine Beziehungsbedürfnisse? • Werden Bedürfnisse direkt oder auf Umwegen geäußert? (Spieleinladungen) • Auf welche Weise werden Bedürfnisse nach Anerkennung und Gesehen-Werden eingefordert? • Welche Bedürfnisse hat der Patient in der therapeutischen Beziehung?	
	Innen	**Außen**

Abb. 9: Fragen aus den verschiedenen Perspektiven zu „Beziehungsbedürfnisse"

Wie diese Beispiele zeigen, tauchen einige Fragen auf, wenn man sich bewusst und aufmerksam mit den einzelnen Sichtweisen befasst. Es lässt sich auch feststellen, welche Fragen einem liegen und welchen Fragen man vielleicht lieber ausweichen möchte. Wenn man bei der Beantwortung der Fragen versucht, zu beschreiben, bekommt man ergiebigere Informationen über die eigene Person als wenn man wertet und bewertet. Wenn man versucht, die Informationen über sich – auch die weniger schönen – unvoreingenommen aufzunehmen, wirkt sich das ebenfalls günstig auf den Erkenntnisgewinn aus. Auf diese Weise lässt sich das Bewusstseinsfeld verändern, bzw. der Bezugsrahmen erweitern, während das

Werten und Bewerten oder Urteilen den eigenen Bezugsrahmen stabilisiert. So wird Veränderung eher verhindert.

Es ist nicht notwendig, alle Fragen minutiös zu beantworten, man kann die Fragen einfach mal wirken lassen und dabei feststellen, dass man auch auf diese Weise bereits neue Erkenntnisse über sich selbst gewinnen kann.

So dienen diese Quadranten als Orientierung, stecken den Rahmen einer Thematik ab, der man aktuell Aufmerksamkeit schenkt, und ermöglichen es, den eigenen Horizont zu erweitern.

Weiter dienen die vier Quadranten dazu, herauszufinden, ob wir die einzelnen Perspektiven ausgewogen wahrnehmen und als gleichwertig behandeln oder den einen oder anderen Aspekt mehr berücksichtigen. Wahrscheinlich werden wir den einen oder anderen Teil bevorzugen, während wir andere vernachlässigen. Auch das ergibt neue Informationen über die eigene Person:

- Wer bspw. ausschließlich nach außen schaut, konzentriert sich auf sichtbare Verhaltensweisen, nimmt mehrheitlich die rechte Seite der Quadranten wahr und vernachlässigt die linke Seite, die Seite des eigenen Denkens und des subjektiven Erlebens.
- Wer sich in Beziehungen verliert, verharrt im unteren linken Raum und übersieht die drei anderen Dimensionen.
- Wer keine eigene individuelle Mitte findet, bleibt im oberen linken Raum stecken und dreht sich um die eigene Achse und ist weniger im Kontakt mit der Außenwelt.
- Wer sich permanent Gedanken über seine Gesundheit macht und seinen Körper pedantisch beobachtet, steckt im oberen rechten Quadranten fest.
- Wer sich vorwiegend um sein emotionales Wohlbefinden kümmert, befindet sich vor allem oben links etc. (vgl. Wilber u. a. 2011, S. 149 f.).

Auf diese Weise lassen sich die einzelnen Kompetenzen betrachten und dabei herausfinden, welche Quadranten der betreffenden Fertigkeit zukünftig vermehrt berücksichtigt und welche eher vernachlässigt werden können. Das Ziel ist, sich aller vier Dimensionen bewusst zu sein und mit ihnen gleichwertig zu verfahren.

Zusammenfassend lässt sich sagen: Kompetent ist, wer die vier Quadranten gleichmäßig und gleichwertig berücksichtigt und behandelt und immer wieder reflektiert, ob er alle Perspektiven einbezieht. Weniger kompetent ist, wer die Quadranten nicht ausgewogen wahrnimmt und unbewusst Dimensionen vernachlässigt, oder, anders formuliert, seine blinden Flecken noch nicht als solche wahrnimmt.

VI   Zusammenfassung der Ergebnisse aus dem Theorieteil

Um zu bestimmen, was Selbsterfahrung in der Psychotherapeuten-Ausbildung bewirken soll, wird der Begriff „Selbsterfahrung" in seinen Teilbegriffen, „Selbst" und „Erfahrung", untersucht.

Durch die Betrachtung des Selbstbegriffs aus verschiedenen Perspektiven der Psychotherapiemethoden wird klar, dass das Selbst das innere Zentrum der Persönlichkeit oder der innere Kern eines Individuums ist, der nach Selbstverwirklichung, nach Bewusstwerdung und Ganzheit strebt. Das Selbst ist das Bild, das man bewusst und unbewusst von sich selbst macht und das bereits im Säuglingsalter durch die „empathische Spiegelung" der Mutter seinen Anfang nimmt. Im Verlauf der Zeit muss das Kind allerdings häufig seine echten Gefühle und Empfindungen zurückhalten, um sich an die Anforderungen und Erwartungen aus dem Umfeld anzupassen bzw. diesen zu entsprechen. So werden viele Facetten seines Selbst nicht gelebt, und weil sie nicht gelebt werden, können sie sich auch nicht entwickeln und bleiben somit im Verborgenen (Kap. I 1/Kap. I 2).

Durch „Selbst-Erfahrung" können diese verborgenen Seiten des Selbst kennen und verstehen gelernt werden. Kennen und verstehen bedeutet, einzelne Facetten seiner selbst zu erleben und dabei etwas über sich zu begreifen. Dieses Begreifen führt zu einer Bewusstseinsfeldveränderung – transaktionsanalytisch gesprochen, zu einer Bezugsrahmenerweiterung – bzw. zu einer Erfahrung seines Selbst. Der Begriff „Erfahrung" meint ein Wissen, das mittels Erleben und Empfinden erworben wird und ein Begreifen beinhaltet. Eine Erfahrung ist nicht planbar, sie begegnet oder passiert einem (Kap. I 3).

Historisch gesehen beginnt die Geschichte der Selbsterfahrung mit der Entstehung der modernen Psychotherapie, als man begann, die menschliche Psyche als zweiteilig, bestehend aus einem Bewusstsein und einem Unbewussten, zu sehen. Sigmund Freud entwickelte, als einer der Väter dieser zeitgenössischen Psychotherapie, die Psychoanalyse, eine Lehre und Methode, wie die Psyche erhellt, wie diese verborgenen Seiten bzw. das Unbewusste bewusst gemacht werden kann (Kap. II). Freuds Psychoanalyse, C. G. Jungs Analytische Psychologie und Alfred Adlers Individualpsychologie sind Schulen dieser tiefenpsychologischen Richtung. Von ihrer Genese her ist die Selbsterfahrung, bzw. die Psychoanalyse oder die Analyse in den Schulen dieser Strömung, von Beginn an zentral. Analytiker müssen in ihrer Ausbildung eine sog. „Lehranalyse" absolvieren, die über Jahre hinweg dauert (Kap. II 1).

Anders verhält es sich bei der Strömung der verhaltenstherapeutischen Schulen. Diese Schulen interessierten sich ursprünglich nicht für die Ursache von Phänomenen, sondern wie diese verändert werden müssen. Kognitive Verhaltenstherapeuten korrigieren Denkfehler (Beck) und irrationale Überzeugungen (Ellis) (Kap. II 2.2). In diesen Schulen setzt man sich erst seit den 1980er Jahren mit der Selbsterfahrung auseinander, wobei lieber von „Selbstreflexion" als von „Selbsterfahrung" gesprochen wird. Die Schematherapie interessiert sich für die Entwicklung von Symptomen und Krankheitsbildern. Diese neueste Schule innerhalb der Verhaltenstherapie verlangt entsprechend auch schematherapeutische Selbsterfahrung von ihren zukünftigen Therapeuten (Kap. II 2.3).

In der Humanistischen Psychologie, der dritten Strömung in der Psychotherapie, ist die Selbsterfahrung ein wichtiges Element. Das Menschenbild dieser Schule geht davon aus, dass der Mensch einen inneren Kern besitzt, der nach Selbstverwirklichung strebt. So verlangt diese Strömung seit ihrer Entstehung auch Selbsterfahrung von ihren Ausbildungskandidaten. Zur Humanistischen Schule gehören die Gesprächspsychotherapie von Carl Rogers, die Gestalttherapie von Fritz Perls und die Transaktionsanalyse von Eric Berne (Kap. II 3.1).

Es zeigt sich, dass als oberstes Ziel (Kap. III 2) der Psychotherapie in allen Schulen gilt, dem Patienten keinen Schaden zuzufügen. Damit Therapeuten diesem Anspruch gerecht werden können, wird von ihnen in der Ausbildung verlangt, das eigene Selbst innerhalb einer Therapie kennen zu lernen. Die Überzeugung dabei ist, dass ein Therapeut nur dann fähig ist, therapeutisch zu arbeiten, wenn er ein Bewusstsein über die Art und Weise hat, wie er denkt, fühlt und handelt und wie er zu dem geworden ist, der er ist. Dazu gehört auch zu wissen, wie er mit Krisen und Konfliktsituationen umgeht und wo und wie er sich evtl. selbst hindert, ein Problem zu lösen und/oder sich weiterzuentwickeln. Solche „blinde Flecken" können dann eliminiert werden, wenn man von ihrer Existenz Kenntnis hat. Diese bekommt man, indem der Lehrtherapeut den Ausbildungskandidaten auf diese unbewussten Themen aufmerksam macht. In der Rolle des Patienten entwickelt man so das Gespür für relevante Themen und dafür, was sich verändern lässt und was nicht. Gleichzeitig lernt man am eigenen Leibe die gewählte Methode kennen und kann den Umgang mit den theoretischen Konzepten auf der Therapeutenseite beobachten.

Ein Psychotherapeut bewegt sich im therapeutischen Geschehen gleichzeitig auf verschiedenen Ebenen. Einerseits versetzt er sich in die Situation des Patienten und betrachtet die Dinge mit dessen Augen. Gleichzeitig bleibt er innerhalb der eigenen Grenzen und spürt nach, was bei ihm passiert. Dabei wägt er mögliche Interventionen ab, die den Patienten in seinem Prozess weiterbringen könnten und schätzt deren Wirkung ein. Der Therapeut ist zur gleichen Zeit in der Situation, Teil der Situation, neben der Situation und, um den Prozess steuern zu können, auch über der Situation. Um diese komplexen Aufgaben bewerkstelligen zu können, muss er wissen, was er tut und dafür muss er sich gut kennen. Aus diesem Grund verlangen die Schulen Selbsterfahrung, oder auch Lehrtherapie, Eigentherapie oder Lehranalyse, von den zukünftigen Therapeuten in ihrer Aus- und Weiterbildung.

Der Selbsterfahrung werden verschiedene Funktionen zugesprochen. Das Unbewusste erfahren, das eigene Skript kennen und verstehen lernen und blinde Flecken eliminieren, das macht die therapeutische Funktion aus. Am Modell lernen, beobachten, wie der Therapeut arbeitet und wie er die gewählte Methode und ihre Konzepte in der Praxis anwendet, dann aber auch lernen, die eigene Selbsterfahrung zu reflektieren, das gehört zur didaktischen Funktion. Es gibt weitere Funktionen, das sind jedoch die zentralen.

Es hat sich gezeigt, dass eine „gelungene" Selbsterfahrung des angehenden Therapeuten für seine zukünftigen Patienten sehr hilfreich ist. Diese bekommen in der Therapie eher das, was sie brauchen, nämlich einen kompetenten, reifen Therapeuten, der in seiner Persönlichkeit so gefestigt ist, dass er seine eigenen Themen nicht in die Therapie einfließen lässt und sich ganz auf den Patienten konzentrieren und diesen so wahrnehmen kann, wie er ist. Er begegnet den Patienten mit einer inneren Ruhe, einer Klarheit und einer wohlwollenden Haltung. Diese sitzen jemandem gegenüber, der für sie einen Raum schaffen kann, in dem sie sich sicher und aufgehoben fühlen und sich in ihrem eigenen Tempo entwickeln dürfen. Sie fühlen sich wertgeschätzt, weil da jemand ist, der sich echt für sie interessiert. Sie können in der Therapie erleben, dass es wirklich um sie selbst geht (Kap. III 3.1).

Der Nutzen der eigenen Selbsterfahrung des Therapeuten in der Ausbildung ist seine Professionalität. Ein sehr zentraler Aspekt ist, dass er zu unterscheiden lernt, was sein Anteil ist und was zum Patienten gehört. So wie die Patienten, können auch die Therapeuten Übertragungen machen. Denn nicht jede Reaktion des Therapeuten ist eine Gegenübertragung auf die Übertragung des Patienten. In der therapeutischen Beziehung begegnen sich nicht nur Helfer und Hilfesuchender, sondern auch zwei Menschen mit ihren Lebensläufen, mit ihrem Unbewussten und ihrem Bewusstsein, mit ihren starken und schwachen Seiten und ihren Unzulänglichkeiten, ihren Skripts, Spielen und Maschen. Auch Therapeuten nehmen die Dinge so wahr oder „redefinieren" die Realität auf eine Weise, dass sie zu ihrem Skript passt. So nehmen sie, wie die Patienten auch, die Welt verzerrt wahr, wenn sie diese blinden Flecken nicht eliminieren bzw. die eigenen Schattenseiten nicht kennen lernen, um sie zu integrieren und um ganz zu werden. Durch diese Befreiung aus dem Skriptzwang gelangt der Therapeut zu mehr Autonomie, von Eric Berne definiert als das Wiedererlangen der Fähigkeiten der „Bewusstheit", der „Spontaneität" und der „Intimität" (s. Kap. III 3.2).

Diese Kompetenzsteigerung der Therapeuten dient auch der Psychotherapie im allgemeinen, indem ihre Qualität steigt. Neben bereits erwähnten positiven gibt es auch erschwerende und negative Aspekte in der Selbsterfahrung angehender Therapeuten.

Erschwerend ist für den Ausbildungskandidaten, wie auch für den Lehrtherapeuten, dass beide eine Doppelrolle einnehmen (III 4). Der Ausbildungskandidat ist einerseits Klient, andererseits muss er Selbsterfahrungsziele innerhalb dieser seiner Ausbildung erreichen. Genauso verhält es sich beim Lehrtherapeuten. Er ist Therapeut mit der Aufgabe, einen therapeutischen Prozess in Gang zu bringen. Er ist aber auch Modell für „wie man es macht", psychotherapeutisch zu arbeiten, und um die Ausbildungsziele zu verfolgen, reflektiert er zusammen mit dem Kandidaten dessen Selbsterfahrungsarbeit. Durch diese Tatsachen besteht ein reelles Risiko, dass der nötige therapeutische Prozess nicht so richtig in Gang kommen kann. Es besteht auch das Risiko, dass der Weiterbildungskandidat sich nicht so öffnet, wie es für seine Persönlichkeitsentwicklung nötig wäre, sondern sich so verhält, wie er denkt, dass er sich als zukünftiger Therapeut verhalten müsste. Dieses Risiko wird dadurch erhöht, dass sich beide, Lehrtherapeut und Ausbildungskandidat, früher oder später in Realkontakten wiederfinden, weil man sich innerhalb der gleichen Schule kennt. „Realkontakt" ist der Kontakt im realen Leben, also außerhalb des geschützten Rahmens der therapeutischen Begegnung, was für Auszubildende nicht förderlich ist.

Negative oder entwicklungshemmende Aspekte wurden sowohl auf der Seite des Lehrtherapeuten wie auf der Seite des Kandidaten gefunden: Bei den Lehrtherapeuten werden bspw. mangelndes Interesse, Strenge, fehlende Empathie, mangelnde Introspektionsfähigkeit, mangelnde Selbstkritik und als schädigende Form, wenn Patienten verführt und Grenzen überschritten werden, genannt.

Bei Ausbildungskandidaten ist Selbsterfahrung dann entwicklungshemmend, wenn sie die Stunden lediglich absitzen, weil es zur Ausbildung gehört, sie aber den Sinn darin nicht erkennen. Solche Kandidaten lassen sich nicht in den therapeutischen Prozess ein und werden mit großer Wahrscheinlichkeit nicht kompetent ihre zukünftigen Patienten in deren Entwicklungsprozess begleiten können.

Selbsterfahrung beginnt mit der Ausbildung und ist während der ganzen Berufstätigkeit immer wieder Thema, um sich weiterhin zu professionalisieren (Kap. III 5). Denn als Psychotherapeut dient man den Patienten als Projektionsfläche für Ansichten, Zuschreibungen, Frustrationen und als Ort, wo Schweres und auch negative und heftige Gefühle deponiert und abgeladen werden. Um nicht Gefahr zu laufen, gefühlsmäßig abzustumpfen, und auch aus psychohygienischen Gründen, kann ab und zu eine Tranche Therapie wohltuend und klärend sein. Auch Veränderungen in den verschiedenen Lebensphasen können zu einer weiteren Tranche Eigentherapie führen.

Für die Ausbildungskandidaten heißt Selbsterfahrung vorerst, erfahren, was eine therapeutische Beziehung ist, erleben, wie sich die Konzepte, die sie aus der Theorie kennen, in der Praxis zeigen können und wie sich das anfühlt. Sie erleben, was möglich ist und wo die Grenzen sind. Sie entwickeln ein Gespür für eigene Skriptanteile und lernen am Modell, wie Therapie „gemacht" wird. Dabei erleben sie, wie Interventionen wirken können. Idealerweise begreifen und verstehen sie in dieser Zeit, wie wichtig Selbsterfahrung in diesem Beruf ist und welchen Nutzen sie bringt und welcher Schaden angerichtet werden kann, wenn Therapeuten keine Selbsterfahrung machen. Damit wären bereits ganz wichtige Ziele erreicht.

Die Kompetenzen, die durch Selbsterfahrung entstehen sollen, können von den Kompetenzen, über die ein Therapeut verfügen muss, abgeleitet werden. Damit diese bestimmt werden konnten, musste zuerst klar werden, was in der Therapie wirksam ist. Dabei zeigte sich, dass es zwei Denkmodelle gibt, nach denen die Wirkfaktoren bestimmt werden: Das medizinische und das kontextbezogene Denkmodell (Kap. IV 1.4). Die Psychotherapie hat ihren Ursprung im medizinischen Denkmodell. Dieses sieht den Patienten als jemanden, der Symptome und Syndrome aufweist, die diagnostisch einem Krankheitsbild zugeordnet werden können. Durch die richtige Behandlungsmethode kann der Therapeut den Patienten von seinem Leiden befreien. In diesem Denkmodell werden die Unterschiede der Schulen betont, daher rührt auch der Schulenstreit, weil die Schulen sich gegenseitig beweisen möchten, wirksamer als die jeweils andere zu sein.

Anders verhält es sich im kontextbezogenen Denkmodell. Da wird der Patient nicht durch therapeutisches Handeln geheilt. Hier lässt sich der Patient in eine therapeutische Beziehung zum Therapeuten ein und lernt in dieser Beziehung, wieder mit sich selbst in Kontakt zu kommen. Dadurch bekommt er (wieder) Zugang zu seinen Bedürfnissen und Wünschen und kann Lösungswege für seine Probleme entwickeln. Heilsam ist in diesem Denkmodell die Selbstwirksamkeit des Patienten, er nimmt die nötigen Veränderungen selbst in Angriff. Im kontextbezogenen Modell werden die Gemeinsamkeiten der Schulen betont.

Anhand der Metastudien über die Wirksamkeit der Psychotherapieverfahren hat Bruce Wampold (2001) herausgefunden, dass Psychotherapieverfahren des kontextbezogenen Denkmodells wirksamer sind als solche des medizinischen Denkmodells. Dieser Erkenntnisgewinn führt dazu, dass sich therapeutische Kompetenzen in drei Kompetenzgruppen einteilen lassen: Persönliche Kompetenzen, Beziehungskompetenzen und Konzeptkompetenzen.

Beim näheren betrachten, was Kompetenzen sind und wie sie entstehen (Kap. IV 1.1), zeigte sich, dass die Kompetenzforscher erworbene Kompetenz als Erfahrungsprozess sehen, der über fünf Entwicklungsstufen hinweg vom (1) Novizen zum (5) Meister bzw. vom Lehrling zum Könner führt (Kap. IV 1.2). Er beginnt mit dem Wissenserwerb durch bewusstes Lernen von Regeln und Begriffen aus Bedienungsanleitungen oder Manualen. Dieses explizite Wissen wird unbewusst mit den bereits gemachten Erfahrungen verglichen und verwoben und zu einem unbewussten oder impliziten Wissen umgewandelt, welches sich nicht mehr begrifflich, sondern bildhaft in Form eines Ganzen zeigt. Dieser Weg vom Nichtkenner zum Könner beginnt bei der Begrifflichkeit und führt schlussendlich über die Unbegrifflichkeit zum Begreifen.

Wir haben auch gesehen, dass sich Kompetenzen – dieses Erfahrungswissen – in vier verschiedenen weder trennbaren noch reduzierbaren Feldern entwickeln. Diese vier Quadranten werden von Ken Wilber (Kap. IV 1.3) unterteilt in subjektive Innenwelten und objektive Außenwelten mit jeweils einer individuellen und einer kollektiven Dimension. Oben links im Quadranten, in der individuellen Innenseite, ist der Raum für Gedanken und Gefühle. Hier sind Meinungen, Ansichten, Motive und Erkenntnisse neben Bedürfnissen, Wünschen, Freude und Trauer zu finden. Hier steht Bewusstes neben Unbewusstem. Unten links, in der kollektiven Innenwelt, geht es um die Art und Weise, wie jemand seine Beziehungen gestaltet und lebt und wie jemand kommuniziert. Oben rechts ist die individuelle Außenwelt, hier wird jemand sichtbar für andere. Das ist der Raum für Verhalten und Verhaltensweisen. Hier geht es u. a. um die Körpersprache, um Stimmlage, Tonfall und Aussehen und wie man von außen wahrgenommen wird. Hier geht es auch um das Körperliche und um Energien aller Art und um Fragen der Gesundheit. Unten rechts, in der kollektiven Außenwelt, geht es um die Vernetzung und um das Eingebettet-Sein in soziale Strukturen und Systeme und um gegenseitiges Beeinflussen.

Aus dem Verständnis des kontextbezogenen Denkmodells lassen sich die therapeutischen Kompetenzen, wie oben bereits besprochen, in drei Gruppen einteilen. Die persönlichen Kompetenzen, die die Person des Therapeuten betreffen, die Beziehungskompetenzen und die Konzeptkompetenzen konnten aus den verschiedenen Therapieschulen zusammengetragen werden. Dabei zeigte sich, dass die persönlichen Kompetenzen und die Beziehungskompetenzen in den verschiedenen Schulen in etwa gleich, zumindest aber ähnlich definiert werden (Kap. IV 2.4). Unterschiede gibt es vor allem in den Konzeptkompetenzen, also in den schulenspezifischen Kompetenzen.

Es zeigte sich, dass die Kompetenzen, die durch Selbsterfahrung entstehen sollen, mehrheitlich aus den persönlichen und aus den Beziehungskompetenzen abgeleitet werden können. Zu den Kompetenzen, die die Person des Therapeuten (Kap. V 3) betreffen, gehören bspw.:

- Eigene typische Verhaltensmuster zu kennen, in verschiedenen Situationen wiederzuerkennen und sie konstruktiv zu nutzen bzw. wo nötig bewusst darauf zu verzichten.
- Bewältigung von Problemen und adäquater Umgang mit eigenen Gefühlen, z. B. Unterscheidung von Grundgefühlen (der Situation angepasst) und Maschengefühlen (der Situation nicht angemessen).
- Echtheit, Authentizität und klare Abgrenzung, damit Vertrautheit und Intimität entstehen (erlebt werden) kann.
- Fähigkeit, psychischen Raum und Entwicklungsfreiheit zu geben (erleben).
- Bereitschaft zur Introspektion und Selbstreflexion.
- Fähigkeit zur Selbstfürsorge.

Beispiele für Beziehungskompetenzen (Kap. V 4) sind:

- Fähigkeit, ein heilsames Setting anzubieten.
- Fähigkeit, eine Atmosphäre zu schaffen, in der Empathie entstehen kann.
- Sich als vertrauenswürdiges Gegenüber anbieten.

- Fähigkeit, sich in den Patienten einzufühlen, seine beschriebenen Symptome und sein selbsteinschränkendes Skript zu verstehen und das Verstandene dem Patienten so zurückzumelden, dass er sich wahrgenommen fühlt.
- Bereitschaft, sich auf eine Übertragungsbeziehung einzulassen.
- Fähigkeit, die Übertragung und die Gegenübertragung zu erkennen und therapeutisch zu nutzen.
- Loslassen von Sicherheiten und Ungewissheit als Chance begreifen.
- Mehr als eine Antwort zu suchen, ungewöhnliche Ideen aufzugreifen, vorschnelle Bewertungen zu vermeiden.
- Fähigkeit, im Hier und Jetzt Entsprechungen zu erkennen.
- Fähigkeit, zum richtigen Zeitpunkt zu konfrontieren bzw. zu intervenieren.

Konzeptkompetenzen (Kap. V 5) sind insofern wichtig für die Selbsterfahrung, weil der angehende Therapeut darüber reflektieren muss, wie das Phänomen, an dem er arbeitet, in seiner gewählten Methode heißt. Mögliche konzeptbezogene Kompetenzen sind:

- Fähigkeit, genaue phänomenologische Beobachtungen zu machen, daraus eine therapeutische Hypothese mit Bezug zur Theorie und zur Philosophie der Transaktionsanalyse ableiten zu können.
- Skriptthemen (z. B. Skriptsignale, Spieleinladungen, Discounts, Antreiber-Verhalten) erkennen und einschätzen können und entsprechend dem Behandlungsstand adäquat aufgreifen.
- Die Wirkung einer Intervention einschätzen und nutzen können.
- Fähigkeit zur offenen, spielfreien Kommunikation.
- Wissen um die Wichtigkeit einer kompetenten Vertragsarbeit.
- Eigene Wertschätzung aus der „Ich bin ok – du bist ok"-Haltung dem Patienten wie auch seinen Erfahrungen gegenüber zum Ausdruck bringen.
- Ressourcen der Patienten fördern und diese zur Autonomie ermutigen.

Selbsterfahrung wird in zwei verschiedenen Settings gemacht. Im Einzelsetting werden vor allem entwicklungs- und persönlichkeitsanalytische Komponenten bearbeitet, während in der Gruppenselbsterfahrung beziehungs- und kommunikationsbezogene Aspekte zum Tragen kommen. Die beruflichen Kompetenzen aus dem Gruppensetting (Kap. V 6) werden zu einem großen Teil durch das Lernen am Modell – dem Lehrtherapeuten – entwickelt. Anhand der Diskussionen, im Anschluss verschiedener therapeutischer Einzel- und Gruppenarbeiten, kann der Kandidat ein Gespür für transaktionsanalytisches Arbeiten entwickeln und Wachstumsförderndes bzw. Wachstumshemmendes erkennen lernen. Er kann seine Wahrnehmung im Beobachten und Zuhören und im Nachspüren schärfen und lernen, wie sich die theoretischen Konzepte in der Praxis zeigen können. Er bekommt Rückmeldungen auf seine Art, Beziehungen zu gestalten und zu kommunizieren und erfährt, wie Interventionen wirken.

Je bewusster dem zukünftigen Therapeuten die Inhalte und die Themen der einzelnen Kompetenzen sind, desto klarer und realistischer kann er sich selbst in der entsprechenden Fertigkeit einschätzen und einstufen.

Es wird aufgezeigt, wie diese Bewusstheit über den Stand der eigenen Kompetenzen anhand von vier verschiedenen Bewusstseins- und Deutungsebenen (Kap. V 7) selbst bestimmt werden kann. Dies bedingt jedoch die Bereitschaft des Betreffenden, eigene Ansichten und Meinungen in Frage zu stellen bzw. zu verwerfen.

In einem ersten Standpunkt nehme ich Phänomene durch äußeres Beobachten wahr (Subjekt und Objekt sind bestimmt). Auf der Ebene des zweiten Standpunktes wirkt das Phänomen auf mich ein und verändert mein Erleben (Subjekt ist bestimmt, Objekt ist bestimmend). Dies ebnet den Weg zum Begreifen. Die daraus resultierende Veränderung meines Bewusstseinsfeldes führt zum dritten Standpunkt, zum Entwickeln und aktiven Gestalten (Subjekt ist bestimmend, Objekt ist bestimmt). Auf der Ebene des vierten Standpunktes befinde ich mich im Fluss, im Sein, im Prozess des Werdens (Subjekt und Objekt sind bestimmend). Die Anwendung dieses Modells wird anschaulich am Beispiel „Selbsterfahrung" in der Transaktionsanalyse (Abb. 5) aufgezeigt.

Wir wissen, dass sich Kompetenzen innerhalb von vier voneinander nicht trennbarer Welten – den subjektiven Innenwelten, unterteilt in „individuell Inneres" und „kollektiv Inneres", und den objektiven Außenwelten, unterteilt in „individuell Äußeres" und „kollektiv Äußeres" – entwickeln. So lassen sich mit den Fragen, die sich aus den verschiedenen Perspektiven dieser vier Quadranten ergeben, die Inhalte und Themen einer bestimmten Kompetenz ermitteln (Kap. V 8). An den Kompetenzen „Echtheit-Authentizität" (Abb. 7), „Selbstfürsorge: Burnout-Prophylaxe" (Abb. 8) und „Beziehungsbedürfnisse" (Abb. 9) wurde das exemplarisch dargestellt.

Wer diese vier Quadranten gleichmäßig und gleichwertig berücksichtigt und behandelt und immer wieder reflektiert, ob er alle Perspektiven einbezieht, der ist kompetent.

VII Befragung lehrender Transaktionsanalytiker/innen

Im empirischen Teil werden lehrende[23] Transaktionsanalytikerinnen und Transaktionsanalytiker zum Ausbildungselement Selbsterfahrung befragt. Die so gewonnenen Daten werden mit den Resultaten aus dem Theorieteil in triangulierter Weise ausgewertet. Diese neuen Ergebnisse gelten als Grundlage zur Entwicklung eines Instruments, das den Lehrenden und den Ausbildungskandidaten die Standortbestimmung in der Zielerreichung der Selbsterfahrung erleichtern soll.

Für diese Arbeit haben sich spontan eine Gruppe von Lehrenden sowie einzelne Lehrende zur Verfügung gestellt. Die Verfahren aus der qualitativen Sozialforschung für die Datenerhebung sind somit die Gruppendiskussion (vgl. Przyborski/Wohlrab-Sahr, 2010, S. 101 ff.) und das offene Leitfadeninterview (vgl. a. a. O., S. 138 ff.).

1. Gruppendiskussion

Das Gruppendiskussionsverfahren untersucht kollektives Wissen, Orientierungen und Werthaltungen. Es untersucht die Gruppenmeinung zu einem bestimmten Thema. Diese Gruppenmeinung entsteht nicht in der Diskussion, sondern hat sich bereits „auf der Basis von erlebnismäßigen Gemeinsamkeiten in „konjunktiven Erfahrungsräumen" gebildet, und kommt nun zur Artikulation" (a. a. O., S. 105).

„Dieser Erfahrungsraum verbindet diejenigen, die an den in ihm gegebenen Wissens- und Bedeutungsstrukturen teilhaben … Auf der Ebene des Gesprächs zeigt sich dies im ‚Einander-Verstehen im Medium des Selbstverständlichen'" (a. a. O., S. 104).

Dieses bereits vorhandene kollektive Wissen kann durch „selbstläufige Passagen" der Diskussion eruiert werden (vgl. a. a. O., S. 109 f.). Das kollektive Wissen, das in dieser Arbeit untersucht wird, ist der „konjunktive Erfahrungsraum" der Berufsgruppe „Lehrende Transaktionsanalytiker" in Bezug auf ihren Umgang mit dem Ausbildungselement Selbsterfahrung.

1.1 Stichproben

Die Untersuchung wird in der deutschsprachigen Schweiz und in Deutschland durchgeführt. In der deutschsprachigen Schweiz gibt es im Bereich der Psychotherapie nur wenige lehrende Transaktionsanalytiker und -analytikerinnen, zurzeit sind es vier. Deshalb lassen sich viele zukünftige Transaktionsanalytiker in Deutschland weiterbilden. Transaktionsanalytiker beider Länder sind der Euro-

---

23 Ausbildnerinnen heißen in der Transaktionsanalyse „Lehrende".

päischen Gesellschaft für Transaktionsanalyse unterstellt und müssen sich neben den nationalen Gesetzesbestimmungen auch an die Richtlinien der EATA halten. Österreich als weiteres deutschsprachiges Land untersteht nicht der EATA, hat also andere Richtlinien und wird, um den Rahmen dieser Arbeit nicht zu sprengen, in diesem Projekt nicht berücksichtigt.

Die französische Schweiz wird auch nicht Gegenstand dieser Untersuchung sein, weil sich die Romandie nicht nur sprachlich, sondern auch kulturell von der Deutschschweiz unterscheidet und es unübersichtlich werden würde, wenn diese Gegebenheiten auch beleuchtet werden müssten. Das Gleiche gilt für die italienische Schweiz. Zudem gibt es im Tessin (noch) keine lehrenden Transaktionsanalytiker, das heißt, eine Stichprobe wäre da gar nicht möglich.

Die Stichproben dieser Arbeit bestehen aus lehrenden Transaktionsanalytikern (TSTA) und aus lehrenden Transaktionsanalytikern unter Supervision (PTSTA) aus Deutschland und der deutschsprachigen Schweiz. Die Datenerhebung findet in einer PTSTA-Gruppe statt, in der die Autorin seit geraumer Zeit Teilnehmerin ist, selbst aber noch keine eigene Weiterbildungsgruppe leitet. Die Gruppe besteht zur Zeit der Untersuchung aus acht Personen, darunter ein Mann. Außer diesem Kollegen stehen alle unter Ausbildungsvertrag mit der Mentorin, die ebenfalls an der Untersuchung teilnimmt. Die Mentorin lehrt und supervidiert die Gruppe und einmal jährlich werden die einzelnen Mitglieder von ihr beurteilt.

Diese Gruppe als erste Stichprobe zu wählen, bot sich aus praktischen Gründen an, einerseits weil das halbjährliche Treffen dieser PTSTA-Gruppe soeben stattfand, andererseits weil es zum Setting dieser Gruppe gehört, dass die Teilnehmerinnen zu Seminarbeginn mitteilen, was sie aus dem aktuellen Seminar brauchen, sei es Supervision, Beantwortung von Theoriefragen, Besprechen einzelner Curriculum-Sequenzen oder, wie im aktuellen Fall, Informationen für ein Forschungsprojekt von Experten. Diesen Wünschen wird in der Regel entsprochen, was sich auch beim aktuellen Anliegen bestätigte. Als Nebeneffekt ergab sich ein weiterer Vorteil, nämlich die Gelegenheit für die Untersucherin, zügig „hinaus ins Feld" zu gehen und zu erfahren, wie sich die Rolle als Forscherin anfühlt.

Aus verschiedenen Gründen wurde entschieden, zusätzliche Daten in einem anderen Setting zu sammeln. Einer der Gründe ist beispielsweise die weiter oben bereits erwähnte „Hierarchie", die in der PTSTA-Gruppe besteht. Die Tatsache, dass die Gruppenmitglieder bei der Mentorin unter Ausbildungsvertrag stehen und von ihr jährlich qualifiziert werden, könnte zu dem Risiko führen, deswegen gleicher Meinung wie die Ausbilderin zu sein. So könnten eventuell wichtige andere Erfahrungen, Meinungen und Haltungen unberücksichtigt bleiben und vergessen werden.

Um dem vorzubeugen, gibt es eine zweite Datenerhebung mit einer neuen Stichprobe. Nachdem die erste aus lehrenden Transaktionsanalytikern aus Deutschland besteht, werden in der zweiten Stichprobe fünf qualitative Interviews mit lehrenden Transaktionsanalytikern aus der Schweiz durchgeführt. Die Stichprobe ist bereits gegeben, denn neben mir gibt es nur vier aktiv lehrende Transaktionsanalytiker in der deutschsprachigen Schweiz. Zwei TSTA, ein TTA (Lehrender für Teaching, nicht aber für Supervision) und ein PTSTA. Die Gruppe besteht aus sieben Frauen und einem Mann (die Untersucherin mitgerechnet). Die Gruppe, aus der einzelne Interviewpartner für die zweite Stichprobe gewählt werden, besteht aus drei Männern und einer Frau aus dem Bereich Psychotherapie und einer Frau aus dem Bereich Beratung.

1.2 Durchführung

Mit einem sogenannten Eingangsstimulus versucht man, ein Gespräch zwischen den Teilnehmern einer Gruppendiskussion in Gang zu bringen. Als Eingangsstimulus wurden die folgenden offen formulierten Ausgangsfragen gewählt:

> Wozu dient Selbsterfahrung in der Psychotherapieweiterbildung? – Was soll da passieren? – Welche Fähigkeiten und Kompetenzen sollen dabei entstehen? – Wie merke ich als Lehrende/r, dass die Ziele der Selbsterfahrung erreicht sind? – Welche Kriterien habe ich dafür?

In der Gruppendiskussion soll das Gespräch selbstläufig sein, deshalb verzichtet die Untersucherin weitgehend auf eine Teilnehmerrolle und spricht erst dann, wenn das Gespräch zwischen den Teilnehmenden zum Erliegen kommt. Pausen und Lücken werden „ausgesessen". Blickkontakt und wohlwollendes Nicken sollen die Teilnehmer ermutigen, dranzubleiben und weiterzumachen. Interventionen werden nicht an einzelne Personen, sondern an die Gruppe gerichtet, im Sinne von: „Ihr habt vorhin gesagt …" Damit das Gespräch im Fluss bleibt, werden die Fragen offen, eher vorsichtig und nicht vollkommen bestimmt gestellt. Wenn das Gespräch zum Erliegen kommt, werden immanente Fragen gestellt (vgl. Przyborski/Wohlrab-Sahr, 2010, S. 87). Das sind Fragen, die an bereits Gesagtes oder Angedeutetes anschließen wie z. B.: „Ihr habt vorhin erwähnt, dass …, mögt ihr dazu noch etwas mehr sagen?" Exmanente Fragen (ebd.) werden am Ende gestellt. Das können direktiv gestellte, auch bestimmte thematische Fragen sein, die für die aktuelle Forschung von Interesse sind.

Für die qualitative Auswertung werden die Gruppendiskussion auf Band aufgenommen und die gewonnenen Daten durch Transkription gesichert. Transkription nennt die Sozialwissenschaft den Vorgang der Überführung von Ton-, Bild- und Filmdokumenten in eine schriftliche Form. Es gibt verschiedene Transkriptionssysteme. Für diese Arbeit wurde das TIQ – „Talk in Qualitative Social Research" gewählt, ein Transkriptionssystem zur Erfassung von Gesprächen für eine rekonstruktive Auswertung (vgl. Przyborski/Wohlrab-Sahr, 2010, S. 164 f.).

1.3 Auswertung

Die Gruppe besteht aus sieben Frauen und einem Mann. Es ist eine Weiterbildungsgruppe, bestehend aus einer Mentorin und sieben Teilnehmern, die mit der Mentorin einen Weiterbildungsvertrag zu lehrenden Transaktionsanalytikern im Fachbereich Psychotherapie und Beratung haben. Es sind lehrende Transaktionsanalytiker unter Supervision.

Die Gruppe, die tags zuvor angefragt wurde, hat sich bereit erklärt, in Form einer Gruppendiskussion an diesem Forschungsprojekt teilzunehmen, um sich mit den oben erwähnten Ausgangsfragen auseinanderzusetzen.

Die Forschungsfragen sind allgemein gehalten, wie es im Verfahren der Gruppendiskussion üblich ist. Sie fragen nach dem Ziel der Selbsterfahrung, nach dem Inhalt der Selbsterfahrung, nach den Fähigkeiten und den Kompetenzen, die daraus resultieren sollen und nach den Kriterien, nach denen die Weiterbildungs- und Selbsterfahrungsleiter feststellen können, ob die Lernziele erreicht worden sind. Als Methode der Auswertung wird die qualitative Inhaltsanalyse (Mayring/Gläser-Zikuda 2008) gewählt.

Die Aussagen der Gruppendiskussion müssen so geordnet werden, dass sie mit den Aussagen der Einzelinterviews (s. nächstes Kapitel) und mit den Resultaten aus dem Theorieteil verglichen werden können. Das heißt, die einzelnen Aussagen müssen zuerst isoliert und bestimmt bzw. operationalisiert und einer passenden Kategorie zugeordnet werden (Mayring 2010, S. 98). Die nötigen Kategorien werden gemäß der inhaltsanalytischen Methode im vorliegenden Fall deduktiv gebildet, da sie direkt aus den Leitfragen des Forschungsgegenstandes und dem neuen Erkenntnisgewinn des Theorieteils der vorliegenden Arbeit abgeleitet werden können (vgl. Mayring/Gläser-Zikuda 2008, S. 125–126). Folgende Kategorien haben sich daraus ergeben:

- Ziel und Zweck der Selbsterfahrung
- Nutzen von Selbsterfahrung
- Positive und negative Aspekte der Selbsterfahrung
- Kriterien für das Ausreichen von Selbsterfahrung
- Psychotherapeutische Kompetenzen durch Selbsterfahrung
  - Persönliche Kompetenzen
  - Beziehungskompetenzen
  - Konzeptkompetenzen

Wiedergegeben werden die Inhalte und die Fakten so, wie sie gesagt wurden. Ausgeklammert wird die Gruppendynamik, wer spricht häufig, wer nicht, wer ist wortführend, wer fällt dem anderen ins Wort, wie wird etwas gesagt, wie ist die Stimmung etc.

Da der Forschungsgegenstand die Gruppenmeinung ist und nicht die Gruppe und ihre Interaktion, werden die Verweise bzw. die Zitate als Meinung der Gruppe (G) gekennzeichnet.

1. Ziel und Zweck der Selbsterfahrung

Ziel ist es, den Patienten keinen Schaden (Nihil nocere) zuzuführen. Jemand, der zu wenig oder keine Selbsterfahrung gemacht hat, könnte durch seine blinden Flecken den Patienten schaden (G236–240).

- Bewusstsein für eigene Themen zu entwickeln und das eigene Skript[24] kennen zu lernen (G3).
- Eigentherapie ist eine Voraussetzung. Therapeuten müssen Eigentherapie machen (G774–778).
- Als Therapeut/Therapeutin ist es wichtig, die eigene emotionale Seite – Freude, Angst, Wut und Trauer, alles, was es an Grundgefühlen gibt – kennen zu lernen und sich gefühlsmäßig wahrzunehmen. So lernt man durch die eigenen Erfahrungen anzunehmen, zu begreifen und zu verstehen (G41–47).
- Diese emotionale Seite ist nicht nur fürs eigene Erleben wichtig, sondern auch, um zu vermitteln, dass Wissen alleine nicht ausreichend ist, sondern dass es das Erleben braucht, um Nachhaltigkeit zu bewirken (G59–63).
- In der Gruppenselbsterfahrung bekommt man die Chance, Feedback für eigene Persönlichkeitsanteile zu bekommen (G138).
- Bei den Trainees[25] ist man verpflichtet, zu konfrontieren. Das ist eine Frage der Ethik. Das heißt, dass bei der Ausbildungsselbsterfahrung nicht das Leiden des Betreffenden Hauptkriterium ist, sondern ob bestimmte Themen angegangen werden oder nicht, und die müssen konfrontiert werden, bis sie gelöst sind (G236–253).
- Lernen, sich Hilfe zu holen. Wer sich Hilfe holen kann, der ist „sicher gebunden", wer das nicht kann, ist „unsicher gebunden". Das ist ein Entwicklungskriterium (G703–706).

---

24 „Unter „Skript" versteht die Transaktionsanalyse einen unbewussten Lebensplan, den jeder Mensch im frühen Kindesalter aufgrund seiner Interpretationen des Verhaltens der Bezugspersonen über sich selbst, die anderen und die Welt trifft. Diese Skriptentscheide und -Überzeugungen sind in der Kindheit Überlebensstrategien, übertragen ins Erwachsenenalter jedoch oft hinderlich in der Gegenwart – im Hier und Jetzt – adäquat und autonom zu fühlen, denken und handeln" (Mäder 2015, ta-maeder.ch).
25 Transaktionsanalytiker benutzen den Begriff „Trainee" für Ausbildungskandidaten.

2. Nutzen von Selbsterfahrung

- Durch die Selbsterfahrung entsteht ein neues Verständnis für die Schwierig-keiten der Menschen, man wird milder und entwickelt Mitgefühl (G82–86).

3. Positive und negative Aspekte der Selbsterfahrung

Wachstumsfördernd:
- Selbsterfahrungsleiter, die eine Atmosphäre schaffen und einen Schutzraum bieten, damit Veränderung und Persönlichkeitsentwicklung stattfinden kann (G710–711).
- Zur Sensibilisierung für eigene Themen macht es Sinn, die Kandidaten auch nach den persönlichen Lernzielen zu fragen (G69–78).
- Persönlichkeitsentwicklung ist nur in einem geschützten Rahmen möglich (G697–710).
- Zukünftige Therapeuten vermeiden es eher, in der Selbsterfahrung auf die emotionale Ebene zu gehen. Für sie ist es fördernder, in einer gemischten Gruppe – also auch mit Nicht-Kandidaten – ihre Selbsterfahrung zu machen. So sehen sie wie es geht (G816–820).
- Wenn der Lehrtherapeut blinde Flecken beim Kandidaten zur gegebenen Zeit anspricht (G239–242).
- Wertschätzendes Feedback für eigene Persönlichkeitsanteile (G137–145).

Wachstumshindernd oder schädlich:
- Wenn zu wenig Schutz gegeben wird, ist Entwicklung nicht möglich (G708–711).
- Wenn Lehrtherapeuten zu wenig Selbsterfahrung gemacht haben (G238–239).
- Wenn der Therapeut Skriptverhalten zeigt wie z. B. „symbiotisches Verhalten" oder zu „Spielen" einlädt (G524–532).

4. Kriterien für das Ausreichen von Selbsterfahrung

- Wenn die Skriptthemen, die in irgendeiner Form schädigend für die Patien-ten sein könnten, gelöst sind. Symbiose[26] ist in diesem Zusammenhang ein zentrales Thema, denn Symbiose verhindert Wachstum. Spiele[27] spielen und Spielanfälligkeit sind andere Stichworte (G382–388/G524–532).

---

26 Symbiose bedeutet, dass zwei Personen zusammen lediglich drei ihrer sechs Ich-Zu-stände benützen.
27 Spiel: „Unter psychologischem oder manipulativem Spiel wird in der TA eine Kom-munikationsform verstanden, bei der nicht „mit offenen Karten" gespielt wird. Auf

- Nicht alle Themen müssen gelöst sein, aber sie müssen dem Betreffenden bewusst sein (G456–460).
- Wie jemand auf eine Konfrontation reagiert: Zeigt er/sie z. B. eine Bereitschaft, nochmals hinzugucken, das Thema evtl. mitzunehmen und nochmals darauf zurückzukommen (G360–363)?
- Der Stand der Selbsteinschätzung. Passen Selbst- und Fremdbild zusammen? (G414–419; 451–452)
- Bewusstheit über eigene Skriptthemen haben (G416–417).

5. *Psychotherapeutische Kompetenzen durch Selbsterfahrung*

Persönliche Kompetenzen:
- Fähigkeit, symbiotisches Verhalten beim Kandidaten wahrzunehmen und ihn damit zu konfrontieren (G239–260/G381–391).
- Fähigkeit, in der Tiefe zu verstehen, was die +/+-Haltung[28], diese Selbstliebe, bedeutet (G109).
- Kennen der Patientenseite (G8/G44).
- Fähigkeit, anzunehmen, zu begreifen und zu verstehen (G41–47).
- Fähigkeit, sich, wo nötig, Hilfe zu holen (G703–706).
- Fähigkeit, Grenzen wahrzunehmen und adäquat zu handhaben (G515–515).
- Fähigkeit, sich in die Situationen der Menschen hineinzuversetzen und das Schwierige zu verstehen (G82–86).

Beziehungskompetenzen:
- Fähigkeit, Skriptzeichen zu erkennen und aufzugreifen (G382).
- Fähigkeit, sich einfühlen zu können (G94).
- Fähigkeit, blinde Flecken wahrzunehmen und zum gegebenen Zeitpunkt zu thematisieren (G163–167).

Konzeptkompetenzen:
- Fähigkeit, mit Verträgen umzugehen (G72/G174–208).
- Fähigkeit, mit den 3Ps (*protection, permission, potency*) zu arbeiten (G710).
- Wissen, wie sich Skriptthemen zeigen können (G382–388).
- Fähigkeit, zu konfrontieren (G252–260).

---

der Sachebene wird etwas gesagt, auf der Beziehungsebene meint man jedoch etwas anderes" (Mäder 2015, ta-maeder.ch).

28 Es gibt vier Grundpositionen in der Transaktionsanalyse. Die +/+ -Haltung ist die „Ich bin ok – du bist ok-Haltung".

2.   Leitfadeninterviews

Die Daten der zweiten Stichprobe werden mittels eines qualitativen Interviews – eines Leitfadeninterviews – erhoben.

Das Leitfadeninterview ist ein teilstandardisiertes Interview und kommt in Forschungskontexten zum Zuge, in denen eine relativ eng begrenzte Fragestellung verfolgt wird. Beim Leitfadeninterview kommt man vom Allgemeinen zum Spezifischen. Es beginnt mit Narration (Allgemeines), indem der Interviewer einen Stimulus setzt, um den Interviewten ins Thema zu bringen. Anschließend werden thematisch geordnete Fragen (Spezifisches) gestellt, die vorher als Leitfaden entwickelt wurden (vgl. Przyborski/Wohlrab-Sahr, 2010, S. 140).

2.1   Stichproben

Die Stichprobe besteht aus fünf lehrenden Transaktionsanalytikern und Transaktionsanalytikerinnen in der Schweiz.

2.2   Durchführung

Ein Leitfaden wird im Vorfeld schriftlich vorbereitet. Bei der Entwicklung des Leitfadens und speziell beim Interview wird darauf geachtet, die spezifischen Fragen nicht so eng zu stellen, damit die Befragten nicht nur kurze und knappe Antworten darauf geben können. Das Leitfadeninterview soll keine mündliche Beantwortung eines Fragebogens sein.

Es macht Sinn, den Leitfaden nach Themenkreisen aufzubauen. In die einzelnen Themengebiete steigt man mit einer offenen Frage ein, um den Interviewten erzählen zu lassen, damit er mit dem Thema warm werden kann (Kriterium der Offenheit). Anschließend folgt spezifisches Nachfragen, wobei die Fragen an das bereits Gesagte anknüpfen und gleichzeitig zu den für die Untersuchung relevanten Antworten führen sollen (Kriterium der Spezifität). Sobald ein Themenkreis abgerundet behandelt ist, eröffnet eine weitere offene Frage den nächsten, um den Befragten erzählen zu lassen und um mit spezifischen Fragen diesen Themenkreis wiederum zu beenden. So arbeitet man den Leitfaden durch, wobei darauf geachtet wird, dass die schriftlich festgehaltenen Fragen nicht nach der Reihenfolge beantwortet werden, sondern

„die Sachverhalte in ihrer situativen Einbettung, in ihrem sozialen, institutionellen und persönlichen Kontext sowie im Hinblick auf ihre subjektive (bzw. auch institutionelle) Relevanz geschildert werden können. Die Interviewerin erhält so Informationen über die Bedingungen des Zustandekommens und über die Bedeutung bestimmter Phänomene und bekommt Hinweise auf weitere für ihr Thema relevante Aspekte" (a. a. O., S. 141) (Kriterium der Kontextualität und der Relevanz).

Für die anschließende qualitative Auswertung wird das Leitfadeninterview ebenfalls auf Band aufgenommen und die Daten mit dem Transkriptionssystem TIQ – „Talk in Qualitative Social Research" gesichert.

2.3 Auswertung

Ausgewertet werden fünf Interviews mit lehrenden Transaktionsanalytikern und Transaktionsanalytikerinnen in der Schweiz zum Thema Selbsterfahrung in der Psychotherapieweiterbildung. Interview D startete, ähnlich wie bei der Gruppendiskussion, mit einer Eingangsfrage und der Interviewleitfaden wurde ergänzend dazugenommen. Die anderen Interviewpartner (A, B, C, E) wurden gefragt, ob sie Fragen beantworten oder lieber frei erzählen möchten. Alle entschieden sich für das Beantworten von Fragen.

Die Untersuchung befragt Experten zu den Inhalten des Forschungsgegenstands, sie fragt nicht nach unbewussten Beweggründen. So werden, wie bei der Auswertung der Gruppendiskussion, die Inhalte, die Fakten, das Gesagte wiedergegeben. Ausgeklammert werden nonverbale Inhalte, wie z. B. die Art und Weise, wie etwas gesagt wurde, bezüglich des Tonfalls, der Mimik und der Gestik sowie der Körperhaltung.

Um die Aussagen der Einzelinterviews mit denjenigen der Gruppendiskussion und der Resultate aus dem Literaturstudium vergleichen zu können, werden sie den bereits bestimmten Kategorien (s. Kap. VII 1.3), gemäß qualitativer Inhaltsanalyse nach Mayring und Gläser, zugeordnet.

1. Ziel und Zweck der Selbsterfahrung

• Der Sinn der Selbsterfahrung ist, den Wunsch bzw. das Symptom (D21), Psychotherapeut werden zu wollen, zu analysieren (D47–51). Wenn das nicht geschieht, besteht ein Risiko, innerhalb eigener Spiele, Muster und Maschen verstrickt zu bleiben und nicht hilfreich für Klienten sein zu können (vgl. dazu das transaktionsanalytische Konzept des Episkripts von English, Kap. III 4.1).

> „Die Lehranalyse oder die Lehrtherapie hat einen emanzipatorischen Anspruch, dass ich mich nämlich emanzipiere und mich ermächtige und durch diese Arbeit auch ermächtigt werde, selbst Therapeut zu sein. Und jeder, der nachher zu mir in Therapie kommt, soll auch wieder letztlich durch die Therapie … die Therapie soll ihm helfen oder dazu beitragen, dass er sich emanzipieren kann … In der Transaktionsanalyse sprechen wir von Autonomie in diesem Zusammenhang. Jede Therapie und auch die Lehrtherapie sollte grundsätzlich zu mehr Autonomie führen. Und je mehr ich als Therapeut diese Erfahrung gemacht habe, dass ich zu mehr Autonomie gekommen bin, umso eher bin ich bereit und auch fähig, das auch

meinen Patienten zukommen zu lassen oder zu vermitteln. Das ist zumindest die Idee, und ich denke, es funktioniert auch so." (D524–544).

- Sich auf einer gefühlsmäßigen Ebene kennen lernen und unbekannte Ecken aufspüren (A5–9).
- Selbsterfahrung dient der Auseinandersetzung mit der eigenen kognitiv-emotionalen Struktur, um eigene Muster kennen zu lernen und diese, wenn möglich, aufzulösen (C18–20). Eigentherapie deshalb, weil die therapeutische Beziehung nicht tragfähiger sein kann als der Entwicklungsstand des Therapeuten (C8–9). „Wenn ich in dieser tiefenpsychologischen Ebene nicht bewandert bin, dann kann ich nichts anderes als Protokolle ausfüllen und hoffen, dass ich funktioniere" (C29–30).
- Selbsterfahrung ist wichtig, weil sonst die Leute nur imitieren, was sie von ihren Referenten gelernt haben (C61–62).
- Selbsterfahrung ist angeleitete Reflexion (E6) über mein Denken, Fühlen und Verhalten. Dabei erlange ich die Bewusstheit darüber, wie ich überhaupt funktioniere. Dabei geht es auch darum, mir Stabilität zu geben und mein Potenzial zu erkennen, zu nutzen und weiterzuentwickeln (E17–22).
- Selbsterfahrung ist vor allem nötig, um die blinden Flecken zu entdecken: z. B. das Kennenlernen des eigenen Vermeidungsverhaltens. Die ganze Thematik der Abgrenzung ist sehr wichtig in diesem Beruf, weil Muster wie die Selbstaufopferung verbreitet in Helferberufen zu finden sind. Eine andere Thematik in diesem Beruf sind die hohen bis sehr hohen Selbstansprüche, die oft in ein Burnout führen. Nicht nur die Burnout-Prophylaxe, sondern die ganze Psychohygiene ist immer wieder ein nötiges Thema in der Selbsterfahrung für Psychotherapeuten (B33–44).
- Mehr Bewusstheit über das facettenreiche Selbst entwickeln, indem gelernt wird, die Dinge zu benennen und/oder als Bildmaterial entstehen zu lassen. Selbstakzeptanz entwickeln, um sich davon zu lösen, sich verändern zu wollen. Dazu gehört auch ein akzeptierender und wertschätzender Blick auf das „Fehlerhafte" (B150–165).
- Es braucht einen gewissen Grad an Autonomie, um therapeutisch tätig sein zu können. Man muss dem Klienten etwa einen halben Tag voraus sein (C244–245).
- Die eigenen tiefer gelegenen Themen kennen zu lernen, sich dessen bewusst zu werden und damit umgehen zu können. Transaktionsanalytisch ausgedrückt heißt das: Den Zugang zum inneren Kind, dem Kind-Ich-Zustand, zu bekommen. Die Arbeit mit dem Kind-Ich bzw. die Skriptarbeit ist nur möglich, wenn das Vertrauen zwischen dem Therapeuten und dem Patienten da ist. Es braucht Zeit, um dieses Vertrauen und die nötige Beziehung aufzubauen (A43–47).
- Lernen, Selbsterfahrungsarbeit zu reflektieren (B61–64).

- Bewusstmachen von Kompetenzen, die bereits vorhanden sind. Dazu gehören auch Kompetenzen, die durch schwierige Lebensläufe entstanden sind. Aber auch das Bewusstmachen von Inkompetenzen (B103–107).
- Bewusstheit darüber, wie ich handle, denke und fühle (E14–20).
- Durch die Selbsterfahrung ein gutes, schützendes Eltern-Ich aufbauen (A167–168).
- Eine positive Grundhaltung entwickeln (+/+-Haltung) (A173–183).
- Die Patientenseite kennen lernen und sich mit dem Tun des Lehrtherapeuten auseinandersetzen, nachspüren, welche Interventionen hilfreich sind und welche weniger gut ankommen. (A99–109)
- Gelegenheit, das Erleben aus der Arbeit, aber auch aus dem Privaten im professionellen Rahmen mit einem Kollegen zu besprechen, zu reflektieren und evtl. auch zu konzeptualisieren und daraus zu lernen und sich Ziele zu setzen, um in der professionellen Kompetenz zu wachsen (B7–10).
- Sich darüber bewusst zu werden, wo man selbst anfällig ist, symbiotische Haltungen einzunehmen und symbiotische Angebote anzunehmen. Oder wo man anfällig ist, zu „retten". Eine innere Stabilität zu erreichen, um sich später nicht von den Gefühlen der Klienten überschwemmen zu lassen (E48–55).
- Sich berühren zu lassen und in einer Beziehung Emotionen zeigen zu können, wenn es dem Prozess dient (B180–181).
- Ein Therapeut muss wissen, wie „das tut", wie sich ein seelischer Schmerz anfühlt. Das kann nur in der Selbsterfahrung erfahren und reflektiert werden. Die Bewusstheit darum ist notwendig, um mit Menschen arbeiten und sie durch ihren psychischen Schmerz hindurch begleiten zu können (A266–267).
- Am Modell lernen können. Im Gruppensetting kann man beobachten, wie der Lehrtherapeut mit jemandem arbeitet. Dabei kann man auf der Ebene der Gegenübertragung mitfühlen, wie es dem Klienten geht und gleichzeitig die Methodenwahl und den Umgang des Therapeuten mit den theoretischen Konzepten beobachten (C579–583).

2. *Nutzen von Selbsterfahrung*

- Der betreffenden Person in ihrem Reifungsprozess und als Folge seinen Klienten (A15–19).
- Dem Therapeuten, um zu einer inneren Ruhe zu finden, damit er den zukünftigen Klienten eine Struktur und einen Raum anbieten kann, in dem sich diese entwickeln können (C56–58).
- „Je offener jemand für Introspektion ist, je mehr wird er profitieren" (B14). Ausbildungskandidaten können viel gewinnen, wenn sie durch und in der therapeutischen Beziehung zu dieser „Öffnung zum Selbsterleben" (B20) finden, ihre Emotionen und ihr Selbsterleben auch formulieren können und so

am eigenen Leibe erleben, wie weiterbringend diese Selbstoffenbarung, diese Selbst-öffnung ist (B14–23).

- Die Auswirkungen der Selbsterfahrung auf den Patienten zeigen sich darin, einen reiferen, zugänglicheren Menschen in seinem Therapeuten vor sich zu haben, der authentischer ist und es nicht mehr so nötig hat z. B. über intellektuelle Leistungen zu kompensieren (C169–177).

3. *Positive und negative Aspekte der Selbsterfahrung*

Wachstumsfördernd:
- Erleben, was es bedeutet, jemandem gegenüberzusitzen, der für mich einen Raum schafft, in dem ich mich entwickeln kann (C105).
- Lernen am Modell, am Guten und am Schwierigen, an den Fehlern und an dem, worin der Lehrtherapeut gut ist (B59–61).
- Begleitet werden in der Bildung einer positiven Berufsidentität mit einem entsprechenden Kompetenzerleben (B47/B102–103).
- Anleitung zur Psychohygiene erhalten (B102).
- Wenn sich der Therapeut auf die Ressourcen und die Kompetenzen des Klienten fokussiert, ist es wachstumsfördernd (B352).
- Ein Therapeut, der Kandidaten ermutigt und bestärkt, mehr zu sich selbst zu kommen und mehr von sich zu zeigen und zu verwirklichen (D556–565). Jemand, der die Klienten darin bestätigt, der eigenen Wahrnehmung zu vertrauen und zu den eigenen Gefühlen zu stehen und bei dem man sich „gehalten fühlen" kann (A391–395).
- Hilfreich ist ein Therapeut, der über die Fähigkeit verfügt, jemanden geduldig und „sanft schubsend" zu den blinden Flecken zu führen, zu den Themen, denen man ausweichen möchte (B405–407).

Wachstumshindernd oder schädigend:
- Schädigend ist eine Selbsterfahrung bei einem Therapeuten, der vermutlich selbst zu wenig Selbsterfahrung gemacht hat und quasi die Klienten von sich abhängig macht. Das ist schädigend, weil es zu viel ist, und es ist schädigend, weil es gleichzeitig zu wenig ist. In einer solchen Therapie besteht keine Möglichkeit, „so weit zu kommen, dass man wirklich beginnen kann, auszuhalten, dass man alleine ist" (D513).
- Ein kritischer Punkt ist, Themen aufzugreifen, für die der Klient noch gar nicht bereit ist und die im schlimmsten Fall eher in Richtung Dekompensation gehen als in Richtung Wachstum (A292–294).
- Ein weiterer kritischer Punkt sind diese vorgeschriebenen Stundenangaben für die Selbsterfahrung; da besteht das Risiko, dass jemand diese Zeit absitzt und kognitiv schon mitmacht, aber dabei nicht in die Tiefe geht und somit das Erleben bzw. die Erfahrung gar nicht machen kann (A296–313).

- Ein weiterer negativer Aspekt können innere Widerstände der Kandidaten sein, die sich nicht überwinden lassen, weil sie z. B. schwere Übertragungsgeschichten sind. Das kann für jemanden schädlich sein, weil die Widerstände auf diese Weise verstärkt statt aufgehoben werden. Der Klient hat dann u. U. eine Bestätigung im Sinne von: „Da ist wieder jemand, der mir etwas überzustülpen versucht" (A320–327).
- Die Therapie muss immer eine Situation anbieten, in der etwas angesprochen und hinterfragt werden kann. Danach braucht es Zeit, um das zu verarbeiten und zu integrieren. Wenn die Zeit zwischen den Sitzungen zu kurz ist, kann jemand aus dem Kontakt mit der Realität geraten und immer mehr mit sich selbst beschäftigt sein:

> „Es gibt Leute, die zu viel machen und sich überfordern, weil sie nur noch mit sich beschäftigt sind und nicht mehr sehen können, was außerhalb ist. Und es gibt Leute, die zu wenig machen, weil sie sich für kompetent halten und weil sie ihre blinden Flecken nicht sehen" (C352–355).

Beide Verhalten müssen gespiegelt werden. Wenn das nicht gemacht wird, ist der Lehrtherapeut nicht kompetent genug oder: Solange ein Widerstand da ist, ist das ein Mangel an Flexibilität des Therapeuten (C408–409).
- Ein weiterer möglicher negativer Aspekt der Selbsterfahrung ist, sich Geschichten anzuhören, die beim Klienten erneutes Leiden bzw. eine Retraumatisierung auslösen, „weil das Einzige, was dadurch entsteht, eine Spannung zwischen seiner Erfahrung des Alleinseins und seiner neuen Erfahrung, dass jemand zuhört, wie er erzählt, dass er alleine ist, ist" (C447–449).
- „Wenn der Therapeut so arbeitet, dass sich der Klient in seinem Selbstwert gemindert erlebt oder eine Menge Defizite erlebt und sich nicht gestärkt fühlt, dann ist es schädigend" (B347–349).

4. *Kriterien für das Ausreichen von Selbsterfahrung*

> „Mein Kriterium ist, dass transaktionsanalytisch gesprochen, mindestens ein Skriptanteil so durchgearbeitet wurde, dass der Eindruck entstanden ist, auf der Seite des Lehrtherapeuten wie auf der Seite des Kandidaten, dass es da wirklich um ihn (Kandidaten) gegangen ist. Dass ein zentraler Punkt nicht nur den Verstand, sondern auch das Herz erreicht hat. Dabei ist nicht nur eine Einsicht in einen wichtigen Punkt in seiner Geschichte und eine Lösung einer schwierigen Verstrickung entstanden, sondern auch eine Einsicht erreicht, wie das eigentlich überhaupt geht. Er hat eine Selbsterfahrung anhand eines eigenen Beispiels. – Ah, so wirkt Psychotherapie! Dann genügt mir bereits eines, das wirklich durchgearbeitet ist, um ihn zur Prüfung anzumelden" (D432–439).

- Ein Kriterium ist, wie jemand mit Konfrontationen umgehen kann. Wenn der Betreffende zuhört, dafür offen ist und bereit ist, zu reflektieren, ist ein wichtiges Kriterium erfüllt (A197–201).
- Es hat sehr viel mit Intuition zu tun, zu sehen, wer soweit ist und wie weit sich jemand selbst einschätzen kann (A105–106).
- Wenn jemand imstande ist, für den Klienten da zu sein, ohne auf Methoden zurückgreifen zu müssen: Als Mensch da sein, Präsenz zeigen im Sinn von: „Ich bin da, und unabhängig davon, was vom Klienten kommt, es wirft mich nicht aus der Bahn" (C114–120).

> Es muss aber auch etwas geben wie den gesunden Menschenverstand des Lehrtherapeuten, der sagen kann: „Es passt oder es passt nicht." Wenn nach Kriterien für „es passt" oder „es passt nicht" oder „er kann es" oder „er kann es nicht" gefragt wird, ist die Antwort: „Man muss nicht alles Wissen explizit machen. Gute Psychotherapeuten werden nicht von Leuten ausgebildet, die implizites Wissen explizit machen. Schädlicher Nonsens wäre, das Bauchgefühl des Lehrtherapeuten aus der Ausbildung herauszuformulieren (C490–506).

- Ich gebrauche Fragebogen, mit denen gezielte Themen wie „Verlassenheit", „Misstrauen" oder „soziale Isolation", abgefragt werden können. So kann zusammen mit dem Klienten herausgefunden werden, bei welchen Themen es Sinn macht, genauer hinzuschauen. Durch die gemeinsame Arbeit in der Selbsterfahrung werden diese Themen je länger, je weniger aktuell oder der Klient handhabt sie besser. Dies ist dann ein Kriterium dafür, dass eine Zielerreichung in Sicht ist (B186–189).
- Im Gruppensetting kann z.B. festgestellt werden, wie sich eine Person verhält: Was hat sie für eine Rolle? Kennt sie ihre Rolle? Wie verhält sie sich beim Gruppenbildungsprozess? Wie verhält sie sich in einem Gruppenprozess, in dem es Konflikte gibt? Wie steht sie für ihre Bedürfnisse ein? Wie stabil ist die Kandidatin (E82–91)?

5. *Psychotherapeutische Kompetenzen durch Selbsterfahrung*

Persönliche Kompetenzen:
- Fähigkeit, eine wertschätzende Haltung einnehmen zu können (B55).
- Fähigkeit, die Gegenübertragung zu erkennen und imstande sein, diese als Instrument einsetzen zu können (C125).
- Einschätzen können, welche Interventionen welche Wirkung haben (C99–100).
- Fähigkeit, Therapien aus dem Erwachsenen-Ich zu gestalten im Sinn von im Kontakt zu sein mit sich selbst, mit den Klienten und im Hier und Jetzt (D182).
- Fähigkeit zur Offenheit und Transparenz (A66/A75–76).

- Fähigkeit, Grenzen wahrzunehmen, Grenzen zu setzen und sorgfältig damit umzugehen (B36–38) (A69–70/A112–113).
- Einschätzen können, was für welche Person wichtig und richtig sein könnte (A66–71).
- Psychologische und kognitive Tiefe zu entwickeln für die Fähigkeit, eine Arbeitsbeziehung zu erhalten (C98–99).
- Eigene Skriptthemen kennen (D319–320).
- Fähigkeit zur Psychohygiene, Selbstfürsorge und Burnout-Prophylaxe (B35–41).
- Fähigkeit, einen Raum zu schaffen, der wachstumsfördernd ist (C56–58/C105–106).
- Fähigkeit, mit dem Übertragungs-Gegenübertragungs-Geschehen arbeiten zu können (A67).

Beziehungskompetenzen:
- Fähigkeit, eine Beziehung entstehen zu lassen:

  „In dieser Beziehung muss der Klient sich so gut aufgehoben fühlen, dass Sachen an die Oberfläche kommen können, die sonst nicht an die Oberfläche kommen können. Denn es gibt eine Abwehrstruktur, die funktioniert, solange die Person sich nicht aufgehoben fühlt" (C36–39).

- Fähigkeit, eine Atmosphäre zu schaffen, in der Patienten Vertrauen entwickeln können (A44–47).
- Fähigkeit, Klienten zu ihrem inneren Kind zu führen, um mit sich selbst in Kontakt zu kommen (A45–47).
- Fähigkeit, Emotionen zu wecken (B120).
- Fähigkeit, Vermeidungsverhalten beim Patienten zu erkennen und ihn zum gegebenen Zeitpunkt darauf aufmerksam zu machen (B33–34/B116–118).
- Fähigkeit, in eine Beziehung gehen zu können, einen Prozess anzufangen, zu halten, durchzuhalten und zu beenden (C232).
- Fähigkeit, andere zu ermuntern, sich in Richtung Autonomie zu entwickeln (D538–542).
- Gespür für die therapeutische Beziehung zu haben (C104).
- Fähigkeit, eine Atmosphäre zu schaffen, die Entwicklung und Wachstum zulässt (C105).
- Fähigkeit, empathisch sein zu können (B55).
- Fähigkeit, eine gewisse Authentizität, eine selektive Authentizität in die Beziehung bringen zu können (B56).
- Über die Fähigkeit verfügen, Blockaden aus dem Weg zu räumen, damit die Lebensenergie – die Physis, wie es transaktionsanalytisch heißt – des Klienten wieder fließen kann, damit der Klient wieder selbst weiß, was er will und wie er dazu kommt (C251–253).

Konzeptkompetenzen:

- Fähigkeit, mit dem Konzept der 3Ps (permission, protection, potency) zu arbeiten (A148–158/A169–170).
- Fähigkeit, Skriptsignale (Antreiber, Bannbotschaften, Spiele, Maschen) wahrzunehmen und zum richtigen Zeitpunkt aufzunehmen und zu konfrontieren (A363–366) (B107–110/116–126/B276/B301/308–309/B405–407/B510–521).

3. Vergleich der Ergebnisse aus der Gruppendiskussion und den Einzelinterviews

Stellt man die Ergebnisse der Gruppendiskussion und der Einzelinterviews einander gegenüber, fällt auf, dass aus den Aussagen der Einzelinterviews viel mehr Informationen extrahiert werden konnten (quantitativ). Ein anderer Aspekt, der gleich ins Auge springt, ist, dass weder der Begriff „Beziehung" noch das Phänomen „Übertragung-Gegenübertragung" in der Gruppendiskussion zu finden ist – beides Termini, die man erwarten würde. Welche möglichen Gründe könnte es dafür geben?

Ein zentraler Unterschied liegt im Setting und in der Fragestellung: Bei der Gruppendiskussion gab es eine einleitende Frage, danach wurde relativ frei, ohne Vorgaben, diskutiert. In den Einzelinterviews hingegen wurden – mit Ausnahme des Interviews D – Fragen auf der Basis eines Leitfadens gestellt. Das Interview D begann, wie die Gruppendiskussion, mit einer Leitfrage, gefolgt von freiem Erzählen. Aufgrund des gleichen Aufbaus könnte man annehmen, dass die Resultate dieses Interviews und der Gruppe ähnlich ausfallen – dies war jedoch nicht der Fall.

Dass weniger Informationen aus den Aussagen der Gruppendiskussion gefiltert werden konnten, könnte daran liegen, dass in diesem Setting die Gruppendynamik eine größere Rolle spielt als das gesprochene Wort. Der Forschungsgegenstand der Gruppendiskussion ist jedoch nicht die Gruppe und ihre Interaktionen, sondern die bereits existierende Gruppenmeinung, welche erst durch die Diskussion zur Artikulation kommt (vgl. VII 1). Das ist der Grund, weshalb die Gruppendynamik nicht berücksichtigt werden kann und so die Resultate deshalb inhaltlich weniger ergiebig ausfallen können.

Im Einzelinterview muss man sich nicht gegenüber anderen behaupten, man kann sich im eigenen Tempo mit der Thematik befassen. Das könnte dafür sprechen, dass die Antworten z. T. differenzierter als in der Gruppendiskussion ausfielen. Ein weiterer Vorteil der Einzelinterviews war, dass sich die Teilnehmer vorbereiten und sich im Vorfeld mit der Thematik auseinandersetzen konnten, da die Interviewtermine einige Wochen zuvor vereinbart wurden. Anders war dies bei den Teilnehmern der Gruppendiskussion, die erst am Vortag vom Vorhaben erfuhren und sich netterweise trotz fehlender Vorbereitungszeit bereit erklärten, beim Projekt mitzumachen.

Diese Vorüberlegungen erklären aber noch nicht das Fehlen der Begriffe „Beziehung" und „Übertragung-Gegenübertragung" in der Gruppendiskussion. Es wäre vorstellbar, dass ihre Teilnehmer durch das gemeinsame „Wir-Gefühl" gar nicht auf die Idee kommen, von „Beziehung" zu sprechen, weil sie diese, im Moment der Gruppendiskussion, in der Gruppe leben: Sie sprechen nicht über, sondern sie sind in der Beziehung.

Beim Nichterwähnen von „Übertragung-Gegenübertragung" könnte es sich ähnlich verhalten. Es wäre durchaus möglich, dass die Gruppe dieses Phänomen vielleicht dem Begriff „blinde Flecken" zuordnet. Der „blinde Fleck" wäre dann, dass die vermeintliche Gegenübertragung gar keine Reaktion des Therapeuten auf eine Übertragung des Patienten ist – also fälschlicherweise als eine Gegenübertragung wahrgenommen –, sondern eine Übertragung vom Therapeuten auf den Patienten ist.

Da diese Erklärungsversuche innerhalb dieser Arbeit Mutmaßungen bleiben, werden nun die tatsächlichen Aussagen miteinander verglichen. Im Großen und Ganzen sind sich die lehrenden Transaktionsanalytiker über das Ziel und den Zweck der Selbsterfahrung für angehende Psychotherapeuten einig.

Die Gruppe sieht das Hauptziel der Selbsterfahrung der zukünftigen Therapeuten darin, den Patienten keinen Schaden zuzufügen und geht davon aus, dass der Therapeut ohne Selbsterfahrung für den Patienten schädlich sein kann. Im Einzelinterview wird davon ausgegangen, dass die Persönlichkeitsentwicklung des Therapeuten entscheidet, ob die therapeutische Beziehung wirksam ist oder nicht (C8/C29). Da geht es nicht nur darum, dem Patienten keinen Schaden zuzufügen, es geht nicht nur darum, etwas nicht zu tun, sondern es geht darum, die Bedingung für eine effektive Therapie zu schaffen.

Selbsterfahrung dient dem Ziel, das eigene Skript kennen zu lernen. Dabei sollen tiefer gelegene Themen kennen gelernt, die emotionale Seite und die Grundgefühle gefühlsmäßig wahrgenommen und unbekannte Ecken aufgespürt werden. Als unbekannte Ecken oder blinde Flecken werden z. B. das Kennenlernen des eigenen Vermeidungsverhaltens und der eigenen Muster wie „Selbstaufopferung", „mangelnde Abgrenzung" und „überhöhte Selbstansprüche" genannt – Muster, die in helfenden Berufen zu finden sind. Stichworte dazu sind Burnout-Prophylaxe und Psychohygiene. Dazu braucht es ein wohlwollendes Eltern-Ich und eine +/+-Haltung. Weitere Stichworte für blinde Flecken sind „symbiotisches Verhalten" und das „Spielen psychologischer Spiele".

In der Gruppe wie bei den Einzelbefragungen wird als Ziel die „Bewusstheit" betont: Die Selbsterfahrung dient dem Sich-Bewusstmachen verschiedener Facetten des Selbst, der bereits vorhandenen Kompetenzen, der noch vorhandenen Inkompetenzen, der Art, wie man fühlt, denkt und handelt, sowie der eigenen Schwächen wie bspw. der eigenen Spielanfälligkeit.

Anhand der Aussage der Gruppe, dass in der Selbsterfahrung der Trainees nicht das Leiden im Vordergrund steht, sondern das Bearbeiten bestimmter Themen (G236–253), zeigt sich, dass die Gruppe den pädagogischen Aspekt der Selbsterfahrung angehender Psychotherapeuten stark betont. Diese Schlussfolgerung wird auch dadurch erhärtet, dass die Gruppe die Zielerreichung in der Intervention sieht, die Trainees immer wieder mit ihren Themen zu konfrontieren, bis diese gelöst sind.

In der Aussage, die Selbsterfahrungsarbeit zu reflektieren und evtl. auch zu konzeptualisieren (B8–9), berücksichtigt die Einzelbefragung ebenfalls den pädagogischen Aspekt. Mit Aussagen wie bspw.: „Psychotherapeuten brauchen Psychotherapie" (D322) und dass „eine therapeutische Beziehung nicht tragfähiger sein kann als der Entwicklungsstand des Therapeuten" es vorgibt (C8–9), wird klar, dass bei den Einzelbefragungen der Fokus stärker auf dem Therapeutischen liegt. Unter diesem Gesichtspunkt wird das Ziel – wie auch mehrmals in den Einzelinterviews betont – in und durch die therapeutische Beziehung erreicht.

Der Nutzen der Selbsterfahrung wird in den Einzelinterviews sowohl beim Therapeuten wie beim Klienten gesehen, während die Gruppe die Klienten nur indirekt erwähnt.

Als wachstumsfördernde Aspekte betonen beide – Gruppe wie Einzelinterviews – das Vorhandensein einer erlaubenden, schützenden Atmosphäre. Auch das Aufgreifen von blinden Flecken zur richtigen Zeit sehen beide als entwicklungsfördernd. Ebenso betonen beide die Vorteile des Gruppensettings. Zum einen, weil man in diesem Setting sehr gut am Modell lernen kann (Interview): Man kann beobachten, wie der Lehrtherapeut mit jemandem arbeitet und wie er die theoretischen Konzepte in die praktische Arbeit integriert. Neben diesem Kennenlernen der Therapeutenseite kann man auf der Seite des Klienten mitfühlen und vielleicht auch als Trittbrettfahrer etwas Neues über sich selbst erfahren. Als weiterer Vorteil dieses Settings wird das Feedback genannt, die Rückmeldung der Gruppenmitglieder zur eigenen Person.

Die Informationen zu wachstumshemmenden Aspekten könnte man zusammenfassen als mangelnde Selbsterfahrung und/oder mangelnde Empathie seitens des Therapeuten. Ein zu ehrgeiziger Therapeut, der – ungeachtet der Bereitschaft des Patienten – Themen zu früh aufgreift und/oder bei seinem Klienten nicht interveniert, wenn sich dieser aus Effizienzgründen selbst überfordert.

Wie die Zielerreichung erkannt werden kann, sehen Gruppe wie Einzelinterviews u. a. darin, wie jemand auf Konfrontationen reagiert und damit umgeht. Das Kriterium ist erfüllt, wenn jemand zuhört, dafür offen ist und bereit ist, zu reflektieren.

Ein weiteres Kriterium für genügend Selbsterfahrung sieht die Gruppe darin, dass die Skriptthemen, die in irgendeiner Form schädigend für die Patienten sein könnten, gelöst sein müssen. Gelöst in dem Sinn, dass der Betreffende seine heiklen Themen kennt und in der Arbeit wenig bis keine Skriptanzeichen zeigt.

In den Einzelinterviews ist u. a. zu lesen, dass das Ziel dann erreicht ist, wenn jemand imstande ist, für den Klienten da zu sein, ohne auf Methoden zurückgreifen zu müssen (C114–120).

Diese zwei letztgenannten Kriterien scheinen sehr ehrgeizig zu sein, beide sind kaum innerhalb der Ausbildung zu erfüllen. Wahrscheinlich würde es reichen, zu sehen, dass der betreffende Kandidat in die jeweilige Richtung unterwegs ist. Speziell der letzte Punkt ist nur durch Berufserfahrung zu erreichen. „Ohne auf Methoden zurückzugreifen" würde heißen, dass man bereits Experte ist (s. dazu Kap. IV 1.2) und dieser Status ist nicht innerhalb der Ausbildung zu erreichen.

Realistisch und nachvollziehbar ist das Kriterium, dass ein Kandidat eines seiner Skriptthemen so bearbeitet hat, dass er nicht nur etwas über sich selbst begriffen hat und seine Geschichte versteht, sondern dabei auch erfahren konnte, wie Psychotherapie funktioniert (D432–439).

Ein Kriterium, das in den Einzelinterviews mehrmals gesagt, in der Gruppe nicht erwähnt wurde, ist, dass die Selbsterfahrung nie fertig ist. Es gibt immer wieder Situationen im Verlauf des beruflichen Lebens, die nach einer weiteren Tranche Selbsterfahrung verlangen. Von beiden Seiten wurden verschiedene Kompetenzen genannt, die durch Selbsterfahrung entstehen oder vielleicht auch gefestigt werden. Aber auch da kommt bei der Gruppe der Beziehungsaspekt eher spärlich vor.

Inwieweit sich die Kompetenzen mit denjenigen decken, die durch das Literaturstudium erarbeitet wurden, wird im anschließenden Kapitel erörtert.

VIII Vergleich des Erkenntnisgewinns aus der Befragung der Lehrenden mit den Ergebnissen aus dem Theorieteil und Diskussion

In vielen Punkten decken sich die Ergebnisse aus der Befragung der Lehrenden mit den Resultaten aus dem Theorieteil. Es gibt aber auch Aspekte, über die die Lehrenden nicht sprachen oder sie nur am Rande erwähnten. Daneben gibt es Dinge, die die Lehrenden betonen, die in der Theorie nicht zu finden sind. Die Gemeinsamkeiten sollen hier jedoch auch berücksichtigt werden.

Als oberstes Ziel gilt bei allen, den Patienten keinen Schaden zuzufügen. Um dieses Ziel zu erreichen, wird vom zukünftigen Therapeuten erwartet, sich über die eigenen Persönlichkeitsanteile bewusst zu werden, blinde Flecken aufzuspüren und so weit wie möglich zu eliminieren. Das Selbst des Therapeuten ist sein wichtigstes Werkzeug – er muss es kennen, um es benutzen zu können. Indem ihm seine unbewussten Seiten bewusst werden, weiß er besser, was er tut und erhöht somit die Chance, für den Patienten effektiv zu sein. Wenn er diese Schattenseiten nicht kennt, wird er, wie seine zukünftigen Patienten, die Realität weiterhin verzerrt wahrnehmen und im Übertragungs-Gegenübertragungs-Geschehen nicht wirklich auseinanderhalten können, wer die Übertragung und wer die Gegenübertragung macht (s. Kap. III 3.2). In den Einzelinterviews war das Übertragungs-Gegenübertragungs-Geschehen Thema (A23/67; C125). Inwieweit die Interviewten auch mögliche Übertragungen, die der Therapeut auf den Patienten machen kann, in ihre Gedanken miteinbeziehen, ist nicht geklärt und bleibt offen. In der Gruppendiskussion wurde das Phänomen „Übertragung-Gegenübertragung" nicht erwähnt. Überlegungen dazu wurden bereits in Kap. VII 3, gemacht.

Selbsterfahrung dient auch dem Kennenlernen der Patientenseite. Im Erleben der aus der Theorie bekannten Konzepte wird die gewählte Methode am eigenen Leib erfahren. Dabei findet man heraus, was hilfreich ist und wie Interventionen zur richtigen Zeit wirken können, aber auch, was nicht wirkt und wo die Grenzen sind.

In der Selbsterfahrung lernt man die therapeutische Beziehung und ihre Bedeutung kennen. Die Aussage: „Die therapeutische Beziehung kann nicht tragfähiger sein als der Entwicklungsstand des Therapeuten" (C8–9) sagt pointiert, wie wichtig die Persönlichkeitsreife des Therapeuten ist und wie er die therapeutische Beziehung gestalten, halten und auch beenden kann.

In den Einzelinterviews wurde die Bedeutung der therapeutischen Beziehung stark betont, in der Gruppendiskussion hingegen wurde der Beziehungsaspekt vernachlässigt bzw. nicht artikuliert. Mutmaßungen darüber wurden ebenfalls bereits im Kap. VII 3 getroffen.

Neben der Patientenseite kann auch die Therapeutenseite kennen gelernt werden. Am Modell – dem Lehrtherapeuten – kann man den Umgang mit der gewählten Methode und den theoretischen Konzepten kennen lernen. Diese Aussage, die auch die Lehrenden machten, verweist auf die Doppelrolle, die sowohl der Ausbildungskandidat als auch der Lehrtherapeut innehat und die gewisse Risiken mit sich bringt. Diese Doppelrolle wurde von keinem Lehrenden genannt. Darauf wird noch im Folgenden bei den wachstumsfördernden bzw. wachstumshemmenden Aspekten näher eingegangen.

Ein Ziel, das im Theorieteil nicht genannt, dafür umso stärker in einem der Einzelinterviews betont wird, ist das Kennenlernen des eigenen Vermeidungsverhaltens (B33–44). Was heißt das konkret? Man setzt sich mit dem, „was man nicht macht" oder „nicht ist" bzw. „stattdessen macht" oder „stattdessen vorgibt zu sein" etc. auseinander und wechselt auf diese Weise die Perspektive. Man betrachtet die Dinge von der anderen Seite und kommt wahrscheinlich auch zu anderen Antworten. Dieses Ziel könnte eine hilfreiche Ergänzung beim Eruieren eigener blinder Flecken sein.

Die Aussagen der Lehrenden über den Nutzen der Selbsterfahrung decken sich in etwa mit dem Erkenntnisgewinn aus der Theorie. Der Unterschied liegt lediglich in der Formulierung. In der Theorie werden konkrete Auswirkungen der Selbsterfahrung des zukünftigen Therapeuten auf den Patienten beschrieben und auch aufgezeigt, welche Auswirkungen eine mangelhafte oder fehlende Selbsterfahrung haben kann.

Auch der Nutzen für die Person des Therapeuten wird detailliert beschrieben. Weil sich in der Therapie nicht nur Helfer und Hilfesuchender begegnen, sondern auch zwei Menschen mit allem, was sie ausmacht, ihren Lebensläufen, ihrem Unbewusstem und Bewusstsein, mit ihren Wunden und Narben – transaktionsanalytisch gesprochen, mit ihren Skripts, Spielen, Mustern und Maschen und mit ihrer eigenen Art, die Realität umzudefinieren, damit sie zum eigenen Skript passt. Deshalb kann das Übertragungsgeschehen genauso gut vom Therapeuten ausgehen. Durch das Minimieren solcher Verzerrungen der Realität, kann sich der Therapeut aus dem Skriptzwang befreien, seelisch reifer und autonomer werden.

Die Lehrenden meinen wahrscheinlich Ähnliches, wenn sie sagen, dass die Selbsterfahrung der betreffenden Person in ihrem Reifungsprozess und als Folge seinen Klienten nützt (A15), oder dass der Nutzen für den Therapeuten darin liegt, eine innere Ruhe zu finden, die nötig ist, um den Patienten einen wachstumsfördernden Raum anbieten zu können (C56). Eine weitere Aussage zum Nutzen ist das Verständnis für schwierige Situationen, das durch Selbsterfahrung entsteht und den Therapeuten empathischer werden lässt (G82–86). Auf den Nutzen für die Psychotherapie im Allgemeinen oder für den Nutzen für die Volkswirtschaft gehen die Lehrenden nicht ein.

Auch bei den positiven und negativen Aspekten der Selbsterfahrung decken sich die Aussagen der Lehrenden in etwa mit den Resultaten des Theorieteils, allerdings mit dem Unterschied, dass in der Theorie das Thema viel umfassender behandelt wird und entwicklungsfördernde bzw. entwicklungshemmende Aspekte sowohl beim Lehrtherapeuten als auch beim Kandidaten/Klienten gefunden wurden.

Der Aspekt der Doppelrollen, die sowohl der Lehrtherapeut als auch der Ausbildungskandidat innehaben, wurde von den Lehrenden nicht berücksichtigt bzw. nicht genannt. So ist der Ausbildungskandidat einerseits Patient bzw. Klient und andererseits muss er die Lernziele innerhalb seiner Ausbildung, auch diejenigen des Ausbildungselements Selbsterfahrung, erreichen. Ähnlich verhält es sich beim Lehrtherapeuten. Als Therapeut will er seine Aufgabe, einen therapeutischen Prozess in Gang zu bringen, wahrnehmen. Er ist aber auch Vorbild für die Frage, „wie man Therapie macht", und reflektiert, in der Rolle des Lehrtherapeuten, zusammen mit dem Kandidaten, dessen Selbsterfahrungsarbeit. In dieser Lehrer- und Schülerrolle wird es schwierig, einen therapeutischen Prozess in Gang zu bringen. Das Risiko ist groß, dass sich der Ausbildungskandidat nicht wirklich in die therapeutische Beziehung einlassen kann, eher vorsichtig bleibt und sich so verhält, wie er denkt, dass er sich als zukünftiger Therapeut verhalten sollte. Da sich die Mitglieder innerhalb einer Schule in der Regel kennen, ist folglich auch von vorneherein beiden – dem Lehrtherapeuten und dem Ausbildungskandidaten – klar, dass sie sich früher oder später bei beruflichen Anlässen in „Realkontakten" wiederfinden werden. „Realkontakt" meint den Kontakt im realen Leben, den Kontakt außerhalb des geschützten therapeutischen Rahmens, was für die Therapie des Ausbildungskandidaten nicht förderlich ist (s. Kap. III 4; Kap. VI).

Diese spezielle Gegebenheit in der Beziehung des Ausbildungskandidaten zum Lehrtherapeuten und die daraus resultierenden Risiken nannte keiner der Lehrenden, was insofern überrascht, weil diese Besonderheit nicht zu unterschätzende Auswirkungen auf die Schule haben kann. Falls das so ist, dass sich die Ausbildungskandidaten wegen der Doppelrolle innerhalb ihrer Lehrtherapie nicht entwickeln können, wie sie es für ihre zukünftige Arbeit benötigen würden, werden somit Therapeuten ausgebildet, die ihre Schattenseiten nicht kennen und diese auch nicht integrieren können. Führt man diesen Gedanken weiter, kommt man auf die Idee, dass sich die Lehrtherapeuten ihrerseits in ihrer Ausbildung auch nicht wirklich ihrem wahren Selbst entsprechend entwickeln konnten und ebenfalls noch im Besitz ihrer blinden Flecken sind. Pointiert ausgedrückt bedeutet das, dass sowohl Lehrtherapeut als auch Kandidat ihre Skripte nicht auflösen, sondern sie eher denjenigen der gewählten Methode anpassen.

Wie kann damit umgegangen werden? Der zentrale Ansatz ist, sich innerhalb der Schulen – das betrifft nicht nur die Transaktionsanalyse – der Ernsthaftigkeit dieser Tatsache bewusst zu werden und zu beginnen, sich intensiv damit zu befassen.

Gleichzeitig könnte ein erster Schritt sein, dass Ausbildungskandidaten einen Teil der Lehrtherapie verpflichtend in einer anderen Schule machen müssen. Die Idee dabei ist, dass die Kandidaten in diesem Teil der Selbsterfahrung, also in der

Rolle des Klienten, sich der Persönlichkeitsentwicklung widmen können, während sie in der transaktionsanalytischen Selbsterfahrung eher die Rolle des Auszubildenden einnehmen und dabei am Modell lernen, wie transaktionsanalytisches Geschehen funktioniert und gleichzeitig die gewählte Methode am eigenen Leibe erfahren können.

Wer gemäß kontextbezogenem Denkmodell arbeitet, dürfte mit diesem Vorschlag keine Probleme haben, denn die Wirkfaktoren dieses Denkmodells sind ja bekanntlich der Therapeut und die therapeutische Beziehung und nicht eine bestimmte Schule. Genauso könnten es auch die anderen Schulen handhaben.

Bei der Frage, nach welchen Kriterien die Lehrenden feststellen können, dass der Ausbildungskandidat genügend Selbsterfahrung gemacht hat, wurde u. a. mehrmals auf die Intuition bzw. das Bauchgefühl des Lehrtherapeuten verwiesen. Dabei kam der Verdacht auf, dass befürchtet wird, dass die Intuition des Lehrtherapeuten nichts mehr zählt, wie folgendes Zitat zeigt: „Schädlicher Nonsens wäre, das Bauchgefühl des Lehrtherapeuten aus der Ausbildung herauszuformulieren" (C490–506).

Die Expertenintuition (s. Kap. IV 3.2) nicht mehr zu berücksichtigen, würde keinen Sinn machen. Wenn die Intuition ernst genommen werden soll, und das soll sie, genügt es nicht, zu sagen: „Es hat viel mit Intuition zu tun", obwohl das natürlich stimmt. In Kap. IV 1.2 wurde aufgezeigt, dass sich Kompetenz über fünf Phasen hindurch vom Lehrling zum Experten und von der Begrifflichkeit über die Unbegrifflichkeit zum Begreifen entwickelt. Auf der Stufe des Experten wissen wir intuitiv, wer es kann und wer es nicht kann (die psychotherapeutische Arbeit). Diese Stufe lässt quasi die Begrifflichkeit hinter sich. Wir verfügen über ein großes Erfahrungswissen, ein Wissen, das uns nicht bewusst ist und aus dem heraus wir intuitiv richtig reagieren, handeln und entscheiden (s. Kap. IV 3). Intuition erfasst direkt das Ganze. Es ist ein schwieriges Unterfangen, diese ganzheitliche Wirklichkeitsauffassung zu verbalisieren. Und trotzdem werden wir als Lehrende nicht darum herumkommen, in Worte zu fassen, was zu diesem Bauchgefühl führte bzw., wie in diesem Fall, nach welchen Kriterien wir uns richten. Psychotherapeuten ausbilden heißt, unser Expertenwissen durch Lehren weitergeben. Da Ausbildungskandidaten sich nicht auf dieser letzten Stufe des Experten befinden, lernen sie die Dinge über die Begrifflichkeit. Damit sie das können, müssen die Experten – ihre Ausbilder – einen Teil ihres Erfahrungswissens, ihrer Intuition, in Worte fassen, um es an die Auszubildenden weitergeben zu können.

Durch das Verständnis des kontextbezogenen Denkmodells kann es eigentlich keine großen Unterschiede betreffend der Kompetenzen geben, die durch Selbsterfahrung entstehen sollen. So decken sich in etwa die drei Kompetenzgruppen – persönliche Kompetenzen, Beziehungskompetenzen und Konzeptkompetenzen – der Lehrenden mit den im Theorieteil erarbeiteten.

IX Entwicklung eines Instrumentes

In der Schweiz müssen angehende Psychotherapeuten – seit der Einführung des Psychologiegesetzes im Jahr 2013, das auch die Psychotherapie regelt – einen Masterabschluss in Psychologie haben, bevor sie die Weiterbildung in Psychotherapie in Angriff nehmen dürfen. Psychotherapeuten sind Personen, die viele Jahre Aus- und Weiterbildung genossen haben und weiterhin in Form von Fortbildung genießen werden. Da sie die Weiterbildung berufsbegleitend absolvieren, verfügen sie über viel Erfahrung, nach Vorgaben und mit Manualen zu arbeiten. Es macht zu Beginn der Ausbildung Sinn, nach Regeln, Begriffen und Abläufen zu arbeiten. Im fortgeschrittenen Stadium ist diese Arbeitsform eher hindernd für die Entwicklung und das Wachstum der eigenen Persönlichkeit. Auch Kompetenzen können sich nicht vollumfänglich entwickeln, wenn man diese Arbeitsform nicht hinter sich lassen kann.

In diesem Kontext erscheint es mir nicht zielführend, Programme für die Selbsterfahrung zu entwickeln, die man durch- und abarbeiten kann. Solche Programme würden weniger das Persönlichkeitswachstum des betreffenden Absolventen als vielmehr das Risiko fördern, die eigene Selbsterfahrung „abzusitzen", weil man muss und nicht, weil man sie als zentral erachtet. Das kann fatale Folgen für die Qualität der Psychotherapie haben, was für die Patienten nicht förderlich sein kann.

Psychotherapeuten spricht man in der Regel ein hohes Maß an Intelligenz zu und sie verfügen – das betrifft häufig ebenso angehende Psychotherapeuten – bereits über einige Lebenserfahrung, die auch als wichtige Kompetenz gesehen wird (vgl. Rieken 2011b, S. 10; Lieb in: Laireiter 2000, S. 358 und/oder Kap. IV 2.2).

In diesem Sinn soll auch ein Instrument für das Ausbildungselement der Selbsterfahrung aufgebaut sein. Es soll anregen, neugierig auf sich selbst zu werden, sich kennen lernen zu wollen, über sich selbst nachzudenken und nachzuspüren, wohlwollend und wertschätzend, experimentell und spielerisch eigene Schattenseiten aufzustöbern und zu reflektieren, um herauszufinden, wie man selbst funktioniert, was man gut findet, was man ändern möchte und welchen Gewinn man erzielen kann.

Anhand der in dieser Studie erarbeiteten Kompetenzen wurden 15 ausgelesen – eine für jeden Buchstaben des Wortes „Selbsterfahrung" – und mithilfe der Landkarte der vier Quadranten nach Ken Wilber untersucht (vgl. Kap. V 8).

Aus den vier beschriebenen Perspektiven, in deren Räumen sich Kompetenzen gleichzeitig entwickeln, ergeben sich, je nach Standpunkt, den man einnimmt, verschiedene Fragen zur gleichen Fertigkeit. Solche Fragen wurden zu jeder einzelnen Kompetenz entwickelt und innerhalb der vier Quadranten festgehalten. So entstand ein Fragenkatalog, der helfen kann, herauszufinden, auf welchem Kompetenzlevel sich eine Person aktuell befindet.

Dabei kann der Interessierte auch erkennen, ob er alle vier Dimensionen einer bestimmten Kompetenz wahrnimmt und sie als gleichwertig in seine Betrachtung einbezieht. Die Person kann herauskristallisieren, welchen Bereich sie eventuell stärker berücksichtigt und welchen sie vernachlässigt. In einem nächsten Schritt kann sie ihr Augenmerk mehr dem vernachlässigten Blickwinkel schenken und herausfinden, was sich dadurch in der Wahrnehmung ändert und welche Auswirkungen das für sie bzw. für die therapeutische Tätigkeit haben könnte.

Ähnliches kann eine Person mithilfe der Deutungsebenen machen. Wie in Kap. V. 7 beschrieben wurde, kann der Interessierte eruieren, welchen der vier Bewusstseins-Standpunkte er bei einer bestimmten Kompetenz einnimmt: Nimmt jemand die Dinge vorwiegend über äußeres Beobachten wahr, so befindet er sich auf dem 1. Standpunkt (Subjekt und Objekt sind bestimmt). Erlebt er die Dinge und fühlt sich von diesem Erleben bestimmt, so befindet er sich auf der Ebene des 2. Standpunktes (Subjekt ist bestimmt, Objekt ist bestimmend). Wenn er dabei etwas begreift und sich daraus selbst bestimmt, wird es per Definition zur Erfahrung, was zur 3. Ebene führt (s. Kap. I 3), die durch den Aspekt der Entwicklung erweitert wird und durch aktives Gestalten der Person gekennzeichnet ist (Subjekt ist bestimmend, Objekt bestimmt). Und schließlich bleibt die 4. Deutungsebene, in der sich jemand im Flow oder im Fluss des Werdens befindet (Subjekt und Objekt bestimmend).

Dieses Instrumentarium ist sowohl nützlich für die Selbstevaluation als auch für die Fremdevaluation der Selbsterfahrungskompetenzen in der Psychotherapeutenausbildung. Die Kompetenzen der Selbsterfahrung fremd zu evaluieren, ist bis jetzt ein heikles und nicht klar operationalisiertes Thema. Dieses neue Raster gibt den Ausbildungskandidaten wie den Ausbildungsleitern eine Handhabung, um mit dieser doch recht persönlichen Thematik umzugehen:

Der Kandidat kann sich während der gesamten Weiterbildung in den einzelnen Kompetenzen üben. So schärft er seine Wahrnehmung, erweitert sein Gespür für sich selbst und für andere, entwickelt und vergrößert seine Bewusstheit und Wachheit über intra- und innerpsychisches Geschehen. Er nimmt die Dinge immer mehr so wahr, wie sie sich zeigen, hat verschiedene Alternativen, um auf Dinge zu reagieren und wird offener und authentischer. So entwickelt er sich zur Autonomie mit den neu oder wieder gewonnenen Fähigkeiten der Bewusstheit, der Spontaneität und der Fähigkeit zur Intimität.

Der Ausbildungsleiter kann sich anhand dieses Rasters orientieren, wie er den Kandidaten in den einzelnen Kompetenzen wahrnimmt und kann im jährlichen Standortgespräch dem Kandidaten rückmelden, wie und wo er ihn in den einzelnen Fertigkeiten sieht. Da sich der Kandidat auf dieses Gespräch auf die gleiche Weise einstimmen wird, ist er auch gut vorbereitet und kann zu den einzelnen Kompetenzen Stellung beziehen.

Die 15 Kompetenzen – eine für jeden Buchstaben des Begriffs „Selbsterfahrung" – werden nun aufgeführt, um sie anschließend einzeln in den verschiedenen Dimensionen mit den dazugehörenden Fragen darzustellen. Der Fragenkatalog zu den einzelnen Kompetenzen soll eine Orientierung dazu geben, wie sich die Kompetenz zeigen kann. Er erhebt keinen Anspruch auf Vollständigkeit. Im Gegenteil, jeder darf sich eingeladen fühlen, die Fragestellung zu verfeinern oder gar andere Fragen zu entwickeln.

Kompetenzen durch Selbsterfahrung und Orientierungsfragen

Selbstfürsorge: Burnout-Prophylaxe

Echtheit/Authentizität

Loslassen von Sicherheiten zur Intuitionsförderung

Bewältigungsstrategien kennen und adäquater Umgang mit eigenen Gefühlen

Sorgfältiger Umgang mit Macht und Einfluss („Blinde Flecken")

Therapeutische Beziehung; Beziehungsbedürfnisse

Erkennen und einschätzen von Skriptthemen

Respektvolle therapeutische Haltung

Fähigkeit, Atmosphäre zu schaffen, um Empathie entstehen zu lassen

Autonomie fördern und selbst anstreben: Bewusstheit, Spontaneität, Intimität

Hier und Jetzt nutzen

Reflektieren auf verschiedenen Ebenen

Uebertragung – Gegenübertragung erkennen und therapeutisch nutzen

Nahebringen der eigenen Person als vertrauensvolles Gegenüber

Gruppendynamik und Gruppenprozesse kennen (Gruppengeschehen)

Abb. 10: Fünfzehn definierte Kompetenzen durch Selbsterfahrung

Selbstfürsorge: Burnout-Prophylaxe

	Innen	Außen
Individuell	• Welchen Stressoren bin ich ausgesetzt? • Welche Belastungen habe ich im Beruf? • Wie stark und auf welche Weise werde ich von diesen Belastungen beansprucht? • Wo mache ich mir hinsichtlich Belastung und Beanspruchung evtl. etwas vor? • Typische negative und positive Gedanken/Emotionen? • Welcher ,Kopfbewohner' kommt häufig zu Wort? • Welche Tabuthemen habe ich, über die ich mit niemandem sprechen will? • Wie sind meine Selbstansprüche? • Welche Frustrationen habe ich durch den Beruf? Welche sind vermeidbar? • Was gefällt mir in meinem Beruf, was weniger oder gar nicht? • Was oder wer macht mir Unbehagen, Angst oder löst bei mir Ärger oder Wut aus? • Was oder wer bereitet mir Freude? • Welche Wünsche, Bedürfnisse habe ich und äußere ich die auch? • Gehe ich wohlwollend mit mir um? • Wie stroke ich mich? Wie tröste ich mich? • Wie grenze ich mich ab (Nähe-Distanz adäquat)? • Wie gehe ich mit Enttäuschung und Misserfolg um? • Wie beeinflusst mein Privatleben meine therapeutische Arbeit? • Wie beeinflusst meine therapeutische Arbeit mein Privatleben? • Habe ich ein eigenes Leben oder schaue ich den Patienten zu, wie sie leben? • Wie kümmere ich mich um eigenes Wachstum hin zur Autonomie?	• Inwieweit kann ich abschalten und ausspannen? • Was mache ich zum Ausgleich (Hobbies)? • Wie ist mein Schlaf, wie ernähre ich mich? • Wie sieht mein Alkohol-, Tabletten- und Tabakkonsum aus? • Wie häufig greife ich zu einem Medikament? • Wie steht es um meine Gesundheit? • Wie ist der Zustand meines Körpers? • Fühle ich mich fit? • Wie erhalte ich meine Fitness? • Wie ist mein Atem und wie meine Muskelspannung? • Wie sieht mein Energiehaushalt aus? Wo investiere ich viel und wo vielleicht zu wenig (Ermüdung, Erschöpfung)? • Was mache ich für meine geistige Nahrung?

Kollektiv	Innen	Außen
	• Welche Konsequenzen hat meine Befindlichkeit für Patienten? • Wie fühle ich mich in Beziehungen? • Mit wem fühle ich mich wohl? • Was ist leicht, was ist schwierig in Beziehungen? • Gelingt es mir, bei mir und beim anderen zu sein? • Was möchte/wünsche/erwarte ich von anderen? • Ist Geben und Nehmen ausgewogen? • Wie nehme ich meine Beziehungsbedürfnisse wahr und wie gehe ich damit um? • Wie verarbeite ich negative Emotionen und Vorwürfe von Patienten? • Wie schütze ich mich bzw. wie grenze ich mich ab vor großen Erwartungshaltungen von Patienten, aber auch privat? • Mit welchen Patienten werde ich nicht mehr oder nicht mehr alleine arbeiten? • Wie verantwortlich fühle ich mich für den Therapieerfolg? • Wie gehe ich mit Widerstand, Misstrauen und Gereiztheit der Patienten um? • Habe ich aggressive Impulse gegenüber Patienten? Wenn ja, warum? • Wie kann ich unangenehme Situationen aushalten und überbrücken?	• Wie ist mein soziales Netzwerk? • Fällt es mir leicht, Muster und Zusammenhänge zu erkennen? • In welche beruflichen Systeme bin ich eingebunden und wie positioniere ich mich in ihnen? • Wie steht es um die Anerkennung und das Ansehen meines Berufes und wie gehe ich damit um? • Inwieweit ist meine Umgebung gesundheitsfördernd bzw. gesundheitshemmend? • Inwieweit ist sie Autonomie fördernd bzw. hemmend? • Wie ist das Verhältnis von Selbst- zu Fremdbestimmung (Berichte, Rapporte, Gutachten)? • Inwieweit beeinflussen mich die Veränderungen in der psychotherapeutischen Landschaft: Psychoedukation vs. Persönlichkeitswachstum? • Inwieweit beeinflussen mich Kosten- und Effizienzdruck? • Mit welchen Dingen habe ich generell in meinem Leben zu tun? • Welche tun mir gut und welche weniger? • Wie stehe ich wirtschaftlich da? Habe ich genügend Patienten?

Echtheit/Authentizität

	Innen	Außen
Individuell	• Kenne ich meine Bedürfnisse, Wünsche, Ansichten, Meinungen und Motive? • Wann habe ich ‚echte' (der Situation angemessen) Gefühle und in welchen Situationen habe ich ‚unechte' oder Maschengefühle (der Situation unangemessen) • Übernehme ich Verantwortung für meine Gefühle und meine Gedanken oder schiebe ich die Verantwortung jemandem zu? • Wie denke ich über mich? • Welche Seiten finde ich nicht so prickelnd an mir? • Inwieweit gehe ich unvoreingenommen mit Informationen über mich um? Wo fällt es mir schwer? • Welches sind meine einschränkenden Skriptthemen? • Welche Ansprüche und Erwartungen habe ich und wie sind meine Selbstansprüche? • Wie gehe ich mit Erwartungen um, die an mich gestellt werden, um? • Welche Tabuthemen habe ich? Und welche noch? • Mache ich mir etwas vor? • Wie ist mein Gespür für mich? • Wie ist meine Autonomie vs. Anpassung, Abhängigkeit vs. Unabhängigkeit, Selbstbestimmung vs. Fremdbestimmung? • Bin ich offen dafür, eigene Ansichten in Frage zu stellen? • Welche Vorlieben und welche Abneigungen habe ich? • Wovon lasse ich mich überzeugen?	• Inwieweit zeige und verhalte ich mich entsprechend meinem wahren Selbst? • Welche typischen Verhaltensmuster zeige ich? • Wie werde ich von anderen wahrgenommen? • Zeige ich mich als verlässliches Gegenüber? • Wie gestalte ich meine Zeit: Rückzug, Rituale, Zeitvertreib, Aktivitäten, Spiele, Intimität • Welches Verhalten verweist auf Aktivierung meiner Skriptthemen? • Welches Verhalten zeige ich, wenn ich nicht in Skriptthemen verstrickt bin? • Welche Auswirkungen hat authentisches Verhalten auf die Gesundheit? • Schätze ich meine Gesundheit richtig ein? Wie fühlt sich mein Körper an? Was mache ich. um fit zu bleiben? Wie ist mein Energiehaushalt? • Was mache ich zum Ausgleich in der Freizeit? • Zeige ich Offenheit im Umgang mit eigenen Fehlern und Schwächen? • Entspricht mein Tun meinen Werten und Vorstellungen? • Wie nehmen mich Berufskollegen wahr?

Kollektiv	<ul><li>Wie offen zeige ich mich und wie authentisch bin ich im Austausch mit anderen?</li><li>Kenne ich befriedigende Beziehungen und was mache ich dafür?</li><li>Wie gehe ich mit anderen um? Wie gehen andere mit mir um?</li><li>Wie ist meine Kommunikation, aus welchem Ich-Zustand kommuniziere ich?</li><li>Welches sind meine einschränkenden Skriptthemen und wann zeigen sie sich?</li><li>Welche Strokes gebe ich, welche nehme ich oder was mache ich, damit ich Zuwendung bekomme?</li><li>Wie fühle ich mich mit anderen?</li><li>Wie und was denke ich über die anderen?</li><li>Wie trete ich in Beziehung und wie gestalte und pflege ich Beziehungen?</li><li>Begegne ich anderen auf Augenhöhe?</li><li>Welche Erwartungen habe ich?</li><li>Wie gehe ich mit Macht und Einfluss um?</li><li>Wo habe ich evtl. ,blinde Flecken'?</li><li>Wie ist mein Gespür für andere?</li><li>Bin ich interessiert und neugierig auf die Geschichte anderer?</li><li>Mit welchen Menschen tue ich mich eher schwer im Kontakt? Was bedeuten mir diese Menschen?</li><li>Wie fördere ich Authentizität beim anderen, wie kann ich Vorbild sein?</li></ul>	<ul><li>Wie bin ich vernetzt?</li><li>Wie platziere ich mich in diesen Netzwerken?</li><li>Wo engagiere ich mich, mit welchen Auswirkungen?</li><li>Wo und wie informiere ich mich über neue Erkenntnisse?</li><li>Wie bilde ich mich weiter?</li><li>Bin ich zufrieden mit meiner Arbeitssituation, meiner Anerkennung, meiner Entlohnung?</li><li>Welche Auswirkungen hat mein Privatleben auf die Arbeit und umgekehrt?</li><li>Was vermisse ich und wie könnte ich es mir holen?</li><li>Wie kann ich Authentizität fördern?</li><li>Inwieweit erkenne ich Zusammenhänge?</li><li>Kann ich mich auf mehreren Ebenen gleichzeitig bewegen?</li></ul>
	Innen	**Außen**

Loslassen von Sicherheiten zur Intuitionsförderung

	Innen	Außen
Individuell	• Nichtwissen aushalten • Ideen für Wachstum haben, wie etwas sein könnte • Neugier und Toleranz für eigensinnige Lebenspläne, Ideen, Meinungen • Kreative Entwicklung zulassen • Bereitschaft, eigene Ansichten in Frage zu stellen oder zu negieren • Bereitschaft, den Bezugsrahmen zu verändern und zu erweitern, damit Erfahrung möglich wird • Wahrnehmung aller Sinne schärfen • Bereitschaft zur Selbstreflexion und wohlwollender Selbstkritik • +/+-Grundhaltung • Antennen für mögliche blinde Flecken verfeinern • Wie gebe ich mir Anerkennung? • Eigene Bewältigungsstrategien kennen • Konstruktiver Umgang mit eigenen Fehlern • Bereitschaft zu Introspektion • Fähigkeit, sich auf mehreren Ebenen gleichzeitig zu bewegen	• Empathisches Verstehen • Wie groß ist mein Verhaltensspektrum, wenn ich Sicherheiten loslasse? • Strukturiere ich meine Zeit im Sinne meiner Talente, Möglichkeiten und Zielsetzungen? • Ruhiger und gelassener Umgang mit Angst, Spannung und Konflikten • Üben, Dinge aus verschiedenen auch gegensätzlichen Perspektiven zu betrachten • 3Ps (protection, permission, potency) • Fantasieren und fantasieren lassen, was alles wann, wie, wo, weshalb geschehen, entstehen, sich entwickeln könnte oder passieren würde, ohne äußeren und inneren Druck oder wenn man Wünsche offen hätte etc. • Fantasieren und fantasieren lassen, was man verändern würde wenn man denn könnte; wie man das eigene Leben (evtl. in Bezug zur aktuellen Thematik) gestalten würde, wenn es denn keine Normen, Werte und Regeln geben würde etc. • Raum für Neues und Unkonventionelles geben • Träume erzählen und Gedanken dazu entwickeln lassen
Kollektiv	• Fähigkeit, eine Atmosphäre zu schaffen, damit Empathie entstehen kann • Psychischen Raum und Entwicklungsfreiheit (erleben) geben • Übertragung-Gegenübertragung als solche erkennen • Inwieweit fördere ich Autonomie beim Gegenüber? (Spontaneität, Bewusstheit, Intimität)?	• Wie bin ich vernetzt und wer beeinflusst meine Ansichten? • Wie ist der Patient vernetzt? Welche „Systeme" wirken wie auf ihn ein? • Welche Funktion und welche Rollen nimmt er ein? • Wie lasse ich mich durch die Rollen des Pat. beeinflussen (blenden? täuschen? schmeicheln? verunsichern? beunruhigen?)

Kollektiv		
	• Wie gebe ich Anerkennung? • Wie ist mein Menschenbild? Habe ich ein Menschenbild, das Vertrauen und Entwicklung zulässt? • Fähigkeit, in förderlicher Weise präsent zu sein • Bereitschaft, sich auf eine Übertragungsbeziehung einzulassen • Ungewissheit als Chance sehen • Widersprüche nicht abbauen, sondern suchen und verstärken • Regelmäßig üben, mit allen Sinnen wahrzunehmen • Entwicklungen erfassen, die in ihrem Anfangsstadium noch recht schwach ausgeprägt sind • Fokus auf das Wesentliche, das Unsagbare oder Nichtgesagte richten • Eine „Haltung der Wachsamkeit und Empfänglichkeit ohne aktiv gesteuerte Teilnahme des wahrnehmenden Ichs" (Berne 2005, S. 57) einnehmen • Aufmerksame, neugierige, unvoreingenommene, interessierte und empfängliche Grundhaltung einnehmen. • Logisch-analytisches Denken außer Kraft setzen, stattdessen bildhaftes Denken zulassen • Das „Ungesagte" hören • Die erste Idee, das erste Bild wahrnehmen • Mehr als eine Antwort suchen, ungewöhnliche Ideen aufgreifen, vorschnelle Bewertungen vermeiden • Beobachten, zuhören, hören und reagieren bzw. antworten, zusammenfassen und nicht-bedrohliche, offene Fragen stellen	• Bewusstheit über übernommene Werte, Normen und die daraus entstandenen (Selbst-) Ansprüche und Definition eigener Werthaltungen • Welche Auswirkungen hat mein Loslassen von Sicherheiten auf andere und wie beeinflussen diese mich?
	Innen	**Außen**

Bewältigungsstrategien kennen und adäquater Umgang mit eigenen Gefühlen

	Innen	Außen
Individuell	• Wie gut kenne ich meine Reaktionen? • Wie gehe ich mit an mich gestellten Erwartungen um? • Wie gehe ich mit Krisen um? • Was beruhigt, tröstet, entspannt mich? • In welchen Situationen gehe ich in meine Antreiber? • Wann, in welchen Situationen besteht das Risiko, das Miniskript zu durchlaufen? • Kenne und verstehe ich meine Bedürfnisse und Wünsche? • Wie gehe ich mit Spannung, Angst und Konflikten um? • Wie stehe ich zu meinen Fehlern? • Welche Situationen empfinde ich als schwierig? • Wie gehe ich mit schwierigen Situationen um? • Wie oder wodurch wurde ich in der Ursprungsfamilie geprägt oder was hat in meinem Werdegang dazu beigetragen, meine Bewältigungsstrategien zu entwickeln? • Bin ich zufrieden mit der Art und Weise, wie ich schwierige Situationen bewältige oder möchte ich etwas ändern?	• Wie verhalte ich mich in Krisensituationen? • Was zeige ich von mir? Was zeige ich nicht? • Wie nehmen mich andere wahr? • Mit welchen Dingen bin ich konfrontiert und wie gehe ich damit um? • Wie gehe ich mit gesundheitlicher Beeinträchtigung um? • Habe ich selbstschädigende Tendenzen? • Übernehme ich Verantwortung oder habe ich eher die Tendenz, andere für Dinge verantwortlich zu machen? • Hole ich mir, was ich brauche oder warte ich bis jemand realisiert, was ich benötige? • Sind meine Bewältigungsstrategien gesundheitsfördernd oder eher schädigend oder belastend für mich? Für andere? • Wie zeige ich Groll, Ärger oder Unzufriedenheit?
Kollektiv	• Welche typischen negativen wie positiven Emotionen habe ich in meinen Beziehungen? • Wie gehe ich mit Spannungen in Beziehungen um? • Wie reagiere ich auf aggressive, vorwurfsvolle oder bedrohliche Patienten? • Was erlebe ich als bedrohlich? • Wie gehe ich mit schwierigen Kommunikations-sequenzen um? • Wie ist mein Kommunikationsstil?	• Welche Auswirkungen haben meine Bewältigungsstrategien auf mein Umfeld? • Wie reagieren die Systeme, in denen ich beruflich oder privat eingebunden bin auf mich, wenn ich Emotionen zeige? • Was lösen diese Reaktionen bei mir aus?
	Innen	**Außen**

Sorgfältiger Umgang mit Macht und Einfluss („Blinde Flecken")

	Innen	Außen
Individuell	• Sage ich den Patienten, was sie zu tun haben oder lasse ich ihnen psychischen Raum, um sich selbst zu entwickeln? • Wie offen und ehrlich bin ich bei der Selbstreflexion? • In welchen Themen bin ich spielanfällig? • Habe ich in der Vergangenheit ‚blinde Flecken' in meinem Umgang mit Macht und Einflussnahme eliminieren können?	• Werde ich als vertrauensvolles Gegenüber wahrgenommen? • Inwieweit werde ich als Instanz wahrgenommen, die über andere entscheiden kann? • Wie reagiere ich auf Spielangebote? • Ist das Setting, das ich anzubieten habe, heilsam für die Patienten?
Kollektiv	• Was unterscheidet mich von meinen Patienten? • Wie stehe ich zu Macht und Einfluss? • Inwieweit ist mir bewusst, dass ich Einfluss habe und diese Macht auch missbräuchlich nutzen kann? • Besteht die Möglichkeit, dass ich die Patienten für mein Wohlbefinden brauche? • Wo besteht bei meinem Arbeitsstil ein mögliches Risiko einer Grenzüberschreitung, eines Missbrauchs, und sei er noch so „leise"? • Gibt es Zeiten, in denen ich mich als omnipotent wahrnehme? Wenn ja, wann und in welchen Situationen? • Wie ist mein Kommunikationsstil? Welche „Spiele" spiele ich? • Welche Rolle im Drama-Dreieck nehme ich oft ein? • Wie reagiere ich auf Spielangebote? • Wie gehe ich mit Symbiose-Angeboten um? • Wie reagiere ich, wenn Patienten sich anders zeigen, als ich es erwartet habe?	• Inwieweit ist meine Umgebung offen für das Thema Macht, Machtmissbrauch, Grenzen? • Welche Themen sind tabu in meinem Umfeld? • Inwieweit beeinflusst mich mein berufliches Umfeld in meinem Umgang mit Macht und Einfluss? • Inwieweit beeinflusse ich mein Umfeld? Wo stoße ich an Grenzen?
	Innen	Außen

191

Therapeutische Beziehung; Beziehungsbedürfnisse

	Innen	Außen
Individuell	• Wie ist mein Menschenbild? • Bewusstheit über den Unterschied einer therapeutischen Beziehung und einer „normalen" Beziehung • +/+-Grundeinstellung • Habe ich ein Feingefühl für unterschiedliche Meinungen, Ansichten, Bezugsrahmen, Identitäten und kulturelle Gegebenheiten? • Wie präsent bin ich und nehme ich mit allen Sinnen wahr? • Bin ich authentisch? • Fähigkeit und Bereitschaft, mit allen Sinnen wahrzunehmen? • Bereitschaft zur Introspektion? • Fähigkeit, in förderlicher Weise präsent zu sein? • Fähigkeit, mit dem Konzept der 3Ps umzugehen?	• Wie zeigt sich mein Menschenbild nach außen? • Wie werde ich wahrgenommen? • Patienten ermutigen, sich in angemessener Weise zu offenbaren • Raum geben, in dem sich der Patient nicht beschämt fühlt • Den Patienten da abholen, wo er steht • Wodurch fühlt sich der Patient von mir wahrgenommen, verstanden, unterstützt und gehalten?
Kollektiv	• Fähigkeit, ein heilsames Setting anzubieten • Wie gestalte ich die therapeutische Beziehung? • Wie kann ich die therapeutische Beziehung aufrecht erhalten? • Wie beende ich eine therapeutische Beziehung? • Sich als vertrauensvolles Gegenüber anbieten • Auf den Bezugsrahmen anderer einlassen können • Grenzen erkennen, wahren und auch setzen • Bereitschaft, sich auf eine Übertragungsbeziehung einzulassen • Fähigkeit, eine Atmosphäre zu schaffen, in der Empathie entstehen kann • Fähigkeit, eine Atmosphäre zu schaffen, in der sich der Patient entfalten kann • Das „Ungesagte" hören	• In welche Systeme und/oder kulturelle Gegebenheiten ist der Patient eingebunden? • Wie wurde er von seinem Umfeld geprägt? • Welche Tabuthemen gibt es in seinem Umfeld und wie wirken sich diese auf seine Beziehungen aus? • Wie gestaltet der Patient seine Beziehungen? • Welche Rolle, Aufgaben (explizite, implizite) hatte der Patient in seiner Ursprungsfamilie? • Wie reagiert sein Umfeld auf die Tatsache, dass der Patient eine Therapie macht?

	Innen	Außen
Kollektiv	• Fähigkeit zur transaktionsanalytischen Interaktion • Fähigkeit und Bereitschaft, therapeutische Nähe zuzulassen • Schwierige Kommunikationssequenzen aushalten können	
	Innen	**Außen**

Beziehungsbedürfnisse

	Innen	Außen
Individuell	• Nehme ich meine Bedürfnisse im Allgemeinen wahr? Welche nehme ich wann wahr und welche nehme ich in welchen Situationen weniger wahr? • Fühle ich mich in meinen Beziehungen sicher, aufgehoben, wahrgenommen und verstanden? • Übernehme ich Verantwortung für meine Gefühle? • In welchen Situationen zeige ich Ersatzgefühle? • Was unternehme ich, um Zuwendung und Anerkennung zu erhalten? • Wie bin ich mit mir in Beziehung? Stehe ich zu mir? • Fühle ich mich dazugehörig? • Wie gehe ich mit Spannungen um? • Ergreife ich häufiger die Initiative als andere? • Welche Bewältigungsstrategien habe ich bei Enttäuschung und Frustration? • Habe ich ein Gespür für mich?	• Wie zeige ich mich nach außen hin? • Zeige ich Zuneigung? • Mache ich Komplimente und wie werden diese wahrgenommen? • Bin ich anderen zugewandt und gehe auf sie zu? • Werde ich als echt und authentisch wahrgenommen? • Werde ich als verlässliches Gegenüber wahrgenommen? • Wie wird sichtbar, dass ich die Bedürfnisse meines Gegenübers wahrnehme?
Kollektiv	• Was sind meine typischen Verhaltensmuster in Beziehungen, wenn ich mich wohlfühle, wenn ich mich nicht wohlfühle? • Kann ich mich so geben, wie ich bin? • Interessieren mich die Bedürfnisse meines Gegenübers? Nehme ich sie wahr?	• Was erwarte ich von den Systemen, in die ich eigebettet bin (DSGTA, SGTA, Charta, EATA, KK, Berufskollegen, BAG etc.)? • Was erwarten die Systeme von mir? • Welche Auswirkungen haben sie auf meine Beziehung bzw. Beziehungsbedürfnisse?

Kollektiv	• Fühlt sich mein Gegenüber wohl mit mir? • Welche Erwartungen habe ich? • Werde ich wertgeschätzt und wertschätze ich andere? • Zeige ich anderen, dass mich ihre Meinung interessiert? • Stoße ich mit meiner Meinung und Ansicht bei anderen auf Interesse? • Gelingt es mir, die Welt durch die Augen des anderen zu sehen? • Erleben andere Ähnliches wie ich? • Kann ich Schutz, Erlaubnis und Kraft bieten? • Bin ich fähig, mich auf die Bezugsrahmen anderer Menschen einzulassen? • Ermutige ich mich selbst und mein Gegenüber, sich zu offenbaren? • Kann ich Intimität (therapeutische Nähe) zulassen? • Konfrontiere ich zum richtigen Zeitpunkt und maßvoll? • Kann ich die Wirkung einer Intervention einschätzen? • Erkenne ich Wachstum? • Erkenne ich Überanpassung? • In welchen Situationen zeigen Patienten symbiotisches oder passives Beziehungsverhalten? • Auf welche Art nehme ich Kontakt auf? • Auf welche Weise knüpft der Patient Kontakt und was sagt das über seine Beziehungsbedürfnisse? • Werden Bedürfnisse direkt oder auf Umwegen geäußert? (Spieleinladungen) • Auf welche Weise werden Bedürfnisse nach Anerkennung und Gesehen-Werden eingefordert? • Welche Bedürfnisse hat der Patient an die therapeutische Beziehung?	• Welche Bedürfnisse habe ich an meinen Wohnort? An meine Nachbarn, an meine Familie • Welche Bedürfnisse hat der Patient an sein soziales Umfeld, an seinen Arbeitsplatz?
	Innen	**Außen**

Erkennen und einschätzen von Skriptthemen

	Innen	Außen
Individuell	• Wissen und Kennen der verschiedenen TA-Konzepte • Was bedeuten dem Patienten seine Skript-themen und wie zeigen sie sich? • Welche „unerhörte" Geschichte liegt darunter? • Wissen, was das Skript ist und aus welchen Anteilen es besteht • Kenntnisse der vier Diagnose-Arten: Verhaltensdiagnose, soziale Diagnose, historische Diagnose und phänomenologische Diagnose • Wie spüre ich den Unterschied zwischen echten und Maschengefühlen beim Patienten?	• Woran sind die verschiedenen Ich-Zustände zu erkennen: Sprechweise, Mimik, Gestik, Körperhaltung • Wie werden die fünf verschiedenen Antreiber sichtbar? • Welche Worte lassen welche Bannbotschaften vermuten? • Wie zeigen sich die manipulativen Rollen im Drama-Dreieck? • Aus welchem Ich-Zustand reagiert der Patient häufig? • Wie zeigt sich die Grundhaltung? • Wie reagiere ich auf jemanden, der ins Skript geht? • Wie locke ich jemanden aus seinem Skriptverhalten heraus? • Wie äußert sich passives Verhalten?
Kollektiv	• Patienten da abholen, wo sie stehen (evtl. mit Discounttabelle), im Wissen darum, dass das Skript das Resultat aus Überlebensstrategien ist • Eine Ahnung dazu entwickeln, welche Themen oder Situationen den Patienten veranlassen, ins Skript zu gehen • Konfrontation zur rechten Zeit und unter Beibehaltung der 3Ps. • Wie könnten die skriptfreien (wahren) Wünsche und Bedürfnisse bzw. die eigene Lebensgestaltung aussehen? • Wie kommuniziert der Patient, wenn er nicht in seinem Skript ist? • Was verändert sich in der Kommunikation und/oder in der Beziehungsgestaltung beim Patienten, wenn er ins Skript geht? • Wie fühle ich mich im Kontakt mit dem Patienten, der im Skript ist? • Wie fühle ich mich im Kontakt mit dem Patienten, der nicht im Skript ist? • Welches Ziel verfolgt der Patient mit seinem Skriptverhalten?	• Welche Werte und Normen gelten in den Systemen, in denen der Patient großgeworden ist? • Welche unausgesprochenen Themen sind relevant im näheren Umfeld des Patienten? • Was durfte nicht offen und direkt gelebt, gedacht, gespürt, gesagt und gemacht werden? • Welche Tabus gibt es? • Wie wurde der Patient von seinem Umfeld geprägt? • Welchen Gewinn hat er daraus holen können? • Worauf musste er womöglich verzichten? • Wie wird sein Umfeld reagieren, wenn er sich ändert bzw. sich in Richtung Autonomie entwickelt? • Worauf muss er verzichten, wenn er die Skriptthemen gelöst hat? • Wie wird sein Gewinn aussehen?
	Innen	**Außen**

Respektvolle therapeutische Haltung

	Innen	Außen
Individuell	• Wie ernst nehme ich meine eigene Entwicklung und wie spiegelt sich diese in meiner Arbeit? • Sorge ich wie ein guter Elternteil für mich? • Wie achte ich darauf, nicht ins Skript zu gehen wie: mich anzustrengen, mich zu bemühen, stark zu sein oder in die Retter- oder in eine andere Rolle im Drama-Dreieck zu gehen? In welchen Situationen gelingt es mir besser und in welchen weniger gut? • Wirkt meine Selbstfürsorge als Vorbild für meine Patienten? • Wie gut gelingt es mir, jede einzelne Sitzung mit frischem Elan zu beginnen und mit etwas neu Gelerntem aus ihr herauszukommen? • Befreie ich mich vor jeder Sitzung von aller Vorbereitung und von allen persönlichen Problemen und beruflichen Kenntnissen, um dem Patienten unvoreingenommen begegnen zu können?	• Wie ist meine körperliche Verfassung? • Wie nimmt mich der Patient wahr (frisch, ausgeruht, gepflegte Erscheinung etc.)? • Wie achte ich auf meine Gesundheit? Habe ich z. B. genügend Bewegung an der frischen Luft? • Wie ist mein Umgang mit Alkohol, Medikamenten und Drogen? • Lebe ich in einer glücklichen Partnerschaft mit erfülltem Sexualleben?
Kollektiv	• Inwieweit setze ich mich mit der Beziehungsstruktur zwischen mir und dem Patienten auseinander? • Wie sieht das Übertragungs-Gegenübertragungs-Geschehen in der aktuellen Sitzung aus? • Welche Probleme sind im Hier und Jetzt aktuell? • An welchen Inhalten des therapeutischen Vertrags arbeiten wir aktuell? • Oberstes Gebot in der Therapie bedeutet, dem Patienten keinen Schaden zuzufügen. Inwieweit ist mir klar, wie ich dem Patienten schaden könnte, z. B. auch durch ehrgeiziges Drängen?	• Inwieweit könnte mich der Patient durch seine Prägung verführen, ihm Schaden zuzuführen? • Haltung einnehmen, dass die therapeutische Aufgabe darin besteht, dem Patienten zu helfen, Hindernisse wegzuräumen, die sich ihm im Laufe seiner Entwicklung in den Weg gestellt haben, um wieder wachsen bzw. gesunden zu können. Für den Therapeuten heißt das, Ressourcen des Patienten und dessen Erwachsenen-Ich zu stärken • Heilen in diesem Sinne heißt, den Patienten in eine Lage zu versetzen, in der er selbstwirksam werden kann
	Innen	**Außen**

Fähigkeit, Atmosphäre zu schaffen, um Empathie entstehen zu lassen

	Innen	Außen
Individuell	• Wie ist mein Gespür für mich selbst? • Wie ist das Gespür des Patienten für sich selbst? • Wie ist mein Gespür für den Patienten? • Welche Vermutung habe ich über das Gelingen der frühkindlichen Spiegelung der Mutter des Patienten? • Welche Auswirkungen könnte diese vermutete Spiegelung auf das aktuelle Leben des Patienten haben? • Was, glaube ich, braucht der Patient im Moment, um sich besser verstehen zu können? • Wie fühlt sich die Welt durch die Augen des Patienten betrachtet an? • Was lerne ich über den Patienten, wenn ich mit „seinen Augen" sehe? • Wann, wo und wie wurde die Empathie des Patienten sich selbst gegenüber gestört?	• Wie zeigt sich mein Gespür für mich nach außen? • Wie wird mein Gespür für den Patienten von außen sichtbar? • Zeige ich Bereitschaft, mich mustern zu lassen? • Gelingt es mir, das Verstandene dem Patienten so zurückzumelden, dass er sich verstanden fühlt? • Welche Veränderungen nehme ich beim Patienten wahr, wenn er sich verstanden fühlt? • Wie reagiert er, wenn es mir nicht oder noch nicht gelingt? • Zeige ich mich respektvoll, interessiert, neugierig, wohlwollend, schutzgebend, kraftvoll und erlaubend? • Wie nimmt mich der Patient emotional wahr?
Kollektiv	• Inwieweit kann ich mich in den Patienten einfühlen, seine beschriebenen Symptome und sein selbsteinschränkendes Skript verstehen? Wo bereitet es mir eher Mühe und warum? • Wie reagiert der Patient auf meine Art und Weise, in Beziehung zu treten? • Wie tritt der Patient in Beziehung? Was zeigt er von sich, was nicht? • Wie „hungrig" ist der Patient? • Welche Beziehungsbedürfnisse hat er ihm Moment? • Wie trete ich in Beziehung zum Patienten, sodass er sich von mir wahrgenommen und unterstützt fühlt, seine Belange motiviert und mutig anzugehen und umzusetzen? • Bekommt der Patient psychischen Raum, um Fruchtbares entstehen zu lassen?	• Wie hat die Umwelt des Patienten ihn geprägt, ein Gespür für sich selbst zu entwickeln? • Welche Bedeutung hat Empathie in den Systemen, in denen der Patient aufgewachsen ist und in die er heute eingebunden ist? • Welche Erfahrungen hat der Patient in seiner Umwelt mit Empathie machen können? Welche waren für seine Entwicklung förderlich, welche eher hinderlich?

	Innen	Außen
Kollektiv	• Hole ich den Patienten da ab, wo er steht, oder übersehe ich evtl. einen wichtigen Aspekt? • Was teilt mir der Patient zusätzlich mit, während er über dies und das spricht? • Wo, an welcher Stelle braucht mich der Patient? • Was sagt meine emotionale Reaktion auf das Erfahrene über den Patienten aus und was sagt es über mich selbst aus? • Wie offen traut sich der Patient zu sprechen? Hat er Vertrauen zu mir?	

Autonomie fördern und selbst anstreben: Bewusstheit, Spontaneität, Intimität

	Innen	Außen
Individuell	• Wie autonom bin ich? Wo schränke ich mich selbst unnötig ein? • In welchem Bereich könnte ich mein Leben aktiver und selbstbestimmter anpacken? • Üben, mit allen Sinnen wahrzunehmen und nachspüren, wie sich das anfühlt • Die Dinge so nehmen, wie sie sich zeigen • Auf gewohnte Bewertungen verzichten, die wir den Dingen vorschnell geben • Wissen darum, dass ich so reagieren, fühlen, denken und handeln kann, wie ich es eben tue, dass ich aber in diesem Moment genauso gut anders fühlen, denken und handeln könnte, obwohl es sich manchmal nicht so anfühlt • Herausfinden, in welchen Situationen ich Ersatzgefühle anstelle echter Gefühle verspüre • Was möchte ich mit Ersatzgefühlen erreichen? Wie lässt sich dieses Ziel offen und auf direktem Weg erreichen? • Bereitschaft, den Bezugsrahmen zu erweitern • Welche Manöver kenne ich an mir, um andere dazu zu verleiten, Dinge für mich zu machen, die ich selbst machen könnte? • Wie selbstständig bin ich in Urteil und Entscheidung? • Kann ich Werte und Normen eruieren, die ich ungeprüft übernommen habe? • Inwieweit mache ich andere für Dinge an mir verantwortlich?	• Echte Gefühle leben und auf Ersatzgefühle verzichten: keine Spielangebote machen, aus Spielen aussteigen, Spielangebote nicht annehmen, keine manipulative Rolle im Drama-Dreieck einnehmen, auf Abwertungen verzichten, keine symbiotischen Anträge machen, nicht redefinieren etc. • Welche Veränderungen werden beim Patienten sichtbar, wenn er Verantwortung für sich selbst, für sein Denken, Fühlen und Handeln übernimmt?

	Innen	Außen
Individuell	• Inwieweit ist mein Fühlen, Denken und Handeln auf das Hier und Jetzt bezogen und wo, in welchen Situationen, sind meine Gedanken, Emotionen und mein Verhalten durch meine Skriptüberzeugungen beeinflusst?	
Kollektiv	• Welche einschränkenden Skriptanteile wirken beim Patienten (Passivität, symbiotisches Verhalten, manipulative Spiele, Abwertungen etc.)? • Wo gibt er Verantwortung eher ab, als sie selbst zu übernehmen? • Wo übernimmt er Verantwortung, die nicht zu ihm gehört? • Worauf müsste der Patient verzichten, wenn er sich in Richtung Autonomie bewegen würde? • Was würde er gewinnen? • Schöpfe ich die Möglichkeiten aus, den Patienten in seinem Erwachsenen-Ich zu stärken? • Gestalte ich die therapeutische Beziehung so, dass persönliches Wachstum und Veränderung möglich werden? • Wie definiert der Patient Autonomie für sich? • Wo in seiner Lebens- und Beziehungsgestaltung blendet der Patient Dinge aus und/oder nimmt die Realität verzerrt wahr?	• Inwieweit wurde/wird der Patient durch sein Umfeld in seiner Entwicklung zur Bewusstheit, Spontaneität und Intimität gefördert und wo gab/gibt es Hindernisse? • Welche Bedeutung hat individuelle Autonomie in den Systemen, in die der Patient eingebunden ist? • Inwieweit lässt sich Autonomie leben und fördern, bezogen auf den kulturellen Hintergrund des Patienten?
	Innen	**Außen**

Hier und Jetzt nutzen

	Innen	Außen
Individuell	• Habe ich eine Ahnung, was das Problem für den Patienten bedeutet? • Kann ich zwischen meinen Gefühlen und denjenigen des Patienten unterscheiden? • Kenne ich meine eigenen Gefühle gut genug, um Übertragungen als solche zu erkennen? • Bin ich bereit, mich auf die Übertragungs-Gegenübertragungs-Geschehen einzulassen? • Nutze ich das Hier und Jetzt so oft wie möglich oder übersehe ich wichtige Gegebenheiten? • Wie reagiere ich gefühlsmäßig auf das Gesagte und auf die Art und Weise, wie es gesagt wurde?	• Wie hole ich die schwierigen Situationen des Patienten ins Behandlungszimmer? • Wie erlebt mich der Patient? Fühlt er sich verstanden und unterstützt? • Erlebt er eine erlaubende Atmosphäre mit ausreichendem Schutz? • Fühlt er sich von mir ermutigt und nicht beschämt und ertappt, sich auf seine schwierigen Situationen in der Beziehung zu mir einzulassen? • Interveniere und konfrontiere ich hilfreich und zur richtigen Zeit? • Fühlt sich der Patient da abgeholt, wo er steht? • Sind die Probleme des Patienten weit weg, dort draußen im Alltag, oder sind sie hier und zeigen sich in unserer Beziehung? • Erlebt mich der Patient als echt und authentisch? • Wie sorgfältig sind meine Feedbacks formuliert? • Kann der Patient mithilfe meiner Feedbacks erkennen, dass er selbst zu seinen Problemen beiträgt? • Kann er sein Verhalten so sehen, wie es ein Außenstehender sieht? • Kann er realisieren, welche Gefühle sein Verhalten beim Gegenüber auslöst? • Sieht er, dass sein Verhalten die Meinung der anderen über ihn beeinflusst? • Realisiert er, dass sein Verhalten seine Meinung über sich selbst beeinflusst?

	Innen	Außen
Kollektiv	<ul><li>Wie spiegeln sich die Probleme, die der Patient in seinem Alltag hat, in unserer Beziehung wider?</li><li>Wie ermutige ich den Patienten, sich auf seine Themen im Hier und Jetzt emotional einzulassen und sie in der Beziehung zu mir anzugehen?</li><li>Inwieweit bin ich bereit, therapeutische Nähe zuzulassen und entstehen zu lassen und wo oder bei wem ist es schwierig für mich? Was sagt das über den Patienten aus und was sagt das über mich aus?</li><li>Wie ermutige ich den Patienten, genau hinzusehen?</li><li>Realisiere ich, welche Wirkung meine Interventionen auf den Patienten haben?</li><li>Gebe ich ihm und mir genügend Schutz?</li><li>Wie stärke ich das Erwachsenen-Ich des Patienten?</li></ul>	<ul><li>Kann ich Zusammenhänge und Ähnliches in den schwierigen Situationen des Patienten außer- und innerhalb der Therapie erkennen?</li><li>Erkenne ich die Bilder, die sich der Patient von der Wirklichkeit macht, und verstehe ich ihr Entstehen im Kontext der Systeme, in die der Patient eingebunden ist?</li></ul>

Reflektieren auf verschiedenen Ebenen

	Innen	Außen
Individuell	<ul><li>Was geht im Patienten vor?</li><li>Welche Erwartungen hat er an eine Therapie?</li><li>Wie fühlt sich das Gesagte an?</li><li>Wohin soll die Reise gehen? Was ist das Ziel? Was sind Teilziele?</li><li>Wie realistisch sind die Selbstansprüche des Patienten?</li><li>Habe ich eine Ahnung, wie die Veränderung aussehen könnte?</li><li>Lassen sich im Hier und Jetzt Entsprechungen eruieren?</li></ul>	<ul><li>Wie wirkt der Patient auf mich?</li><li>Wie wirke ich auf ihn?</li><li>Was erzählt er und was lässt er weg?</li><li>Wie definiert der Patient sein Problem?</li><li>Was ist der Inhalt und was der Prozess?</li><li>Wofür setzt er Energie ein?</li><li>Wie ist seine äußere Erscheinung?</li><li>Welches sind seine Ressourcen? Ist er sich ihrer bewusst?</li><li>Welche Skriptanteile sind sichtbar?</li><li>Wo steht er sich selbst im Weg?</li><li>Was hat der Patient bis dahin gemacht, um das Problem zu lösen?</li><li>Worauf muss er verzichten, wenn das Problem gelöst ist?</li><li>Welche Auswirkung hat die therapeutische Beziehung auf den Patienten? Wie zeigt sich das?</li><li>Woran arbeiten wir in dieser Sitzung?</li><li>Hole ich den Patienten da ab, wo er steht?</li><li>Sind meine Interventionen hilfreich?</li></ul>
	<ul><li>Wie fühle ich mich in der Beziehung zum Patienten?</li><li>Wie nimmt der Patient mit mir Kontakt auf?</li><li>Wie zeigt sich die beschriebene Problematik in der therapeutischen Beziehung?</li><li>Was braucht der Patient von mir? Und was auch noch? Was braucht er nicht?</li><li>Welche Übertragungen macht er? Welche Gegenübertragungen ergeben sich daraus?</li><li>Was passiert in der Beziehung? Was geht in jedem Einzelnen vor?</li><li>Was verändert sich bei mir in der Beziehung zu diesem Patienten?</li></ul>	<ul><li>In welchem Kontext entstand die Problematik des Patienten?</li><li>Wofür steht die Problematik?</li><li>Was ändert sich im Umfeld, wenn das Problem gelöst ist?</li><li>Was erwartet das Umfeld vom Patienten?</li><li>Welche Erwartungen sind unausgesprochen?</li><li>Welche möglichen Tabus nähren die Problematik?</li><li>Nehme ich alle Einflussbereiche wahr?</li></ul>

	Innen	Außen
Kollektiv	• Gelingt es mir, eine Atmosphäre zu schaffen, in der Empathie entstehen kann und Veränderung möglich wird?	• Welche Auswirkungen hat die Therapie auf das Umfeld des Patienten?
	Innen	**Außen**

Uebertragung – Gegenübertragung erkennen und therapeutisch nutzen

	Innen	Außen
Individuell	• Welche Gefühle löst der Patient bei mir aus? • Sind das vertraute Gefühle? Bei wem empfinde ich auch so? • Was bewirkt die Übertragung des Patienten bei mir? • Handelt es sich um eine Übertragung oder ist es eine Reaktion (Gegenübertragung) auf eine Übertragung meinerseits? • Habe ich da womöglich einen blinden Fleck? • Wie gut kenne ich meine eigenen Gefühle? • Was macht den Unterschied zwischen meinen eigenen Gefühlen und denjenigen in einer Gegenübertragung aus? • Welche Auswirkungen haben all diese Zuschreibungen, Projektionen und die Idealisierung auf meine Person?	• Wie reagiert der Patient auf meine Intervention, das Übertragungs-Gegenübertragungs-Geschehen als Hier-und-Jetzt-Entsprechungen zu nutzen? • Wie nimmt mich der Patient wahr: tragend, wohlwollend, schützend, kritisch, ehrgeizig überfordernd etc.? • Welche Körper- und Gefühlsreaktionen sind sichtbar? • Sind die Hier-und-Jetzt-Entsprechungen sorgfältig formuliert und gesundheitsfördernd für den Patienten? • Gebe ich genügend psychischen Raum und Zeit, damit sich der Patient mit den Interventionen in seinem Tempo befassen kann? • Kann ich es akzeptieren, wenn der Patient meine Ansicht nicht teilt? • Formuliere ich meine Interventionen als eine von vielen Möglichkeiten oder als einzige Wahrheit? • Deute ich die Reaktion des Patienten als Widerstand? Wenn ja, was habe ich dazu beigetragen? Zu früh interveniert? Zu wenig sorgfältig formuliert? Ängste nicht wahrgenommen? Falsche Schlüsse gezogen? Zusammenhänge gesehen, wo keine sind etc.? • Wie offen erlebt mich der Patient, auch im Umgang mit meinen Fehlern?

Kollektiv	• Was überträgt der Patient auf mich? • Auf welche Art und Weise macht er das? • Was ist der Auslöser für diese Übertragung? • Auf welche Person in seiner Vergangenheit reagiert er? • Welche Gegenübertragung löst die Übertragung des Patienten bei mir aus? • Reagierte die ursprüngliche Bezugsperson gleich wie ich? • Ist das eine Hier-und-Jetzt-Entsprechung? • Welche Beziehung hatte der Patient zur ursprünglichen Bezugsperson? Wie reagiert der Patient auf meine Intervention hinsichtlich seiner Übertragung? • Kommuniziere ich spielfrei? • Nehme ich beim Patienten die emotionalen Regungen und Bedürfnisse wahr?	• Wie gut kann ich Zusammenhänge in der Kommunikation des Patienten mit seinen ursprünglichen Bezugspersonen und der Kommunikation in der Therapiesitzung sehen? • Welche Auswirkung hat unsere Übertragungsbeziehung auf das Umfeld des Patienten?
	Innen	**Außen**

Nahebringen der eigenen Person als vertrauensvolles Gegenüber

	Innen	Außen
Individuell	• Eigenes Handeln reflektieren und eigener Handlungsmuster bewusst sein • Psychische Gegebenheiten bei sich und beim Patienten wahrnehmen • Positives Menschenbild verinnerlicht haben • Bewusstheit über eigene Bewältigungsstrategien in Stresssituationen • Sicherer Umgang mit Angst, Spannung und Konflikt • Eigene Stärken und Schwächen kennen • Bewusstheit über eigene einschränkende Skriptanteile • Bereitschaft zur Selbstreflexion • Bereitschaft, eigene Ansichten in Frage zu stellen • Eine „Ich bin ok – du bist ok"-Haltung verinnerlicht haben • Gefühl für Intervention und Konfrontation zur richtigen Zeit • Wirkung der Interventionen einschätzen können • Psychisch beweglich bleiben • Verantwortung übernehmen und Überblick behalten • Überzeugt sein von der eigenen Methode • Wissen um und Feingefühl für unterschiedliche Meinungen, Ansichten, Bezugsrahmen, Identitäten und kulturelle Gegebenheiten • Wertschätzender Umgang mit sich selbst	• Kann mich der Patient echt, authentisch und klar abgegrenzt wahrnehmen? • Dem Patienten eine überzeugende Erklärung für die Lösung seiner Probleme geben können • Sich soweit wie nötig offenbaren • Gemachte Fehler, wo nötig und hilfreich, dem Patienten gegenüber eingestehen • Den Patienten dazu ermutigen, wohlwollend und wertschätzend mit sich umzugehen und die Selbstabwertung zu lassen • Interventionen zur richtigen Zeit präzise und freundlich formulieren • Als Vorbild wirken • Hindernisse aus dem Weg räumen, damit der Patient gesunden kann • Nichtwissen aushalten und wo sinnvoll kommunizieren • Sich als Mensch zeigen • Kompetente professionelle Haltung einnehmen • Ausgeschlafen, fit und in frischer äußerer Erscheinung mit klarem Kopf in die Sitzungen gehen • Haltung einnehmen, in jeder Sitzung etwas Neues lernen zu wollen, das nicht in einem Fachbuch nachzuschlagen ist. • Den Patienten in seinen Ressourcen stärken und seine Anstrengungen wertschätzen • Den Patienten darin bestärken, Verantwortung für sich selbst zu übernehmen

Kollektiv	• Atmosphäre schaffen können, in der Empathie entstehen kann • Raum, Schutz und Erlaubnis, damit eine Atmosphäre für Veränderung möglich wird • Selbstsicherheit im zwischenmenschlichen Kontakt • Relevantes Material in Form von Affekten und unbewussten Bedeutungen erspüren • Sich auf die Geschichte und den Bezugsrahmen des Patienten einlassen • Risikofaktoren bei sich selbst und beim Patienten erkennen • Unvoreingenommen wahrnehmen, Entwicklungen erfassen, die im Anfangsstadium sind • Therapeutisches Geschehen als Co-Produktion zwischen Patient und Therapeut sehen • Dinge mit den Augen des Patienten sehen • Gespür für sich selbst und für den Patienten haben • Den Patienten als mündige Person wahrnehmen und ihm entsprechend begegnen • Den Patienten ermutigen, sich selbst kennen zu lernen und zu sich zu stehen	• Verstehen, in welche Systeme der Patient eingebunden ist und welche Einflüsse diese auf ihn haben • Laufende Fortbildung, um auf dem neuesten Stand zu bleiben • Gute Vernetzung mit Kollegen • Reflektieren, wie das berufliche Leben mein Privatleben beeinflusst und welche Auswirkungen mein Privatleben auf meine berufliche Tätigkeit hat.
	Innen	**Außen**

Gruppendynamik und Gruppenprozesse kennen (Gruppengeschehen)

	Innen	Außen
Individuell	• Wie fühle ich mich in der Gruppe? • Wie fühlt sich Kritik an? • Mögen mich die Gruppenmitglieder? Mag ich sie? • Erlebe ich die Gruppe als einen geschützten Ort? • Wie fühlen sich die einzelnen Gruppenmitglieder? • Fühle ich mich geschätzt, unterstützt und getragen? • Welche Ziele verfolge ich und was möchte ich lernen? • Erkenne ich Wachstumförderndes und Wachstumhemmendes? • Schärfe ich meine Wahrnehmung durch Zuhören und Beobachten?	• Wie wirke ich auf andere? • Wie werde ich wahrgenommen? • Sehen mich die anderen, wie ich mich sehe, oder hinterlasse ich einen ganz anderen Eindruck? • Tut mir die Gruppe gut? • Welche Dynamiken gibt es in der Gruppe? • Wer reagiert auf wen und zu welchem Thema? • Wer arbeitet konkret an seinen Themen? Wer befasst sich aus meiner Sicht eher mit Belanglosem? • Wer bringt sich oft ein und zeigt sich gerne? • Wer bleibt eher im Hintergrund, hört interessiert zu und beobachtet lieber? • Wer wirkt eher desinteressiert? • Was ist förderlich und hilfreich in dieser Gruppe, was eher bremsend oder störend? • Wie wird Feedback gegeben? • Erlebe ich den Gruppenleiter als kompetent? • Sieht er, was in der Gruppe vor sich geht? • Erlebe ich genügend Schutz, um mich zeigen zu können? • Was kann ich vom Gruppenleiter lernen? • Wo erlebe ich ihn als Vorbild, als Modell, und wo eher nicht und weshalb? • Wächst mein Gespür für transaktionsanalytisches Geschehen? • Welche Skriptanteile sind bei den anderen sichtbar und wie reagiert der Gruppentherapeut darauf?

208

Kollektiv	• Wie zeige ich mich in der Gruppe? • Wie mustern wir uns gegenseitig? • Wie reagiere ich auf das Gruppengeschehen? • Kann ich gleichzeitig bei mir bleiben und Teil der Gruppe sein? • Wie reagiere ich auf Kritik? • Was trage ich dazu bei, dass sich die anderen in der Gruppe wohlfühlen? • Wie hole ich Zuwendung in der Gruppe? • Wie verschaffen sich andere Gehör? • Was finde ich in der Gruppe schwierig? • Mit wem fühle ich mich wohl? • Mit wem habe ich eher Schwierigkeiten? Warum? Sind wir ähnlich, oder woran liegt es sonst? • Gibt es bestimmte Menschen, mit denen ich keinen weiteren Kontakt pflegen möchte? • Was ist mir peinlich? Worüber werde ich mit niemandem sprechen? Wie verhalte ich mich in der Gruppe? • Übernehme ich Führung? Bin ich Mitläufer? Übernehme ich eine Co-Therapeuten-Rolle? • Haben die anderen gleiche oder ähnliche Themen wie ich? Wie gehen sie damit um?	• Inwieweit bin ich in Gruppengeschehen, Gruppenbildung, Gruppendynamik und Gruppeprozessen bewandert? • Woher kommen die einzelnen Gruppenmitglieder? • Welche Erfahrungen bringen sie mit? • Welche Systeme und „Ahnengalerien" sind ebenfalls anwesend und wie beeinflussen sie die einzelnen Gruppenmitglieder? • Weshalb sind sie hier und welches Ziel verfolgen sie? • Kann ich Parallelen sehen zwischen dem, was einzelne Teilnehmer von ihrer Rolle in ihrer Ursprungsfamilie erzählen und dem, wie sie sich in die Gruppe hineinbegeben? • Kann ich auch bei mir Parallelen wahrnehmen zwischen meiner Rolle in der Gruppe und meiner Rolle in der Ursprungsfamilie oder im Arbeitsteam?
	Innen	**Außen**

Auf diese Weise lassen sich Kompetenzen aus vier verschiedenen Blickwinkeln in ihrer Ganzheit erfassen. Wie kompetent man selbst in einer bestimmten Fertigkeit ist, lässt sich durch die Beantwortung einiger Fragen in jedem der vier Quadranten herausfinden. Wichtig dabei ist, alle vier Felder gleichwertig zu berücksichtigen und zu behandeln. Diese Quadranten stehen für folgende Perspektiven:

- OL (oben links): Gedanken und Gefühle bezüglich eines Phänomens.
- UL (unten links): Einfluss und Auswirkung dieses Phänomens auf die Beziehungsgestaltung und die Kommunikation.
- OR (oben rechts): Wahrnehmen des Phänomens in sichtbarem Verhalten, Körperlichkeit und Energien.

- UR (unten rechts): Einflüsse und Auswirkungen bezüglich dieses Phänomens innerhalb der verschiedenen Systeme, in die man eingebunden ist.

Die Fragen erheben keinen Anspruch auf Vollständigkeit. Sie sollen dazu anregen, eigene Fragen zu entwickeln. Während einer späteren Brauchbarkeitsprüfung wird sich zeigen, welche Fragen sich bewähren und welche nicht.

X   Fazit

Zusammenfassend kann gesagt werden, dass auf die Selbsterfahrung in der psychotherapeutischen Arbeit nicht verzichtet werden kann. Die Selbsterfahrung dient dem Persönlichkeitswachstum des zukünftigen Therapeuten zur Entwicklung der für seine Tätigkeit notwendigen persönlichen und Beziehungskompetenzen. Diese Kompetenzen sind maßgebende Wirkfaktoren einer erfolgreichen Psychotherapie. Die Selbsterfahrung befähigt den Therapeuten seine Patienten in ihren Entwicklungs- bzw. Heilungsprozessen zu begleiten. Die Kompetenzen durch Selbsterfahrung sind definiert und ihre qualitativen Inhalte sind im entwickelten Instrument festgehalten. Es ist dem Therapeuten – ob in Ausbildung und/oder während seiner beruflichen Tätigkeit – jederzeit möglich, den Stand seiner Kompetenzen zu eruieren. Somit sind die Forschungsfragen beantwortet und das Instrument kann in der Ausbildung eingesetzt werden.

Von Beginn an war wichtig, ein Instrument zu entwickeln, das auf dem humanistischen Menschenbild fußt. Es soll neugierig machen und anregen in den eigenen Fähigkeiten zu wachsen. Es soll auf keinen Fall vorgeben, wie jemand zu sein hat. Es soll ein Instrument sein, das die Intimität wahrt, so dass niemand befürchten muss, beschämt zu werden. In diesem Sinne ist es gelungen, diesem Anspruch gerecht zu werden.

Die Entwicklung dieses Instruments entstand u. a. aus der Idee, den Ausbildungskandidaten und den Lehrenden eine Orientierung zur Selbst- und Fremdevaluation der Selbsterfahrungskompetenzen in der Psychotherapeutenausbildung anbieten zu können. Nun ist zu klären, ob sich dieses Werkzeug in der Praxis bewährt.

Seine Brauchbarkeit kann durch eine Befragung lehrender Transaktionsanalytiker geprüft werden. Damit die Resultate aussagekräftig sein können, braucht es eine viel größere Stichprobe als lediglich eine Gruppendiskussion und fünf Interviews. Vorstellbar wäre z. B. eine Online-Befragung. Innerhalb der Transaktionsanalyse könnte das auch eine international angelegte Befragung sein, vielleicht auch mit der Möglichkeit anonym zu antworten. Die Lehrenden bräuchten dazu das Instrument und nötige noch auszuformulierende Fragen zur Brauchbarkeit, zum Inhalt und der Möglichkeit von Veränderungs- oder Ergänzungsvorschlägen. Eine weitere Option wäre, das Instrument den Lehrenden zum Selbststudium zu versenden um es anlässlich eines Lehrenden-Treffens eingehend zu behandeln. Daraus lassen sich vielleicht auch Erkenntnisse entwickeln, wie Lehrende ihre Ausbildungskandidaten in dieser Kompetenzentwicklung unterstützend begleiten können. Diese Aufgabe der Lehrenden ist in der vorliegenden Arbeit nicht diskutiert und gilt als Limitation. Auch der Stand der Persönlichkeitsentwicklung der Lehrenden ist nicht Thema der Arbeit. Dass auch Lehrende nicht frei von „blinden Flecken" sind, wird nicht explizit erwähnt, aber es wird klar, dass Selbsterfahrung während der ganzen beruflichen Tätigkeit immer wieder Thema ist.

Das trifft auch auf Lehrende zu, da sie neben dem Lehren auch therapeutisch tätig sind. Sie dürfen das Selbsterfahrungs-Instrument also auch für sich selber nutzen.

Ein nächster Schritt sieht vor, Kandidaten in fortgeschrittener Ausbildung zu finden, die bereit sind, das Instrument auszuprobieren und festzuhalten, was hilfreich ist, was weniger und was fehlt. Dazu müssen im Vorfeld Beurteilungs- und Bewertungskriterien definiert werden. Diese Beurteilungen ergeben neue Erkenntnisse, die zu Anpassungen des Instruments führen. So kann dieses optimiert und in einem weiteren Schritt während eines fünf Jahre dauernden Ausbildungsganges angewendet und getestet werden.

Es hat sich gezeigt, dass Selbsterfahrungskompetenzen vorwiegend schulenübergreifende Fertigkeiten sind. Es sind bestimmte Fähigkeiten, die Person des Therapeuten betreffend, und es sind seine Fähigkeiten, eine therapeutische Beziehung eingehen zu können, zu halten und zu beenden. Es ist nun zu untersuchen, ob diese Aussagen sich auch in der Praxis bestätigen, indem ermittelt wird, ob das Instrument, das anhand der transaktionsanalytischen Psychotherapieschule entwickelt wurde, sich auch für andere Schulen als brauchbar erweist.

Ein mögliches Vorgehen dafür wäre, das Instrument im Rahmen eines Wissenschaftskolloquiums der Schweizer Charta für Psychotherapie vorzustellen und zu diskutieren. In der Charta sind aktuell 28 Aus- und Weiterbildungsinstitute aus den Richtungen der Tiefenpsychologie, der Humanistischen Psychologie und der Integrativen Psychotherapie vertreten. So lassen sich Ausbildner anderer Schulen finden, die bereit sind, das Instrument zu begutachten und innerhalb ihrer Schule zu testen. Ergebnisse aus dieser Anzahl verschiedener Schulen lassen eine Generalisierbarkeit zu.

Auf zwei weitere wichtig erscheinende Limitationen soll hier noch aufmerksam gemacht werden. Um den Rahmen der Arbeit nicht zu sprengen, wurde die Thematik der Grenzverletzungen wie der sexuellen und anderen Übergriffe innerhalb der Psychotherapie an verschiedenen Stellen nur erwähnt, nicht aber explizit behandelt. Die Thematik wird in „Entwicklungshemmende bzw. schädigende Aspekte der Selbsterfahrung" (Kap. III 4.2) angesprochen. Teilbereiche werden in einzelnen Kompetenzen wie bspw. in „Sorgfältiger Umgang mit Macht und Einfluss" („Blinde Flecken") und/oder in „Respektvolle therapeutische Haltung" behandelt. Dieses empfindliche Thema wird in der vorliegenden Arbeit sicher nicht abschließend diskutiert. Damit diese heikle Thematik in den Ausbildungen nicht vergessen geht, erscheint es nun – nach der Fertigstellung der vorliegenden Arbeit – sinnvoll, im Rahmen einer ersten Anpassung des Instruments eine eigene Kompetenz für diesen Themenkreis zu entwickeln.

Zum Schluss soll ein Aspekt betont werden, der bis anhin nicht explizit aufgeführt ist. Selbsterfahrung ist ein Prozess, in dem Dinge hinterfragt werden und der auch Ängste auslöst. Es braucht viel Zeit, das nötige Vertrauen zu entwickeln um Neues zulassen, verarbeiten und integrieren lassen zu können. Dies begründet die hohe Anzahl an Selbsterfahrungssitzungen.

Literatur

Ambühl, Hansruedi (2005): Die Entwicklung von Beziehungs- und interaktionellen Kompetenzen. In: Laireiter, Anton R.; Willutzki, Ulrike (Hrsg.), Ausbildung in Verhaltenstherapie. Göttingen: Hogrefe, S. 221–238.

Balint, Michael (1998): Therapeutische Aspekte der Regression. Die Theorie der Grundstörung. 3. Aufl. Stuttgart: Klett-Cotta.

Barnes, Graham; Dusay, John M.; Schiff, Jacqui Lee; Goulding, Robert L.; McClendon, Ruth; Weiss, Jon; Weiss, Laurie; Groder, Martin; Windes, Kenneth L.; Lessler, Ken (1979): Transaktionsanalyse seit Eric Berne. Schulen der Transaktionsanalyse, Theorie und Praxis. Bd.1. Berlin: Institut für Kommunikationstherapie.

Barnes, Graham; Groder, Martin; Holloway, William H.; Kahler, Taibi; Joines, Vann S.; White, Terri und Jerome D.; English, Fanita (1980): Transaktionsanalyse seit Eric Berne. Was werd' ich morgen tun? Bd. 2. Berlin: Institut für Kommunikationstherapie.

Barnes, Graham; Wollams, Stanley J.; Johnson, Lois M.; Gladfelter, John; McNeel, John R.; Drye, Robert C. (1981): Transaktionsanalyse seit Eric Berne. Du kannst dich ändern. Bd. 3. Berlin: Institut für Kommunikationstherapie.

Beland, Hermann (2004): Zur Beendigung von Lehranalysen. Forum der Psychoanalyse, 20, S. 391–402.

Berne, Eric (1988): Spiele der Erwachsenen. Psychologie der menschlichen Beziehungen. Hamburg: Rowohlt.

Berne, Eric (1988): Was sagen Sie, nachdem Sie ‚Guten Tag' gesagt haben? Frankfurt am Main: Fischer.

Berne, Eric (2005): Transaktionsanalyse der Intuition. 4. Aufl. Paderborn: Junfermann.

Berne, Eric (2005): Grundlagen der Gruppenbehandlung. Paderborn: Junfermann.

Berne, Eric (2006): Die Transaktionsanalyse in der Psychotherapie. 2. Aufl. Paderborn: Junfermann.

Berns, Ulrich (2002): Der Rahmen und die Autonomie von Analysand und Analytiker. Forum der Psychoanalyse, 18, S. 332–349.

BR-alpha (2013): Auf den Spuren der Intuition (www.br.de).

Brüderl, Leokadia; Riessen, Ines; Zens, Christine (2015): Therapie-Tools. Selbsterfahrung. Weinheim, Basel: Beltz.

Brühlmann-Jecklin, Erica (2002): Mangelnde Selbstreflexion als Hauptursache von Fehlern in der psychotherapeutischen Arbeit. In: Märtens, Michael; Petzold, Hilarion (Hrsg.): Therapieschäden: Risiken und Nebenwirkungen von Psychotherapie. Mainz: Matthias-Grünewald-Verlag, S. 333–354.

Buber, Martin (1969): Reden über Erziehung. Heidelberg: Lambert Schneider.

Buchholz, Michael B. (1999): Psychotherapie als Profession. Giessen: Psychosozial.

Buchholz, Michael B. (2007): Entwicklungsdynamik psychotherapeutischer Kompetenzen. Psychotherapeutenjournal, 4, S. 373–282.

Caspar, Franz (1998): Selbsterfahrung und Psychotherapie als kreatives Handeln. In: Lieb, Hans (Hrsg.): Selbsterfahrung für Psychotherapeuten. Göttingen: Verlag für Angewandte Psychologie, S. 69–90.

Caligor, Leopold (1985): On Psychoanalytic Training (A Symposium) – On Training Analysis – or Sometimes Analysis in the Service of Training. New York: Contemporary Psychoanalysis, Vol. 21, No 1, S. 120–129.

Clarkson, Petruska (1996): Transaktionsanalytische Psychotherapie. Freiburg i. Br.: Herder.

Cremerius, Johannes (1989): Lehranalyse und Macht. Die Umfunktionierung einer Lehr-Lern-Methode zum Machtinstrument der institutionalisierten Psychoanalyse. Forum für Psychoanalyse, 5: S. 190–208.

Domma, Julia (2007): Kompetenz von Verhaltenstherapeuten in der Ausbildung. Dissertationsschrift. Giessen: Justus-Liebig-Universität.

Dreyfus, Hubert; Dreyfus, Stuart (1986): Five Steps from novice to experts. In: Dreyfus, Hubert; Dreifus Stuart (Hrsg.) Mind over machine. The power of human intuition in the era of the computer. New York: Free Press, S. 16–51.

Drigalski, Dörte von (2002): Das China-Syndrom der Psychotherapie. In: Märtens, Michael; Petzold, Hilarion (Hrsg.): Therapieschäden. Risiken und Nebenwirkungen von Psychotherapie. Mainz: Matthias-Grünewald-Verlag, S. 60–71.

Drigalski, Dörte von (2003): Blumen auf Granit. Eine Irr- und Lehrfahrt durch die deutsche Psychoanalyse. Aktualisierte Neuausgabe. Berlin: Peter Lehmann Antipsychiatrieverlag.

EATA (European Association for Transactional Analysis) – Handbuch für die Weiterbildung und Prüfung zum/zur Transaktionsanalytikerin (2006) (www.dgta.de).

Eco, Umberto (2010): Wie man eine wissenschaftliche Abschlussarbeit schreibt. 13. Aufl. Wien: Facultas, Universitätsverlag.

Ellenberger Henry F. (2005): Die Entdeckung des Unbewussten. Geschichte und Entwicklung der dynamischen Psychiatrie von den Anfängen bis zu Janet, Freud, Adler und Jung. Zürich: Diogenes.

English, Fanita (2011): Transaktionsanalyse. Gefühle und Ersatzgefühle in Beziehungen. 9. Aufl., Schwäbisch Gmünd: Iskopress.

Erskine, Richard; Moursund, Janet P.; Trautmann, Rebecca L. (1990): Beyond Empathy – A Therapy of Contact-in-Relationship. New York: Brunner & Mazel.

Erskine, Richard G. (2002): Relational Needs, EATA Newsletter Nr.73, (deutsch 2008: Beziehungsbedürfnisse. ZTA, Heft 4, S. 287–297).

Fisher, Milton (April 2007): Intuition – Die Macht des Unbewussten. Interview, Spiegelonline.

Franke, Guido (2008): Komplexität und Kompetenz. Ausgewählte Fragen der Kompetenzforschung. Bielefeld: Bertelsmann.

Freud, Sigmund (1999): Gesammelte Werke. Werke aus den Jahren 1909–1913, Bd. 8, Frankfurt am Main: Fischer.

Freud, Sigmund (1999): Gesammelte Werke. Werke aus den Jahren 1932–1939, Bd. 16, Frankfurt am Main: Fischer.

Freud, Sigmund (1999): Gesammelte Werke, Gesamtregister Bd. 18, Frankfurt am Main: Fischer.

Fromm, Erich (2011): Vom Haben zum Sein – Wege und Irrwege der Selbsterfahrung. 6. Aufl. Ulm: Ullstein Taschenbuch.

FSP – Studie (Föderation der Schweizer PsychologInnen) (2013): Strukturerhebung zur psychologischen Psychotherapie in der Schweiz 2012. Bern.

Garnitschnig, Karl (1993): Standpunkte des natürlichen Bewusstseins. Unveröffentlichtes Manuskript.

Gigerenzer, Gerd (2007): Intuition – Die Macht des Unbewussten. Interview, Spiegelonline.

Gigerenzer, Gerd (2013): Auf den Spuren der Intuition. Interview, br-alpha (www.br.de).

Gigerenzer, Gerd (2013): Intuition. Interview, Webseite mentale- intuition.

Gläser, Jochen; Laudel, Grit (2010): Experteninterviews und qualitative Inhaltsanalyse. 4. Aufl. Wiesbaden: Springer Fachmedien.

Goulding, Mary (2005): „Kopfbewohner" oder: Wer bestimmt dein Denken? 7. Aufl. Paderborn: Junfermann.

Goulding, Mary McClure; Goulding, Robert L. (1992): Neuentscheidung. 4. Aufl. Stuttgart: Klett-Cotta.

Grawe, Klaus; Donati, Ruth; Bernauer, Friederike (2001): Psychotherapie im Wandel. Von der Konfession zur Profession. 5. Aufl. Göttingen u. a.: Hogrefe.

Grewe, Gabriele (2007): Selbsterfahrung in der Verhaltenstherapieausbildung. Inhalt und Prozess. Lengerich: Papst.

Gruber, Hans (2008): Die Entwicklung von Expertise. In: Franke, Guido (Hrsg.): Komplexität und Kompetenz. Ausgewählte Fragen der Kompetenzforschung. Bielefeld: Bertelsmann, S. 309–326.

Grün, Anselm (2013): Auf den Spuren der Intuition. Interview, br-alpha.

Grünewald, Bernward (1993/94): Der Erfahrungsbegriff der dialektischen Hermeneutik H.-G. Gadamers und die Möglichkeit der Geisteswissenschaften. In: Logos, Neue Folge, Bd.1, Heft 2, S. 152–183.

Habecker, Michael; Student, Sonja (2011): Wissen, Weisheit, Wirklichkeit. Bielefeld: J. Kamphausen Verlag & Distribution GmbH.

Hänsel, Markus (2000): Intuition als Beratungskompetenz in Organisationen. Dissertationsschrift. Universität Heidelberg.

Hartl, Pavel (2010): Personality changes of psychotherapists in training – 5–year study: EATA-Conference Pragues.

Heinemann, Helen (2012): Warum Burnout nicht vom Job kommt. Die wahren Ursachen der Volkskrankheit Nr. 1. Asslar: Adeo –Verlag.

Hennig, Gudrun; Pelz, Georg (1997): Transaktionsanalyse. Lehrbuch für Therapie und Beratung. Freiburg i. Br.: Herder.

Hillmann, James; Ventura, Michael (1993): Hundert Jahre Psychotherapie und der Welt geht's immer schlechter. Solothurn, Düsseldorf: Walter.

Hippler, Bernd; Görlitz, Gudrun (2001): Selbsterfahrung in der Gruppe. Person- und patientorientierte Übungen. Stuttgart: Pfeiffer bei Klett-Cotta.

Holloway, William H. Transaktionsanalyse. Eine integrative Sicht. In: Barnes, Graham et al. (1980): Transaktionsanalyse seit Eric Berne, Bd. 2, Berlin: Institut für Kommunikationstherapie S. 18–90.

Hutterer-Krisch, Renate (Hrsg.) (2007): Grundriss der Psychotherapieethik. Praxisrelevanz, Behandlungsfehler und Wirksamkeit.

Itten, Theodor (2012): Intuition und Wissenschaft in der Psychotherapie. Unveröffentlichter Aufsatz.

IJTAR: International Journal of Transactional Analysis Research. Annex 1 – The Big List: References to Transactional Analysis Research 1963–2010.

Jaeggi, Eva (2003): Und wer therapiert die Therapeuten? 3. Aufl. Stuttgart: Klett-Cotta.

James, Muriel; Savary, Louis M. (1977): Befreites Leben. Transaktionsanalyse und religiöse Erfahrung. München: Chr. Kaiser Verlag.

Joines, Vann S.; Stewart, Ian (1990): Die Transaktionsanalyse. Eine Einführung. Freiburg i. Br.: Herder.

Joines, Vann S.; Stewart, Ian (2008): Persönlichkeitsstile. Wie frühe Anpassungen uns prägen. Bd.1. Paderborn: Junfermann.

Joines, Vann S.; Stewart, Ian (2008): Therapeutische Arbeit mit Persönlichkeitsstilen: Wie frühe Anpassungen uns prägen. Bd. 2. Paderborn: Junfermann.

Jung, Carl Gustav (2001): Aion: Beiträge zur Symbolik des Selbst. 9. Aufl. Düsseldorf, Zürich: Walter.

Kahl-Popp, Jutta (2004): Lernziel: Kontextbezogene psychotherapeutische Kompetenz. Gedanken zur psychoanalytischen Ausbildung. Forum der Psychoanalyse 4, S. 403–418.

Kaiser, Helmut (1996): Grenzverletzung. Macht und Missbrauch in meiner psychoanalytischen Ausbildung. Zürich, Düsseldorf: Walter.

Kast, Verena (2009): Der Weg zu sich selbst. Düsseldorf: Patmos.

Kanfer, Frederick; Reinecker, Hans; Schmelzer, Dieter (2012): Selbstmanagement-Therapie. Ein Lehrbuch für die klinische Praxis. 5. Aufl. Berlin: Springer.

Keil, Wolfgang (2012): Ethik in der Psychotherapie: Skriptum zum Seminar im Psychotherapeutischen Propädeutikum. 13. Aufl. Wien.

Kernberg, Otto (2012): Der Ursprung des Selbst. Interview im WIE (‚What is enlightement‘ Magazin).

Kernberg Otto F.; Dulz, Birger; Eckert, Jochen (2006): WIR. Psychotherapeuten über sich und ihren „unmöglichen“ Beruf. Stuttgart: Schattauer.

Kohl, Steffi; Barnow, Sven; Brahler, Elmar; Fegert, Steffen; Freyberger, Harald; Glaesmer, Heide; Goldbeck, Lutz; Lebiger-Vogel, Judith; Leuzinger-Bohleber, Marianne; Michels-Lucht, Felicitas; Sonntag, Astrd; Sprober, Nina; Willutzki, Ulrike; Strauss, Bernhard (2009): Die Psychotherapieausbildung aus der Sicht der Lehrkräfte. Ergebnisse der Befragung von Dozenten, Supervisoren und Selbsterfahrungsleitern im Rahmen des Forschungsgutachtens. Psychotherapeut. Vol. 54(6) S. 445–456.

Kohlhaas, Anne; Reith, Richard (2011): Leben in Beziehungen. Autonomie und Beziehungsbedürfnisse. Waldkirch: Veröffentlicht im DGTA – Kongressreader.

Köllner, Volker (2004): Gibt es ein Selbst in der Verhaltenstherapie? Psychotherapeut im Dialog 3; 5Jg., S. 231–235.

Kohut, Heinz (1976): Narzissmus. Eine Theorie der psychoanalytischen Behandlung narzisstischer Persönlichkeitsstörungen. Frankfurt am Main: Suhrkamp Taschenbuch Wissenschaft.

Kohut, Heinz (1981): Die Heilung des Selbst. Frankfurt am Main: Suhrkamp Taschenbuch Wissenschaft.

Kottje-Birnbacher, Leonore; Birnbacher, Dieter (2009): Ethische Aspekte der Psychotherapie und Konsequenzen für die Therapeutenausbildung. Unveröffentlichter Aufsatz anlässlich DGPW- Kongress Bern.

Kottwitz, Gisela; Lenhardt, Vincent (1992): Integrative Transaktionsanalyse. Wege zur Orientierung und Autonomie. Bd.1 Berlin: Verlag Institut für Kommunikationstherapie.

Kriz, Jürgen (2001): Intuition in therapeutischen Prozessen. Systhema 3, 15. Jg., S. 217–229.

Kriz, Jürgen (2007): Grundkonzepte der Psychotherapie. 6.Aufl. Weinheim: Beltz.

Lachenmeier, Heiner (2002): Das merkwürdige Diktat der zu kleinen Schuhe. Schweiz. Ärztezeitung; 83: Nr.7, S. 315–319.

Laireiter, Anton-Ruppert (1998): Funktionen und Modelle in der Verhaltenstherapie. In: Lieb, Hans (1998): Selbsterfahrung für Psychotherapeuten. Konzepte, Praxis, Forschung: Verlag für Angewandte Psychologie, S. 21–44

Laireiter, Anton-Ruppert (1998): Problematik der Verpflichtung zur Eigentherapie. In: Lieb, Hans (1998): Selbsterfahrung für Psychotherapeuten. Konzepte, Praxis, Forschung: Verlag für Angewandte Psychologie, S. 276–277.

Laireiter, Anton-Rupert (2000): Selbsterfahrung in Psychotherapie und Verhaltenstherapie. Empirische Befunde. Tübingen: DGVT Deutsche Gesellschaft für Verhaltenstherapie.

Laireiter, Anton-Rupert (2003): Negative Erfahrungen und Effekte in Eigen- und Lehrtherapien von Psychotherapeuten. Zeitschrift für klinische Psychologie, Psychiatrie und Psychotherapie, Bd. 51 (3), S. 245–264.

Laireiter, Anton-Rupert (2011): Selbsterfahrung in der Verhaltenstherapie: FB Psychologie, Universität Salzburg. (Handout).

Lambert, Michal J.; Hawkins, Eric J.; Haifield, Derek R. (2002): Empirische Forschung über negative Effekte in der Psychotherapie. Befunde und ihre Bedeutung für Praxis und Forschung. In: Märtens, Michael; Petzold, Hilarion (Hrsg.): Therapieschäden. Risiken und Nebenwirkungen von Psychotherapie. Mainz: Matthias-Grünewald-Verlag. S. 40–59.

Langhoff, Christin; Linden, Michael (2012): Definition und Operationalisierung von „Verhaltenstherapie". Abgrenzung zu sonstigen oder integrativen Psychotherapieverfahren und allgemeinmenschlicher Zuwendung. PiD S. 81–88.

Lieb, Hans (1998): Selbsterfahrung für Psychotherapeuten. Konzepte, Praxis, Forschung: Verlag für Angewandte Psychologie.

Lieb, Klaus (2011): Umfassender Einblick in die Grundlagen der Schematherapie. In: Roediger, Eckhard (2011): Praxis der Schematherapie. Lehrbuch zu Grundlagen, Modell und Anwendung. 2. Aufl. Stuttgart: Schattauer. S. IX–X.

Lieberman, Morton A.; Yalom Irvin D.; Miles, Matthew (1973): Encounter Groups. First Facts, New York: Basic Books.

Linden, Michael; Langhoff, Christin (2010): Verhaltenstherapie-Kompetenz-Checkliste. Kompetenzerfassung, Qualitätssicherung und Supervision. Psychotherapeut, 55: S. 477–484.

Linden, Michael; Hautzinger, Martin (2011): Verhaltenstherapiemanual. 7. Aufl. Berlin, Heidelberg: Springer.

Lister-Ford, Christine (2009): Skills in Transactional Analysis Counseling & Psychotherapy. London: SAGE.

Mäder, Maya (1991): Lerntransfer. Förderung des Lerntransfers in Führungs- und Verhaltenskursen anhand eines praktischen Beispiels. Zürich: Diplomarbeit, Seminar für Angewandte Psychologie.

Mahler, Margaret S. (1987): Die psychische Geburt. Symbiose und Individuation. Frankfurt am Main: Fischer.

Märtens, Michael; Petzold, Hilarion (Hrsg.) (2002): Therapieschäden. Risiken und Nebenwirkungen von Psychotherapie. Mainz: Matthias-Grünewald-Verlag.

Mayring, Philipp (2010): Qualitative Inhaltsanalyse. Grundlagen und Techniken. 11. Aufl. Weinheim, Basel: Beltz.

Mayring, Philipp; Gläser-Zikuda, Michaela (2008): Die Praxis der Qualitativen Inhaltsanalyse. 2. Aufl. Weinheim, Basel: Beltz.

Mentale-intuition (11. Nov. 2013): Die Intuition. (mentale-intuition.de)

Obermayr-Breitfuss, Regina (2013): Auf den Spuren der Intuition. br-alpha (www.br.de).

Obsan (2007): Schweizerisches Gesundheitsobservatorium. Beurteilung zweier Studien zu den Kosten der Psychotherapie in der Schweiz. Kurzgutachten von Spycher, Stefan; Margraf Jürgen, Meyer Peter C. Neuchâtel: Web-Publikation auf obsan.ch: Themenschwerpunkt psychische Gesundheit.

Orlinsky, David E.; Ronnestad, Michael H. (2005): How Psychotherapists Develop. A Study of Therapeutic Work and Professional Growth. Washington DC: APA.

Papouek, Mechthild (2013): Auf den Spuren der Intuition. br-alpha (www.br.de).

Pauza, Elisabeth (2012): Psychotherapieausbildungsforschung. Veränderung von Persönlichkeit, Beziehungserleben und emotionalen Kompetenzen während der Ausbildung. Kassel: University Press.

Pawelzik, Markus R. (2011): Das Selbst in der Psychotherapie. Vortrag Symposium EOS-Klinik Münster.

Press, Hans.; Gmelch, Markus (2012): Der Klient als Experte! Eine therapeutische Haltung, die Selbstmanagement ernst nimmt. In: Siegl, Judith; Schmelzer, Dieter; Mackinger, Herbert (Hrsg): Horizonte der Klinischen Psychologie und Psychotherapie. Lengerich: Pabst, S. 254–268.

Pritz, Alfred (2008): Einhundert Meisterwerke der Psychotherapie. Ein Literaturführer. Wien, New York: Springer.

Pritz, Alfred; Stumm, Gerhard (2009): Wörterbuch der Psychotherapie. 2. Aufl. Wien, New York: Springer.

Przyborski, Aglaja; Wohlrab-Sahr, Monika (2010): Qualitative Sozialforschung. München: Oldenbourg – Wissenschaftsverlag.

Psychologieberufegesetz (PsyG) (2013): Akkreditierung von Weiterbildungsgängen in Psychotherapie: Qualitätsstandards und Prüfbereiche. Bundesamt für Gesundheit (BAG) des Eidgenössischen Departements des Innern (EDI) S. 2–6.

Psychotherapy (Journal) (Sept. 2010): Theory, Research, Practice, Training. Helpful and hindering events in psychotherapy. A practice research network study. Volume 47(3) S. 327–344.

Reimer, Christian; Jurkat, Harald B. (2001): Lebensqualität von Psychiatern und Psychotherapeuten. Schweiz. Ärztezeitung 82: Nr. 32/33.

Reimer, Christian (1994): Lebensqualität von Psychotherapeuten. Psychotherapeut, 39: 73–8.

Reimer, Christian (2006): Probleme der Lebensqualität von Psychotherapeuten. In: Kernberg Otto F.; Dulz, Birger; Eckert, Jochen: WIR. Psychotherapeuten über sich und ihren „unmöglichen" Beruf. Stuttgart: Schattauer, S. 92–100.

Revenstorf, Dirk (2008): Therapeutische Kompetenz und Methodenäquivalenz. Symposium „Zukunft der Psychotherapie". Vortrag: Berlin, 9. März.

Rieken, Bernd (2003): Gegenübertragungsprobleme, Beziehungsanalyse und Selbstenthüllung im Schatten der Therapieausbildung. Fallbeispiele und Überlegungen aus individualpsychologischer Sicht. Zeitschrift für Individualpsychologie 28 (4), S. 332–353; Göttingen: Vandenhoeck & Ruprecht.

Rieken, Bernd (2008): Dörte von Drigalski. Blumen auf Granit. Eine Irr- und Lehrfahrt durch die deutsche Psychoanalyse. In: Pritz, Alfred (Hrsg.). Einhundert Meisterwerke der Psychotherapie: Ein Literaturführer Wien, New York: Springer S. 52–54.

Rieken, Bernd (2011): Psychotherapiewissenschaft, Hermeneutik und das Unbewusste. Zur Problematik der Vereinsausbildung. Handout, unveröffentlicht, Doktorratsstudium SFU Wien 2011.

Rieken, Bernd (2011b): Methoden der qualitativen Forschung, PS M 2. Handout, unveröffentlicht, Doktorratsstudium SFU Wien 2011.

Roediger, Eckhard (2011): Praxis der Schematherapie. Lehrbuch zu Grundlagen, Modell und Anwendung. 2. Aufl. Stuttgart: Schattauer.

Rogers,. Carl R (1992): Entwicklung der Persönlichkeit. Psychotherapie aus der Sicht eines Therapeuten. 9. Aufl. Stuttgart: Klett-Cotta.

Rogers, Carl R. (1987): Eine Theorie der Psychotherapie, der Persönlichkeit und der zwischenmenschlichen Beziehungen. Düsseldorf: Verlag GwG.

Ruppert, Franz (2012): Symbiose und Autonomie. Symbiosetrauma und Liebe jenseits von Verstrickungen. 2. Aufl. Stuttgart: Klett-Cotta.

Schlegel, Leonhard (1973): Grundriss der Tiefenpsychologie 4. Eine kritische Darstellung der Psychologie von C. G. Jung. München: Franke.

Schlegel, Leonhard (1988): Die Transaktionale Analyse. Ein kritisches Lehrbuch und Nachschlagewerk. 3. Aufl. (überarbeitet und erweitert). Tübingen: Franke.

Schlegel, Leonhard (2007): Kompendium der Transaktionsanalyse. In Mitarbeit von Richard Jucker, zusammengestellt anhand von Stichworten und ergänzt mit Übungen zur Selbsterfahrung und zum vertieften Verständnis einzelner Theorieelemente. 15. Aufl. Deutschschweizerische Gesellschaft für Transaktionsanalyse (dsgta.ch).

Schlegel, Leonhard (2007): Transaktionsanalyse als Tiefenpsychologie, kognitive Therapie und Schematherapie. Unveröffentlichter Aufsatz.

Schlegel, Leonhard (2007): Überblick über historisch und aktuell bedeutsame psychotherapeutische Verfahren. Deutschschweizerische Gesellschaft für Transaktionsanalyse (dsgta.ch).

Schmelzer, Dieter (1998): Berufsbezogene Selbsterfahrung/Selbstreflexion nach dem Selbstmanagement-Ansatz. In: Lieb, Hans (Hrsg.): Selbsterfahrung für Psychotherapeuten. Göttingen: Verlag für Angewandte Psychologie S. 57–68.

Schmid, Bernd (1990): Professionelle Kompetenz für Transaktionsanalytiker. Das Toblerone-Modell. ZTA 1/90, S. 32–42.

Schmid, Bernd; Hipp, Joachim; Caspari, Sabine (1992): Intuition in der professionellen Begegnung. Schriftenverzeichnis Nr. 22. Wiesloch: Institut für systemische Beratung.

Schmid, Bernd (2004): Systemische Professionalität und Transaktionsanalyse. 2. Aufl. Bergisch Gladbach: EHP – Edition Humanistische Psychologie.

Schmid, Bernd (2005): Kritische Gedanken zu Eric Bernes Aufsätzen über Intuition, Klinische Diagnose, Ich-Zustände und Transaktionsanalyse. In: Berne, Eric (2005): Transaktionsanalyse der Intuition. 4. Aufl. Paderborn: Junfermann, S. 201–220.

Schmidt, Manfred G. (2008): Für die Beschreibung psychoanalytischer Kompetenz – Wider die Selbstidealisierung des Psychoanalytikers. Zeitschrift für Individualpsychologie 33. Göttingen: Vandenhoeck & Ruprecht, S. 281–287.

Schmidt-Lellek, Christoph J. (2002): Narzisstischer Machtmissbrauch. Grenzgänge und Grenzverletzungen in der therapeutischen Beziehung. Vortrag Schweiz. Gesellschaft für Analytische Psychologie in Zug (Schweiz).

Schneider, Eberhard (1994): Selbst, Grössenselbst und Bezugsrahmen. In: Zeitschrift für Transaktionsanalyse 11, S. 53–75.

Schnorrenberg, Jo E. (2007): „Games people play" – auch in der Psychotherapie. Ein Beitrag zum Problem „blinder Flecken" bei Psychotherapeut(inn)en. Psychotherapie Forum 15, S. 117–121.

Schumann, Manuela (2003): Nur die Zeit heilt alle Wunden. Erschütternde Analyse einer Psychotherapie. Berlin: Books on Demand (BoD).

Schweizer Charta für Psychotherapie (2014): Ausbildung, Ethik, Forschung. Qualitätssicherung und Entwicklung. „Charta –Text".

Schweizerische Gesellschaft für Transaktionsanalyse (SGTA) (2000): Kolloquium 2, 24. Juni, Kolloquium 4, 25. Nov.: Stellungnahme zum Themen-Komplex ,Wissenschaftlichkeitsfrage' zuhanden der Schweiz. Charta für Psychotherapie.

Seipel, Karl H.; Döring-Seipel, Elke (1998): Wem oder was nützt Selbsterfahrung? Von den Schwierigkeiten mit der Lernzielkontrolle. In: Lieb, Hans (Hrsg.) 1998: Selbsterfahrung für Psychotherapeuten. Göttingen: Verlag für Angewandte Psychologie, S. 45–55.

Siegl, Judith, Schmelzer, Dieter; Mackinger, Herbert (Hrsg.) (2012): Horizonte der Klinischen Psychologie und Psychotherapie. Lengerich: Pabst.

Sonnenmoser, Marion (2009): Beschwerden. Therapeuten zeigen zu wenig Empathie. In: Deutsches Ärzteblatt, PP 8, Ausgabe Oktober, Köln: Deutscher Ärzteverlag, S. 450.

Spiegel online (2007) Intuition, die Macht des Unbewussten (www.spiegel.de/wissenschaft)

Stein, Murray (2011): C. G. Jungs Landkarte der Seele. 4. Aufl. Ulm: Patmos.

Stippler, Maria (2011): Konzeptkompetenz von Psychotherapeutinnen und Psychotherapeuten in Ausbildung. Kassel: University Press.

Strupp, Hans H. (2000): Ein zeitgemäßer Blick auf die psychodynamische Psychotherapie und deren Zukunft. Psychotherapeut 45, S. 1–9.

Stumm, Gerhard; Pritz, Alfred (2009): Wörterbuch der Psychotherapie. 2. Aufl. Wien, New York: Springer.

Thomä, Helmut (1992): Zur Fragen der Lehranalyse. In: Psyche, Zeitschrift für Psychoanalyse 2/92, Stuttgart: Klett-Cotta.

Tiedemann, Jens (2006): Narzissmus und Störungen des Selbst. Kp. 12. In: Die intersubjektive Natur der Scham. Dissertationsschrift, Freie Universität Berlin (www.diss.fu-berlin.de).

Tschuschke, Volker; Meier, Ulrich; Theilacker, Michael (2011): Gruppenselbsterfahrung in der psychotherapeutischen Ausbildung. Reflexionen, ein Untersuchungsansatz und Ergebnisse. Psychotherapeutenjournal 3/11 S. 253–259.

Tuckett, David (2007): Ist wirklich alles möglich? – Über die Arbeit an einem System zur transparenteren Einschätzung psychoanalytischer Kompetenz. In: Forum für Psychotherapie 1, S. 44–64.

Walz-Pawlita, Susanne (2008): Psychoanalytische Ausbildung und Forschungsgutachten. Eine Standortbestimmung. Forum Psychoanal. 24 S. 1–15.

Wampold, Bruce E. (2001): The Great Psychotherapy Debate. Models, Methods, and Findings. New York: Routledge Taylor & Francis Group.

Wartenberg, Rolf (2005): Kommentierender Überblick zu Bernes Essays über Intuition und Ich-Zustände. In: Berne, Eric: Transaktionsanalyse der Intuition. 4. Aufl. Paderborn: Junfermann, S. 15–32.

Watzlawick, Paul; Weakland, John H.; Fisch, Richard (1984): Lösungen. Zur Theorie und Praxis menschlichen Wandels. 3. unveränderte Aufl. Bern, Stuttgart, Wien: Huber.

Watzlawick, Paul (2015): Anleitung zum Unglücklichsein. 28. Aufl. München: Piper.

Wilber, Ken (1996): Eros, Kosmos, Logos. Eine Vision an der Schwelle zum nächsten Jahrtausend. 3. Aufl. Frankfurt am Main: Krüger.

Wilber, Ken; Patten, Terry; Leonard, Adam; Morelli, Marco (2011): Integrale Lebenspraxis. Körperliche Gesundheit, emotionale Balance, geistige Klarheit, spirituelles Erwachen. Ein Übungsbuch. 2. Aufl. München: Kösel.

Will, Herbert (2003): Was ist klassische Psychoanalyse? Ursprünge, Kritik, Zukunft. Stuttgart: Kohlhammer.

Will, Herbert (2007): Identität, Familie, Patienten, Olympier. Über die Veränderung mentaler Muster in der psychoanalytischen Ausbildung. Forum der Psychoanalyse 23, S. 379–392.

Will, Herbert (2010): Psychoanalytische Kompetenzen. Standards und Ziele für die psychoanalytische Ausbildung und Praxis. 2. Aufl. (überarbeitet und erweitert). Stuttgart: Kohlhammer.

Woollams, Stanley J. (1981): Meine Erfahrungen mit der Transaktionsanalyse. In: Barnes, Graham et al. 1981: Transaktionsanalyse seit Eric Berne. Du kannst dich ändern. Bd. 3, Berlin: Institut für Kommunikationstherapie, S. 10–47.

Yalom, Irvin D., Tinklenberg, Jared; Gilula, Maxim (1968): Curative Factors in Group Therapy. Unveröffentlichte Studie. Departement of Psychiatry, Standford University.

Yalom, Irvin D. (2002): Der Panama-Hut oder was einen guten Therapeuten ausmacht. München: Random House.

Yalom, Irvin. D. (2004): Liebe, Hoffnung, Psychotherapie. München: Random House.

Yalom, Irvin. D. (2005): Im Hier und Jetzt. Richtlinien der Gruppentherapie München: Random House.

Yalom, Irvin D. (2005): Existenzielle Psychotherapie. 4. Aufl. Bergisch Gladbach: EHP – Verlag Andreas Kohlhage.

Anhang

Abbildungsverzeichnis

Leitfaden zur Selbsterfahrung in der Psychotherapieweiterbildung

Was ist Selbsterfahrung?
* Definition der Selbsterfahrung
* Wie würden Sie Selbsterfahrung ganz allgemein definieren?

Wem nützt Selbsterfahrung?
* Wer kann Ihrer Meinung nach von Selbsterfahrung profitieren?
* Inwiefern kann Ihrer Meinung nach jemand von Selbsterfahrung profitieren?

Brauchen Psychotherapeuten Selbsterfahrung?
* Wenn ja, warum?
* Wenn nein, warum nicht?

Ziele und Funktionen des Ausbildungselements Selbsterfahrung in der Psychotherapie
* Was soll Ihrer Meinung nach in der Selbsterfahrung passieren?
* Was sind Ihrer Meinung nach die Lernziele der Selbsterfahrung/Lehrtherapie bei Psychotherapeuten?
* Wie würden Sie die Lernziele definieren?
* Welche Kompetenzen und Fähigkeiten sollen durch die Selbsterfahrung beim zukünftigen Psychotherapeuten entstehen?
* Welche Auswirkung soll die Selbsterfahrung Ihrer Meinung nach auf die Person des Therapeuten/der Therapeutin haben?
* Welche Auswirkung soll die Selbsterfahrung Ihrer Meinung nach auf die zukünftigen Patienten des Therapeuten/der Therapeutin haben?
* Welche schulenspezifische Auswirkung soll die Selbsterfahrung Ihrer Meinung nach haben?

Wann ist genug Selbsterfahrung?
* Wann sind die Ziele Ihrer Meinung nach erreicht?
* Wie merken Sie als Lehrender/als Lehrende, dass die Ziele erreicht sein könnten? (Kriterien)
* Wie kann ein Trainee Ihrer Meinung nach merken, dass er/sie die Lernziele erreicht hat?

Vorteile und Nachteile
* Was sind Ihrer Ansicht nach die Vorteile der Selbsterfahrung? Förderliche Merkmale?
* Was sind Ihrer Meinung nach die Nachteile der Selbsterfahrung? Hinderliche Merkmale?
* Woran erkennen Sie, dass der Psychotherapeut/die Psychotherapeutin in Ausbildung mehr Selbsterfahrung braucht?

Eigene Erfahrungen
- Welche Interventionen waren hilfreich im Weiterkommen in Ihrem therapeutischen Prozess?
- Inwieweit wurden Sie durch die therapeutische Beziehung mit Ihrem Lehrtherapeuten/der Lehrtherapeutin in Ihrem Entwicklungsprozess als Mensch und als Psychotherapeut/in beeinflusst?

Wie wichtig bzw. hilfreich erleben Sie Ihre Selbsterfahrung/Lehrtherapie für die Verarbeitung Ihrer Lebensgeschichte bzw. für Ihre persönliche Entwicklung bzw. für die Entwicklung Ihrer beruflichen Kompetenz als Psychotherapeut/Psychotherapeutin?